江西红色文化

JIANGXI HONGSE WENHUA

★南昌

★弋阳

★安源

★井冈山

★瑞金

舒醒 编著

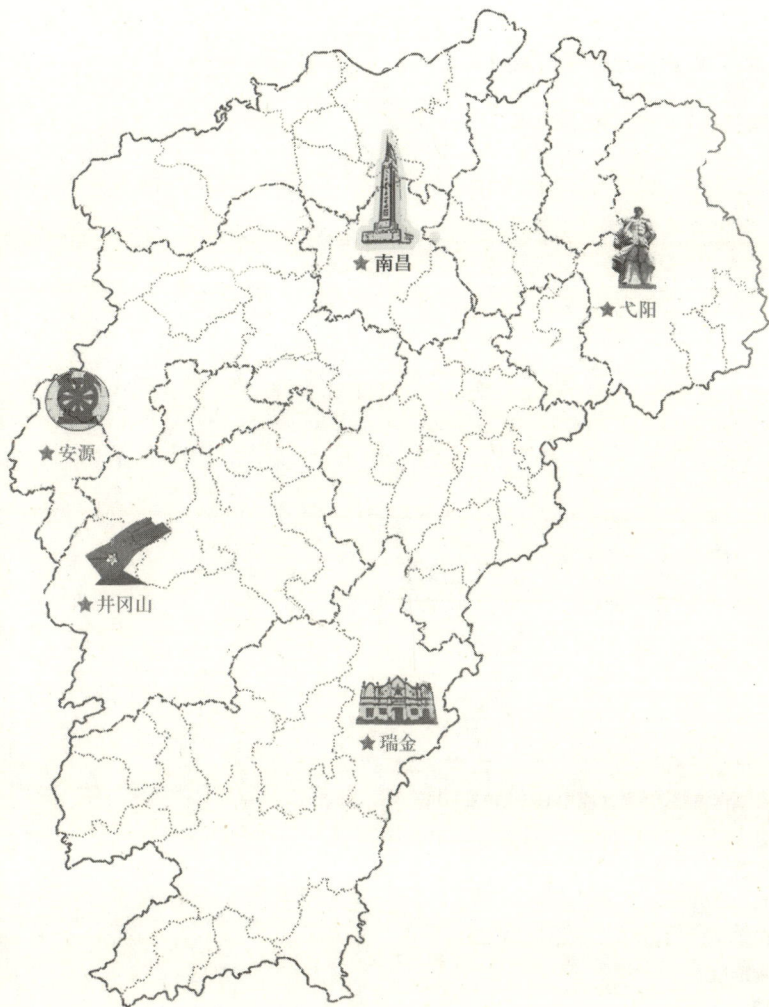

百花洲文艺出版社
BAIHUAZHOU LITERATURE AND ART PRESS

图书在版编目（CIP）数据

江西红色文化 / 舒醒编著. –– 南昌：百花洲文艺出版社, 2019.11（2021.6重印）
ISBN 978-7-5500-3471-6

Ⅰ. ①江… Ⅱ. ①舒… Ⅲ. ①革命史 – 江西 Ⅳ. ①K295.6

中国版本图书馆CIP数据核字（2019）第243260号

江西红色文化

舒醒 编著

出 版 人	章华荣	
责任编辑	胡青松	
书籍设计	彭 威	
制 作	何 丹	
出版发行	百花洲文艺出版社	
社 址	南昌市红谷滩世贸路898号博能中心一期A座20楼	
邮 编	330038	
经 销	全国新华书店	
印 刷	江西千叶彩印有限公司	
开 本	720mm×1000mm 1/16	印张 18.25
版 次	2019年11月第1版	
	2021年6月第3次印刷	
字 数	200千字	
书 号	ISBN 978-7-5500-3471-6	
定 价	45.00元	

赣版权登字 05-2019-294

邮购联系 0791-86895108
网 址 http://www.bhzwy.com
图书若有印装错误，影响阅读，可向承印厂联系调换。

前　言

　　素有"物华天宝，人杰地灵"之称的江西，在中华民族文明史上书写了辉煌的历史篇章，为新中国的诞生作出了重大贡献和巨大牺牲。波澜壮阔的中国革命史赋予了安源、南昌、井冈山、瑞金等地一个个红色经典称号，使之成为中国革命史恢宏交响乐中的动人篇章。以八一精神、井冈山精神、苏区精神等为代表的江西红色文化在革命实践中产生和发展起来，成为中国革命精神链条中举足轻重的重要环节，是中华民族精神不可分割的内在组成部分，是马克思主义中国化实践的内在精神支撑，具有深厚的社会实践基础，是历史发展过程中宝贵的精神财富。江西红色文化以其资源的丰富性、内容的起始性、分布的广泛性和历史见证价值成为江西独具魅力的红色文化品牌。

　　生活在这片土地上的每一个人，心中都一直镌刻着浓重的红色印记。尽管历史烟云已经远去，但江西红色文化哺育和激励了一代又一代人成长，其所承载的革命传统、英雄史诗和精神力量，已经融入红土地的血脉之中，成为代代传承的红色基因。党的十九大报告指出："文化是一个国家、一个民族的灵魂。文化兴国运兴，文化强民族强。没有高度的文化自信，没有文化的繁荣兴盛，就没有中华民族伟大复兴。要坚持中国特色社会主义文化发展道路，激发全民族文化创新创造活力，建设社会主义文化强国。"在中国特色社会主义新时代，如何不断增强文化自信，在实现中华民族伟大复兴中国梦的实践中强化红色文化担当，已经成为时代赋予的新课题。

本书以江西红色文化中的精神文化研究为主线，在以史实为基础的前提下系统梳理和论证了安源精神、八一精神、井冈山精神、苏区精神和方志敏精神的形成，并以凸显精神特质为出发点提炼其精神内涵。本书旨在展示中国革命精神尽管在不同时期具有不同的表现形式，但其各组成部分之间具有的共性与个性，且在实现中华民族伟大复兴中国梦及倡导"文化自信"的新时期，依然具有的时代价值。

本书以传承和弘扬红色文化，彰显资政育人价值为宗旨，立足现有研究成果，深入挖掘江西红色文化的内涵与价值，提炼江西红色文化的精髓，充分展示江西红色文化的独特魅力，使之成为江西红色文化资源向教育教学资源转化与江西红色文化品牌深度开发的基础。充分开发和利用江西红色文化资源特有的文化价值和教育价值，使之成为各级各类学校对青少年进行革命传统教育的重要来源，并服务于公民道德体系建设，成为培养民族精神和陶冶情操的重要文化资源，成为教育人民和年轻一代的鲜活素材。

文化是人类生生不息的精神家园，是一个国家和民族发展进步的根脉，具有鲜明的价值引领和塑造功能。文化自信是一个国家、一个民族对自身文化价值的认同和肯定，是对文化繁荣的坚定信念。红色文化是中华民族优秀传统文化的时代构成和民族精神的丰富与发展，是中华民族特有的先进文化。在实现中华民族伟大复兴的历史新时期，传承、弘扬和发展红色文化，有利于增强人们对中华文化的认同感和归属感，增强"文化自觉、文化自信和文化自强"，夯实国家文化软实力的根基。在文化多元化的今天，红色文化仍然是引领时代前进的主流文化，是激励人们坚定共产主义理想和信念的动力与源泉，对于丰富人们的精神世界、传播正能量、弘扬主旋律、引领社会风尚，起着基础性和决定性的作用。因此，系统梳理江西红色文化资源，充分利用好红色文化资源和发挥好红色文化这一载体作用，加强对国民的思想道德教育和社会主义核心价值体系建设，可以更好地发挥红色文化在引领时代主流和社会新风尚等方面的导向作用。

本书的出版得到江西科技师范大学教材出版基金的资助。

目录

总　论

　　江西是一块光辉而又神圣的土地，在中国革命史上有着特殊的地位。中国共产党人在江西的革命斗争，指明了现代中国的前进方向。江西是八一军旗升起的地方、人民军队的摇篮，也是中国革命的摇篮，更是共和国的摇篮。这里不仅培育了江西光荣的革命传统，也造就了江西丰富的红色文化。红色江西，成为中国革命前进的伟大基地。

　　在学术界，"文化"似乎是一个永恒的话题，对文化本身以及文化的各种具体形态的探究持续至今。"文化"一词从古到今就没有确定的解释，这一汉语古典词，在近代被借以翻译西洋对应词，从而被赋予新的内涵。"文"的本意是交错的纹理，可以引申为自然与社会纷繁复杂的事象，为宇宙间的客观存在；"化"的本意是改易、生成与整理，含有人的主观能动的作用。"文"与"化"合于一处使用，由现存的文献来看，在《易·贲卦》中出现得最早，曰："观乎天文，以察时变；观乎人文，以化成天下。"西汉刘向最早将"文化"作为一个名词来使用。《说苑·指武》中"圣人之治天下也，先文德而后武力。凡武之兴，为不服也。文化不改，然后加诛。"这里的文化指文治教化，与武力征服相对应，即"文治武功"，这样的理解一直持续到近代。在西方，"文化"一词的本义为耕种、居住、练习、留心或注意、精神等，后引申为对人类精神的化育，它有一个从物质生产活动向精神生产活动演变的过程。19世纪中叶以后，人类学、社会学、民族学等人文学科纷纷兴起，"文化"开始作为一个专门术语被诸多学科所阐述，其概念随之发生变化，开始具有现代科学的意义。英国学者、人类学之父泰勒在1871年发表的《原始文化》中第一次将"文化"一词定义为"是包括全部的知识、信仰、艺术、道德、法律、习俗和任何人作为一名社会成员而获得的能力和习惯在内的复杂整体"。他把文化理解为一个精神文化的综合体。这一定义长期被视为"文化"的经典性定义。用红色来修饰文化，是一种象征手法，红色文化实际上就是指一种革命文化。从1921年起，中国共产党就以红色作为一个象征色，使红色进一步概念化、鲜明化、神圣化，成为独具特性、独富特质、独现特色的旗帜和方向。其根基深厚，内涵丰富，表象鲜明，具有极强的感染力、号召力和向心力。

江西红色文化是中国共产党领导下的群众性革命运动的文化产物，在继承五四革命运动传统的基础上开辟了我国新文化发展方向和道路，是中国共产党和无数革命先辈在革命战争年代血与火的拼搏中用生命和鲜血孕育而成的革命文化。它是优秀传统文化的积淀和反映，是民族精神在革命战争年代的江西的延续、丰富和发展。

一、红色文化的产生

文化作为一种社会历史现象，不是孤立地产生和存在的。人类社会是由经济、政治、文化三种相互作用的形态所组成的有机体，其中，文化是一定的经济和政治的反映，并给予经济和政治以巨大的影响。文化作为社会意识，又是一定的社会存在的产物，同样对社会存在具有反作用。红色文化的出现不是偶然的，它是古老的中国行进到半殖民地半封建社会并出现中国共产党领导的革命运动的必然产物。它具有显著的中国特色，其出现既具有鲜明的时代背景，又有深刻的历史原因；既有主体因素，又有客观条件。

红色文化有别于其他文化的根本点在于红色。中国人的红色情结与生俱来，流淌在民族的血脉里和民族基因中。红色是自古至今老百姓最喜欢的颜色。在中国人眼里，红色是喜庆与吉祥之色，是发达与坚强之色。所以，只要是喜庆之事，都离不开红色；没有了红色，便没有了喜庆的气氛。红色虽然是自然存在的色调，但在中国共产党领导人民进行的新民主主义革命中被赋予了深刻的人文含义，"红色"代表着热血激情和生命的再造功能，象征着充满生机活力的发展，其内涵极其丰富，意蕴极为深刻。

红色文化是指中国共产党领导人民进行的革命和建设进程中形成发展的，以社会主义和共产主义为指向的，把马克思列宁主义与中国实际相结合，兼收并蓄古今中外的优秀文化成果而形成的文明总和。红色文化最根本的特征是"红色"，它具有革命性和先进性相统一、科学性与实践性相统一、本土化与创新性相统一以及兼收并蓄和与时俱进相统一等特征。

红色文化是在新民主主义革命时期，在中国共产党的领导下，由中国共产党人、一切先进分子和人民群众共同创造的具有中国特色的先进文化。它是物质文化、制度文化和精神文化三者的有机统一体。物质文化一般包括革命战争遗址、纪念地等实物；制度文化指新民主主义革命时期形成的革命理论、纲领、路线、方针、政策等革命文献作品；精神文化即新民主主义革命时期形成的革命精神、革命道德传统等。

毛泽东同志指出："研究中国共产党的历史，还应该把党成立以前的辛亥革命和五四运动的材料研究一下。不然，就不能明了历史的发展。"[①]毫无疑问，中国共产党是"红色文化"的创造主体。没有中国共产党，就没有中国的红色文化。

中国在踏入近代之前，在农业和手工业生产、科学技术发展、文化艺术水平等方面，都居于世界前列。英国工业革命之后，中国的国际地位急转直下，逐渐陷入了苦难深重和屈辱的深渊。中国共产党成立之前，许多仁人志士不断寻求救国方案，为了民族独立、国家富强以及人民解放不断求索。林则徐、龚自珍、魏源等主张学习西方的先进科学技术，提出"师夷长技以制夷"的主张。19世纪60年代，曾国藩、左宗

---

① 毛泽东文集（第2卷）［M］.北京：人民出版社，1993:403

棠等洋务派以"自强""求富"为目的，积极兴办洋务。康有为、梁启超的戊戌变法以失败告终。辛亥革命推翻了清王朝，结束了延续两千多年的封建专制制度，建立了中华民国。但是，它并没能铲除帝国主义和封建势力在中国统治的根基，没有完成反帝反封建的民族民主革命任务，中外反动势力扶植的袁世凯窃取了革命的果实，建立了北洋军阀的黑暗统治。北洋军阀的统治，实质上是地主阶级和买办阶级的统治，各派军阀本身也都是大地主、大买办，有的也是反动势力的总代表。在军阀统治下，广大民众毫无民主权利；凭借反动法律，北洋政府剥夺了人民的言论、出版、集会等自由。

辛亥革命后中国社会出现的另一个重大变化，是发生了前所未有的反封建主义的新文化运动。1915年9月，陈独秀在上海创办《青年杂志》（从二卷一号开始改名为《新青年》），标志着新文化运动的开始。从1917年起，北京大学成了新文化运动的中心。陈独秀就任北大文科学长后，《新青年》编辑部从上海迁到北京，李大钊、胡适、钱玄同、刘半农、鲁迅等参加了《新青年》的编辑或撰稿，形成了一个以《新青年》为核心的新文化阵营。

新文化运动的主要内容是提倡民主与科学，即"德先生"（Democracy）和"赛先生"（Science）。民主指民主思想和民主政治。科学指自然科学、社会科学和科学态度、科学方法。民主与科学的提倡，反映了中国政治经济发展的要求和人民的迫切需要，因而成为"五四"时期文化思想战线的两面光辉旗帜。新文化运动的倡导者们在提倡民主、科学，反对专制、迷信的战斗中，对以儒家学说为代表的维护封建制度的旧礼教、旧道德，发动了猛烈的攻击。他们批驳了保皇分子、封建余孽要求"以孔教为大教，编入宪法"、鼓吹以封建纲常立交为"立国精神"的谬论，揭露了纲常礼教的反动本质。鲁迅在他的第一篇白话小说《狂人日记》中，借"狂人"之口揭露了封建礼教"吃人"的本质。新文化运动的另一重要内容是文学革命：提倡白话文，反对文言文；提倡新文学，反对旧文学。1917年2月，陈独秀发表《文学革命论》，把反对文言文和封建文学同政治革命联系起来，竖起了文学革命的大旗。

新文化运动打击了统治中国达两千年之久，享受绝对权威的封建思想文化，冲击了传统的封建教条对人们思想的束缚，是我国历史上一次空前的思想解放运动。它启发了人们的民主主义觉悟，推动了现代科学思想在中国的传播，在思想界特别是青年知识分子中，激起了要求进步、寻求科学真理、追求解放的热情，为中国迅速接受俄国十月革命的影响，为马克思列宁主义在中国的传播准备了条件，为五四爱国运动做了思想准备。

第一次世界大战和俄国十月社会主义革命，不仅改变了世界历史的进程，同时对中国产生了深远的影响。第一次世界大战暴露了西方资本主义制度的固有矛盾和弊端，也改变了各帝国主义国家在中国的利益格局。十月革命对中国最深刻的影响是使中国的先进分子开始用无产阶级世界观作为观察国家命运的工具，重新考虑中国的问题。十月革命以前，西方资本主义文明一直未能成为解决中国问题的灵丹妙药，十月革命促进了中国人民的觉醒，俄国的封建压迫严重和经济文化落后与中国相似，这是中国的先进分子倾向社会主义，认真了解指导十月革命的马克思主义学说的一个重要原因，加之新生苏维埃政府的对华友好态度，促使中国出现一批赞成俄国十月革命的知识分子。

之后五四运动推动了新文化运动的深入发展，马克思列宁主义在中国得到了迅速的传播。各地出现了一大批宣传马克思列宁主义的进步刊物，其中影响较大的有《新青年》、《每周评论》、北京《晨报》副刊、上海《民国日报》副刊《觉悟》、《湘江评论》、《新社会》等；全国各地陆续出现宣传和研究马克思主义的团体，如北京大学马克思学说研究会、上海马克思主义研究会、湖南新民学会、武汉利群书社、天津觉悟社等；大量马克思列宁主义著作得到翻译出版，如《共产党宣言》《社会主义从空想到科学的发展》《雇佣劳动与资本》《资本论自叙》《科学的社会主义与唯物史观》《民族自决》《过渡时代的经济和政治》等，为当时进步知识分子学习、研究马克思列宁主义创造了条件。

中国共产党的成立，是中国近代社会经济、政治发展和思想演变的必然结果，是马克思列宁主义同中国工人运动相结合的产物。中国工人阶级的成长，是中国共产党诞生的阶级基础。马克思列宁主义在中国的传播，是中国共产党诞生的思想基础。在五四运动的推动下，共产主义知识分子投身到工人群众中去做宣传组织工作，以他们为桥梁，使马克思列宁主义与中国工人运动逐步结合起来，从而产生了中国共产党。1921年7月23日，中国共产党第一次全国代表大会在上海召开。出席大会的代表共13人，他们是：上海代表李达、李汉俊；北京代表张国焘、刘仁静；长沙代表毛泽东、何叔衡；武汉代表董必武、陈潭秋；济南代表王尽美、邓恩铭；广东代表陈公博、包惠僧；东京代表周佛海。共产国际代表马林、尼克尔斯出席了大会。中国共产党第一次全国代表大会的召开，标志着中国共产党正式诞生，完成了具有划时代意义的伟大使命。从此，在中国出现了完全新式的，以共产主义为目的、以马克思列宁主义为行动指南的统一的工人阶级的政党。"自从有了中国共产党，中国革命的面目就焕然一新了。"①

中国共产党诞生之日，也是红色文化开始形成之时。从中国共产党诞生到新中国成立的28年，谱写了中国共产党重要的发展史，也是红色文化逐渐形成的历史。红色文化的发展与中国共产党的命运息息相关。

如果把中国共产党与红色文化的关系看成是主体与客体的关系，那新民主主义革命与红色文化的关系可以看成是实践与认识的关系。红色文化中的政治理论、经济理论和文化理论、军事理论等既产生于艰苦卓绝、纷繁芜杂的革命战争生活，又在其中得到验证和进一步的发展。新民主主义革命从五四运动爆发到新中国成立，历时30年，历经党的创建和大革命、土地革命、抗日战争、解放战争四个时期。土地革命时期是红色文化重要内容之一的毛泽东思想的形成时期，毛泽东同志提出的"工农武装割据和农村包围城市"的中国特色革命道路，成为新民主主义革命最终取得胜利的路线保证。

第一个时期：党的创建、大革命时期

党的一大通过的中国共产党纲领，确定党的名称为"中国共产党"，明确提出要把工人、农民和士兵组织起来，并确定党的根本政治目的是实行社会革命。表明中国

① 毛泽东选集（第4卷）[M].北京：人民出版社，1991:1357

共产党从建党开始就旗帜鲜明地把实现社会主义、共产主义作为自己的奋斗目标。此时中国共产党还没有深刻地认识到中国国情和中国革命的特殊性，只是从十月革命胜利后的世界总体形势出发，得出中国革命必然是以无产阶级为主体的社会主义革命的结论。1922年7月召开的党的二大，正式提出反帝反封建的民主革命纲领，指明了中国革命的正确方向。在其指导下，1922年初到1923年2月，全国出现了第一次工人运动的高潮，群众革命运动也开始发展起来。"二七"惨案发生后，工人运动暂时转入低潮，使党对建立革命统一战线的必要性和紧迫性有了进一步的认识。1923年6月，党的三大确定了建立国共合作的革命统一战线的策略，共产党员以个人身份加入国民党，由此实现国共的第一次合作。在国共合作的大背景下，创办了黄埔军校，并由此"开始懂得军事的重要"①，建立了国民革命军，以北伐为标志，展开了轰轰烈烈的大革命。1925年爆发的震惊中外的五卅运动，标志着大革命高潮的到来，工农运动迅猛发展，在湘鄂粤赣四省掀起了农民运动的高潮。1927年4月和7月，蒋介石和汪精卫分别发动反革命政变，国共合作破裂，大革命以失败告终。这段时期，李大钊、陈独秀、瞿秋白、蔡和森、毛泽东对中国革命性质和任务、中国革命与世界革命的关系、关于无产阶级在革命中的领导权和工农联盟、关于资产阶级和统一战线等新民主主义革命的基本问题作了初步探索。这段时期，也是作为红色文化重要内容之一的毛泽东思想的萌芽时期。

第二个时期：土地革命时期

大革命失败后，中国共产党所领导的人民革命斗争进入最艰苦的年代，即土地革命战争时期。1927年8月1日南昌起义打响了武装反抗国民党反动派的第一枪，用血与火宣告了中国共产党人不畏强暴、坚持革命的坚强决心。中共中央于1927年8月7日在湖北汉口召开的八七会议正式确定了实行土地革命和武装反抗国民党反动派的总方针，从此进入了中国共产党独立领导革命战争的新时期。在革命处于低潮和反动力量占优的恶劣环境中，以毛泽东同志为代表的中国共产党人从中国实际出发，开辟了井

---

① 毛泽东选集（第2卷）［M］.北京：人民出版社，1991:547

冈山等一批农村革命根据地，将战略上的退却和战术上的进攻结合起来，探索了一条实行武装割据，农村包围城市，最后夺取全国胜利的革命道路。1930年上半年，全国建立了十几块农村革命根据地，红军和地方武装发展到十万人。党在国统区的工作和斗争也得到相应的恢复和发展。1930年底到1932年底，红军从实际出发运用正确的战略战术连续粉碎了国民党对中央苏区发动的四次围剿，第五次反"围剿"由于王明的"左"倾教条主义错误而失败，红军主力被迫开始长征。1935年1月召开的遵义会议，纠正了王明的"左"倾教条主义错误，确立了毛泽东同志的领导地位。1935年10月和1936年10月，红军第一、二、四方面军在极端艰险的条件下，先后到达陕北。红军战士冲破国民党军队的围追堵截，克服雪山草地的恶劣环境，经受饥寒交迫的折磨，战胜党内分裂的危机，完成了跨越十几个省、总行程达数万公里的长征。

1931年"九一八"事件是日本侵华的起点，1935年日本又制造了华北事变，1935年12月，在瓦窑堡会议上中共中央确立了建立抗日民族统一战线的策略方针。1936年12月爆发的西安事变，迫使蒋介石停止进攻红军，实行联共抗日的政策，从此十年内战的局面基本结束，国内和平初步实现，新民主主义革命开始了由国内战争向抗日战争的转变。

第三个时期：抗日战争时期

1937年7月7日卢沟桥事变爆发，全国抗战由此开始。党领导的八路军、新四军紧紧依靠人民群众，深入敌后开展独立自主的游击战争，开辟了广阔的敌后战场。抗日战争进入相持阶段后，敌后战场发展为抗日的主战场，经过三年多的努力，开创了十六块抗日民主根据地，人民抗日武装发展到五十万人。20世纪40年代上半期，面对日寇对抗日根据地的残酷扫荡和国民党顽固派掀起的反共高潮这一两面夹击的严峻形势，中国共产党及时调整了各项政策，开展具有重大历史意义的延安整风和大生产运动，实行精兵简政、劳武结合，在精神、物质、作战各方面均取得了很大成绩，巩固扩大了抗日根据地。从1944年起，抗日战争进入反攻阶段，1945年8月，美国在日本本土投放原子弹，苏联出兵中国东北，日本于8月15日宣布无条件投降，中国抗日战争取得了伟大胜利。

土地革命后期和抗日战争时期是毛泽东思想的全面成熟时期，也是红色文化内容不断充实和发展成熟的时期。这一时期毛泽东同志集中全党智慧完成的《实践论》《矛盾论》《论持久战》《抗日游击战争的战略问题》《〈共产党人〉发刊词》《中国革命和中国共产党》《新民主主义论》等一系列著作的发表，标志着毛泽东政治、哲学、军事思想的成熟。

第四个时期：解放战争时期

抗战胜利后，国民党坚持内战、独裁方针，提出了"国家统一，政治民主"的口号，在美国支持下抢夺抗战胜利果实，加紧准备内战。此时中国共产党已成为拥有120万党员的大党，领导着一支120万人的军队、220万民兵；建立了大小19块解放区，约占全国总面积的1/4，总人口的1/4；在全国人民心目中享有崇高的威信，已经成为决定中国前途的举足轻重的力量。面对国民党的内战阴谋，共产党以革命的两手反对反革命的两手，一面派代表团赴重庆谈判，签订《双十协定》，一面抓紧练兵和生产，做好自卫战争的准备。1946年6月，国民党发动了对解放区的全面进攻。在敌强我弱的情况下，中共中央制定了正确的政治方针和军事方针，团结一切可以团结的力量，建立起广泛的人民民主统一战线，以运动战为主，集中优势兵力，各个歼灭敌人。为配合战场上的斗争，党在解放区实行减租和土改，组织翻身农民支援前线；在国统区开展了反饥饿、反内战、反迫害的民主运动，形成了反蒋的第二条战线。在粉碎国民党的全面进攻和重点进攻后，1947年6月底，以刘邓大军强渡黄河、千里跃进大别山为标志，人民解放军由战略防御转入战略进攻。解放战争的节节胜利，人民军队愈战愈强，使敌我力量对比发生重大变化。1948年9月，党中央先后发动辽沈、淮海、平津三大战役，基本上消灭了国民党主力部队。1949年4月，毛泽东、朱德发布向全国进军的命令，百万雄师横渡长江，国民党统治全面崩溃。1949年10月1日，中华人民共和国宣告成立，解放战争基本结束，中国历史翻开了新的一页。

红色文化的形成伴随着新民主主义革命的全过程，在经历党的创建、国共合作的大革命、土地革命、抗日战争几个时期之后，红色文化在解放战争时期又增添了新的内容。

　　红色文化的来源有实践和文化两个源头：实践源头是新民主主义的革命实践，这是红色文化的直接来源；文化源头是红色文化的间接源头，它包含本土文化和外来文化两个方面，本土文化即中国传统文化，外来文化即马克思主义。由马克思主义而生成红色文化，必须通过马克思主义中国化，这是红色文化产生机制中不可或缺的一环。中国近代历史的实践证明：中国革命要获得成功，没有马克思主义不行；有了马克思主义，不同中国的具体实践相结合也不行。

　　毛泽东同志在1938年10月召开的中共六届六中全会的政治报告《论新阶段》中正式明确提出了马克思主义中国化这一命题，它内涵丰富、寓意深邃。坚持运用马克思主义基本原理和它的立场、观点、方法，把它们作为行动的指南，是马克思主义中国化的前提；从中国国情出发是马克思主义中国化的客观依据；总结中国革命正反两方面的历史经验，反对教条主义错误，是马克思主义中国化的实践基础；批判地总结和集成中国的历史遗产，是马克思主义中国化的文化底蕴。马克思主义中国化是20世纪中国马克思主义的核心理念之一，也是当前学术研究的热点问题和前沿问题之一。对马克思主义中国化的研究到目前为止已取得了许多可喜的成果，对马克思主义中国化的研究也有助于把红色文化的研究引向深入。

　　本土文化就是中华民族优秀传统文化。中国共产党人非常重视对民族传统文化的批判继承。中国传统文化对红色文化的影响，在毛泽东同志身上得到了很好的体现。毛泽东同志的一生，深受中国传统文化的影响，他系统地阅读了大量中国古代文化典籍，对古代典籍的运用是信手拈来、出神入化。他的文章、讲话及书信所涉及的中国传统典籍，不胜枚举。他一方面反对民族文化虚无主义，另一方面又主张大力引进西方文化来改造中国传统文化。不过他一直强调，借鉴西方文化，融合中西文化的优点，必须以充分了解和研究中国国情为基础。他紧密结合中国的具体国情，运用马克思主义的立场、观点和方法，对中国优秀传统文化做了大胆的创新和发展。例如，在"知"和"行"的关系上，紧紧抓住"知行"这一认识过程的基本矛盾，从思维和物质的关系出发，提出了"辩证唯物论的知行统一观"。其结论是：实践，认识，再实践，再认识……这种形式，循环往复以至无穷，实践和认识的每一循环的内容，都比较地进入了更高的程度。又如"实事求是"一词，最早出自东汉史学家班固为汉景帝第三子河间献王刘德写的《汉书·河间献王传》，原文是"河间献王德以孝景前二年立，修学好古，实事求是"。"实事求是"在古代是一种求是治学的态度。毛泽东同志对"实事求是"做出了全新的马克思主义的诠释："实事"就是客观存在着的一切事物；"是"就是客观事物的内部联系，即规律性；"求"就是我们去研究。"实事求是"被确立为中国共产党的思想路线。中国共产党人注重以本国本民族的语言诠释马克思主义，使之具有中国的作风和气派。如"从群众中来，到群众中去"的群众路线就是马克思主义的认识论。结合马克思主义的唯物辩证法，毛泽东同志批判地继承了中国哲学中的阴阳理论、一分为二学说和矛盾辩证法的传统，创造性地阐发，提出了一般号召和个别指导相结合的领导方法。结合马克思主义的历史唯物论，毛泽东同志批判地继承了人心向背决定胜负、民可载舟也可覆舟、民贵君轻的思想，提出了人民是历史发展动力的理论，提出了相信群众、尊重群众、依靠群众、群众自己解放自己的群众观点。

二、江西红色文化的内涵

江西红色文化是中国共产党在早期革命斗争实践中形成的优良传统，集中体现了党的性质、宗旨和无产阶级的彻底革命性，体现了马克思主义的世界观和开创精神，体现了共产主义的理想、信念和高尚的道德情操。它反映了中国共产党和最广大劳动人民的理想、信念、道德、价值，对美好生活的向往和追求，以多样化的文化方式传承、记载，表现出对历史的追忆，渗透出对传统的继承和发展，具有丰富的内涵。

1. 坚定不移的理想信念

理想和信念是精神力量的内在动力，决定着主体的价值取向。坚定的理想信念是江西红色文化的主线，是中国共产党人的精神支柱和力量源泉，决定着事业前进的政治方向。革命战争年代，拥有坚定的理想信念是鼓舞广大党员、干部、战士勇往直前的力量源泉。

南昌起义是中国共产党领导的具有全局意义的一次武装起义，它向全世界宣告了中国共产党把中国革命进行到底的坚定立场。南昌起义的领导者们能在"四面白色恐怖包围中"，面对大革命失败后的艰难时刻，高举起义的大旗，打响武装反抗国民党反动派的第一枪，敢于坚持真理同党内的错误路线作斗争，靠的就是坚定的共产主义信念和无产阶级必胜的信念。方志敏同志曾经说过："敌人只能砍下我的头颅，绝不能动摇我们的信仰！"这种一往无前的气魄和大无畏精神正是坚定的理想信念的重要体现。

在共同的理想和信念的鼓舞下，奋斗在井冈山的共产党人和革命群众尽管物质极度匮乏，仍然充满高昂的革命乐观主义精神。在共同的理想和信念的激励下，许多红军战士献出了宝贵的生命。在龙源口战斗中，共产党员马义夫在危急时刻用胸膛堵住敌人的枪眼；三营长肖劲带着敢死队火线负伤，在肠子流出体外的情况下只是用绑腿扎紧继续率部队冲锋而壮烈牺牲；红军参谋长王尔琢为了保存红军力量，不顾个人安危，在崇义县思顺街追回了被叛徒威胁的炮兵连和步兵连，自己却被叛徒杀害。这一桩桩鲜活的事例无一不反映了共产党人为实现共产主义理想视死如归的高尚品德。在井冈山革命根据地遭遇挫折，部队流露出"红旗到底能打多久"的疑问时，以毛泽东为代表的共产党人没有放弃革命的理想与信念，坚信革命的高潮很快就会到来，"星星之火，可以燎原"之势必将到来。正是坚定的理想信念，中国共产党人才能克服困难，战胜敌人，巩固和扩大了井冈山革命根据地。坚定的理想信念是贯穿江西红色文化的主线，反映在各个重大革命活动中。

2. 开拓创新的革命勇气

创新是一个民族进步的灵魂，是一个国家兴旺发达的不竭动力，江西红色文化承载的革命斗争史不仅是一部与时俱进的开拓史，也是中国共产党人创新精神的极佳体现。

大革命失败后，中国革命应该走什么样的道路，是摆在共产党人面前的迫切需要解决的重大问题。南昌起义在继承了中国人民光荣传统的基础上，以自己的革命实践证明了"枪杆子里面出政权"的伟大真理，以武装反抗国民党蒋介石屠杀政策、打

响第一枪的英雄创举，开创了中国革命的新纪元，从此走上了独立领导武装斗争的道路，开始创建完全属于自己的革命军队。这种英雄壮举，没有敢为人先的大无畏英雄气概是无法实现的，敢为人先的首创精神赋予了八一精神深邃的内涵。

以毛泽东同志为代表的中国共产党人，从中国具体实际出发，以开拓创新的大无畏气概，独辟蹊径，引兵井冈，创建了中国第一块革命根据地，开辟了以农村包围城市、武装夺取政权的光辉道路。井冈山斗争时期，始终贯穿着开拓创新的勇气，从第一块农村革命根据地的开辟到第一支工农红军的建立，从第一部《土地法》的颁布到湘赣边界第一个红色政权的建立，从三湾改编，支部建在连上到灵活机动的游击战术，无不包含着敢于创新、善于创新的品质。共产党人对革命斗争实践的独创性经验进行了理论概括，提出了关于工农武装割据、人民军队建设、"十六字诀"游击战术、土地革命、党的建设和根据地建设等重要思想，初步形成了一条适合中国国情的科学指导思想——毛泽东思想。

3. 艰苦奋斗的优良传统

艰苦奋斗、自力更生既是中华民族的优良传统，也是江西红色文化的重要内容。以井冈山斗争时期为例，由于根据地被敌人封锁，生活极端困难，吃饭成了极大的问题，正如毛泽东同志所说："在白色势力四面包围中，军民日用必需品和现金的缺乏，成了极大的问题。一年以来，边界政权割据的地区，因为敌人的严密封锁，食盐、布匹、药材等必需品，无时不在十分缺乏和十分昂贵之中，因此引起了工农小资产阶级群众和红军士兵群众的生活的不安，有时真是到了极度。红军一面要打仗，一面又要筹饷。每天除粮食外的五分钱伙食费都感到缺乏，营养不足，病的甚多，医院伤兵，其苦更甚。"[①]当时以毛泽东同志为代表的中国共产党人在这种极其艰苦的条件下，发扬艰苦奋斗的优良传统，以非凡的智力和毅力不畏困难，大搞生产自救，用自己的双手解决了一个又一个困难，在军需工业方面、农业生产方面、商业贸易方面、金融方面、医疗卫生方面采取了行之有效的措施。为了打破敌人的经济封锁，还

---

① 毛泽东选集（第1卷）［M］.北京：人民出版社，1991:53
② 中共中央关于推进农村改革发展若干重大问题的决定，中新网，2008-10-19

开展了群众性的熬硝盐运动，成立了边界竹木委员会、防务委员会，组织红军将士挑粮上山，毛泽东、朱德亲自带头背粮、挑粮。党领导广大人民群众艰苦奋斗，基本摆脱了困境，渡过难关，解决了红军的给养，使红色政权得到巩固。

苏区干部领导苏区群众在白手起家的基础上创建了苏区的各项事业。正如毛泽东同志所说："根本的是我们要提倡艰苦奋斗，艰苦奋斗是我们的政治本色。"[①]赞誉干部吃的是金丝汤（红薯丝），睡的是金丝床（稻草），穿的是金丝鞋（草鞋），打的是胜利仗。[②]党中央机关和各级领导干部率先节衣缩食，身体力行。比如，陈云、邓颖超、陆定一、博古等23人联名提出每人每天少吃二两米，不令人添衣服，使全部个人需要服从战争需要。林伯渠身为边区政府主席，全部家当就是一堆书和一个铺盖卷。因此，苏区形成了清正廉洁、艰苦奋斗的优良作风。

在革命的艰苦岁月里，广大红军和人民在党的领导下，艰苦奋斗、自力更生，最终战胜了困难，赢得了胜利。这种艰苦奋斗的作风成为江西红色文化内涵的重要内容。

4. 实事求是的科学态度

理论联系实际、实事求是是马克思主义的精髓和灵魂，也是中国共产党始终坚持的思想路线。中国共产党在八七会议之前，一直是照搬苏联模式，试图通过中心城市的总暴动，达到夺取全国政权的战略目的。

南昌起义军南下途中，中共前敌委员会在瑞金召开会议，就革命政权的性质、起义军的旗号等问题进行讨论，决定抛弃国民党的旗号，将革命委员会由统一战线性质的政权改为无产阶级领导的工农政权。起义军南下失利后，朱德、陈毅率领余部在赣南进行了三次整顿，整顿了党组织，建立了党支部，规定了部队的组织纪律和群众纪律，并对部队进行了思想政治教育和军事训练，努力造就一支新型的人民军队。

以毛泽东同志为代表的中国共产党人从中国的国情和敌强我弱的形式出发，抛

① 毛泽东文集（第7卷）［M］.北京：人民出版社，1999:162
② 谢庐明.苏区时期中国共产党人的群众观［J］.赣南师范学院学报，2011，（4）:23

弃了"城市中心论"的苏联模式，创造性地把马克思列宁主义与中国革命具体实际相结合，开创了农村包围城市、武装夺取政权的井冈山道路；创造性地提出了做"革命山大王"的思想，实现"工农武装割据"的思想，创立了中国革命关于红色政权的理论，科学地论述了在四周白色政权包围中小块红色政权能够存在和发展的客观依据和历史必然性。这是世界各国从来没有的事，是马恩列斯任何本本上所没有的新思想、新结论。

这种从实际出发，实事求是，善于把马列主义的普遍真理同中国革命的具体实践相结合的科学态度，是江西红色文化的根本特征。

5. 无私奉献的精神风貌

无私奉献是人类最纯洁、最崇高的道德品质。高尔基说过："一个人追求的目标越高，他的才力就发展得越快，对社会就越有益。人的思想境界高一分，无私奉献的精神就会登上一个新阶梯。"有人把人生的境界分为"小我""大我""忘我"三个层次。"小我"者，利己也，只顾自己而不顾集体；"大我"者，热衷于为社会做贡献，但缺乏献身精神；只有"忘我"者，才能像一滴水融入大海里一样，具有无私奉献的精神。

大革命失败后，中国共产党人并没有放弃自己的崇高理想追求，毫不胆怯地通过继续革命的方式实现解放人民的理想追求，南昌起义的将士们不怕牺牲、不畏艰难，毅然用武装斗争反抗国民党反动派。井冈山军民在毛泽东、朱德、陈毅、彭德怀等领导指挥下，先后取得了新城大捷、五斗江战斗、草市坳战斗、龙源口大捷等粉碎敌人四次"进剿"的胜利，以及永新困敌、黄洋界保卫战、井冈山保卫战等打破湘、赣两省敌人三次"会剿"的胜利。在保卫井冈山革命根据地的战斗岁月里，广大军民同仇敌忾，众志成城，英勇不屈，出现了许多惊天地、泣鬼神的英雄事迹。宁冈县茅坪乡谢甲开在"三月失败"中被捕，面对酷刑，大义凛然，敌人残暴地开肚破胸，挖出心肝，切成四五块抛入河中；莲花县委书记刘仁堪就义前被敌人割去舌头，用脚趾蘸着自己的鲜血在地上写下"革命成功万岁"后壮烈牺牲。

在艰苦卓绝的苏区岁月里，苏区广大群众纷纷参军参战，不怕牺牲，到处可见父送子、妻送郎和兄弟争当红军的动人场面，体现了共产党人和革命群众对革命无限忠诚，为革命甘于无私奉献，勇于牺牲一切的革命品质。正是苏区群众节衣缩食将大批的粮食和物资不断地送往前线，才有力地保障了前线广大红军指战员英勇作战，为中央苏区反"围剿"战争的胜利发挥了重要的作用。据不完全统计，苏区时期的革命烈士总数达近百万之多，其中有名有姓的仅江西苏区就达二十余万人，兴国有二万三千余人，瑞金有一万七千多人。他们有的为苏区政权建设呕心沥血，积劳成疾，鞠躬尽瘁；有的面对敌人的屠刀，慷慨就义，视死如归；有的出入于枪林弹雨之中，出生入死，为国捐躯；也有的在长征时越过皑皑雪山，穿过茫茫草地时默默地倒下……无数英烈和革命先辈们这种无私奉献的革命精神是无产阶级世界观、人生观、价值观的集中反映，是江西红色文化内涵的突出体现，他们用血汗与生命谱写了中国革命史中可歌可泣的壮丽篇章。

三、江西红色文化的特征

历史造就了江西红色文化，在中国革命的历史长河中，中国共产党人真正独立自主领导革命战争是在土地革命战争时期。江西红色文化主要指土地革命战争时期诞生于井冈山和以瑞金为中心的中央苏区的人民反帝反封建的文化。在此之前，中国共产党的工作重心主要放在领导城市工人运动和投入国共合作的北伐战争上，此时江西的安源路矿工人大罢工，使安源成为中国工人运动的策源地。1927年8月1日，中国共产党领导的南昌起义打响了反对国民党反动派的第一枪，八一精神成为人民军队的灵魂。到了土地革命战争时期，以毛泽东同志为代表的中国共产党人才从井冈山的斗争中找到了中国革命的新方向、新道路，并形成了具有江西特色和风格的革命精神。它既是中华民族几千年来优秀传统和人文精神在革命战争年代的积淀和凝聚，又是中国共产党人马克思主义世界观和无产阶级思想作风与道德情操的集中体现，是中国共产党人和中国人民极其宝贵的精神财富。它奠定了中国革命的基础，并以其源远流长的深厚底蕴和丰富内涵成为中华民族和中国人民的精神命脉。

江西几乎每个县、市都有一定数量的红色资源，革命旧址、故居及纪念馆遍布全省各地，目前保存了2344处革命遗迹旧址。据不完全统计，全省各地建有革命纪念馆19个；已经登记在册的革命旧居旧址有1500多处，已公布为各级文物保护单位的有400多处，其中属全国重点文物保护单位的有9处共40个点，属省级重点文物保护单位的有76处；有16个国家级爱国主义教育示范基地，99个省级爱国主义教育示范基地，268个县（市）级爱国主义教育示范基地。同时，江西红色资源又表现出相对的集结性，在安源、南昌、井冈山、瑞金等地，由于开展了具有原创意义的革命实践活动，所留下的红色资源不仅丰富，而且具有典型性和代表性。井冈山革命旧址群和瑞金革命旧址群就是全国规模最大的两处革命旧址。此外，兴国、于都、宁都、寻乌、上饶、横峰、弋阳、修水、铜鼓、吉安、永新、遂川等县市，都保存着数量可观、规模较大的红色资源遗址遗物。

1. 起始性

任何一种文化都是历史发展的沉淀，江西红色文化是中华民族优秀传统文化在革命战争年代的积淀，是对优秀传统文化的传承和创新。二十世纪以来，江西领红色文化之先，将红色基因渗透在江西的山山水水之间。江西省从南到北、从东到西，一个个鲜活的故事、一串串浸透鲜血的足迹，记录了中国革命道路探索中的多个第一，见证了中国共产党成长的光辉历程。

第一，江西安源是中国工人运动的策源地。1921年中国共产党成立后便把安源路矿作为开展革命工作的重点地区之一。同年秋天，毛泽东同志来到安源宣传革命道理。年底，李立三在安源办起了平民学校和工人补习学校，宣传马列主义基本知识，建立党团组织和工会，在工人中发展党员。1922年2月，成立了党在全国产业工人中的第一个支部——安源路矿党支部。1922年5月，安源路矿工人俱乐部宣告成立。1922年9月，毛泽东、刘少奇先后来到安源，参加组织大罢工的领导工作。9月14日，震惊全国的安源路矿13000人的大罢工爆发，并最终取得胜利，开创了中国工人运动的新纪元。[1]

① 李康平.江西红色资源开发与教育研究［M］.北京：中国社会科学出版社，2011:219

第二，江西南昌是中国人民军队的摇篮。南昌起义不仅向全世界宣告打响了反抗国民党反动派的第一枪，而且向全世界宣告诞生了中国共产党领导下的人民军队。1933年7月1日，中华苏维埃共和国临时中央政府决定，每年8月1日为中国工农红军成立纪念日。新中国成立后，此纪念日改称为中国人民解放军建军节。

第三，江西井冈山是中国革命的摇篮。1927年10月，毛泽东在井冈山创立了党领导下的第一个农村革命根据地，点燃了"工农武装割据"的星星之火，为中国革命的中心工作完成从城市到农村的伟大战略转移开辟了新的道路。因此，井冈山是中国革命的摇篮。

第四，江西瑞金是人民共和国的摇篮。第二次革命战争时期，瑞金是中央革命根据地的中心，中央苏区和中华苏维埃共和国政治、军事活动中心，中央党、政、军、群机构均驻在瑞金，毛泽东、刘少奇、周恩来、朱德、陈云、邓小平等老一辈无产阶级革命家也都在瑞金从事过伟大的革命实践，是享誉中外的"红色故都"、中央红军长征出发地。中华苏维埃共和国临时中央政府在瑞金成立之后，中国共产党领导苏区人民建立了适应革命战争的国家机构和机制，卓有成效地进行了管理国家的伟大尝试，为新中国成立后人民政权的建设、国家的管理积累了经验，锻炼了人才。中华苏维埃共和国是中华人民共和国的一次"伟大的预演"。

2. 丰富性

红色文化作为一种革命文化，它创建的初衷就是为了对抗旧中国半殖民地半封建的买办文化和封建文化。江西红色文化以其众多的表现形式和丰富的思想内容，呈现出鲜明的时代特征。

第一，江西红色文化表现形式丰富。主要体现在它既包括红色的物质文化，也包括红色的非物质文化。红色的物质文化具体表现为根据地的农业生产、工业生产、商业贸易与红军在根据地建造和使用的建筑、使用的徽章、服装等，以及在根据地开展的教育、体育、艺术创作等等，它们在一定程度上体现了红军的革命思想和精神风貌。非物质文化是指人类在社会历史实践过程中所创造的各种精神文化。土地革命战争时期，在江西红军中开展了红色教育、红色体育事业，进行了红色艺术创作，留下了众多的红色歌曲、红色宣传画和红色标语等，创办了许多红色报纸和刊物，制定了一系列红色法规和规章制度，形成了八一精神、井冈山精神、苏区精神。[①]

第二，江西红色文化具有丰富的精神内涵。江西革命实践掀开了中国革命崭新的一页，创建一支新型人民军队、走出一条井冈山道路和建立苏维埃政权的尝试，是江西红色文化的主要来源。安源精神、八一精神、井冈山精神、苏区精神、方志敏精神、长征精神等主要在江西形成的革命精神成为江西红色文化的重要内容，所具备的丰富精神内涵，为之后革命斗争的开展和胜利打下了基础，是江西人民对中国革命的巨大贡献，时至今日还具有深远的意义。

3. 广泛性

中国共产党领导人民进行长期的革命斗争，在江西各地都留下了极其宝贵的红色文化资源。从工人运动的策源地安源到人民军队的诞生地南昌，从革命摇篮井冈山到红色故都瑞金，江西境内处处留下了革命志士英勇斗争的足迹。第二次国内革命战争时期，江西成为全国最为重要的革命中心。中国共产党先后在江西建立了大片革命根据地，其中较为有影响的有赣西井冈山革命根据地（包括宁冈、永新、莲花三县和吉安、安福、遂川等县部分地区，以及湖南鄜县一部分）、湘赣革命根据地、赣东北革命根据地（包括弋阳、横峰、贵溪、德兴、余江、万年、上饶、铅山等县，后发展成闽浙赣革命根据地），以及铜鼓、修水、万载、宜丰等县的湘鄂赣革命根据地。当时的中央革命根据地在赣南和闽西地区有21个县（包括江西的瑞金、安远、信丰、广昌、石城、黎川、宁都、兴国、于都、会昌、寻乌等11个县）。红色文化资源遍布江西各地，江西成为中国先进文化的代表，红色江西成为一个没有围墙的革命历史博物馆。

4. 启迪性

在江西境内生长的八一精神、井冈山精神、苏区精神等革命精神产生于中国革命的伟大实践中，具有深刻的内涵，启迪了长征精神、延安精神、西柏坡精神等，使中国革命精神的链条不断延续和发展。

---

① 李康平.江西红色资源开发与教育研究［M］.北京：中国社会科学出版社，2011:220

南昌起义以打响武装反抗国民党反动派第一枪的英雄壮举,以党独立领导的新型人民军队诞生的重要标志载入中国革命史册,其孕育的八一精神以坚定信念、听党指挥、百折不挠、为民奋斗的丰富内涵启迪了井冈山精神。在改革开放和社会主义现代化建设新的历史条件下继承和弘扬八一精神,依然是一个具有现实意义和长远意义的重大课题。

以毛泽东同志为代表的中国共产党人,以坚定的共产主义信念,把马克思主义理论同中国具体革命实践相结合,创造性地开辟了井冈山革命根据地,闯出了一条以农村包围城市,武装夺取政权的革命道路。中国共产党由革命党成为执政党的事实雄辩地证明:井冈山道路是把中国革命引向胜利的唯一正确的道路。对于与井冈山道路紧密相连的井冈山精神,2001年6月江泽民同志在江西考察时,科学地把它概括为"坚定信念、艰苦奋斗,实事求是、敢闯新路,依靠群众、勇于胜利"。井冈山精神是中国革命精神之源,所蕴含的革命传统和深刻内涵,成为中国革命精神的象征,中国共产党人正是在这样的革命精神的鼓舞和指引下,领导中国人民取得了民族解放的胜利。

苏区精神是井冈山精神的传承和发展,是长征精神的直接源泉。2011年11月4日习近平同志在纪念中央革命根据地创建暨中华苏维埃共和国成立80周年座谈会上的讲话指出:"在革命根据地的创建和发展中,在建立红色政权、探索革命道路的实践中,无数革命先辈用鲜血和生命铸就了以坚定信念、求真务实、一心为民、清正廉洁、艰苦奋斗、争创一流、无私奉献等为主要内涵的苏区精神。"苏区精神是党和人民的宝贵财富,对社会主义现代化建设依然具有重要的借鉴意义。

四、学习江西红色文化的意义与作用

江西红色文化承载着中国共产党波澜壮阔的革命历史、艰苦卓绝的斗争史和可歌可泣的英雄史,承载着中国共产党人坚定不渝地坚持的马克思主义科学理论和共产主义的远大理想,承载着中国人民矢志不移追求国家富强、民族振兴和人民幸福的坚定信念以及为理想不懈奋斗的价值追求和精神境界。江西红色文化是中国共产党在早期革命斗争实践中形成的优良传统，丰富和发展了中华民族精神的内涵和外延，成为中国共产党人的优良传统和中国革命精神的重要源头。它集中体现了党的性质、宗旨和无产阶级的彻底革命性，体现了马克思主义的世界观和首创精神，体现了共产主义的理想、信念和高尚的道德情操。它所蕴含的坚定的理想信念、实事求是、敢闯新路、依靠群众、无私奉献、艰苦奋斗、敢于胜利等内涵，是中国共产党人对中华民族优良传统的继承、提炼和升华，是中华民族精神的集中体现。

1. 学习江西红色文化有助于坚定理想信念

理想信念是一个民族的精神支柱，是支撑一个民族奋发向上、追求进步的精神动力。对于个人来说，理想信念是一个人的精神依托和生命归宿。从社会角度来看，理想信念是生活在这个社会中的群体对未来社会发展方向和目标的一种共同意志和思想共识，能够形成强大的社会凝聚力和发展合力。一个缺乏理想信念的民族，就失去了精神支柱，失去了追求与目标，失去了上进心和凝聚力。

中国共产党人历来高度重视理想信念建设，始终把马克思主义科学理论、共产主义远大理想、民族国家的独立富强和广大人民的幸福生活，作为最根本的价值追求和精神动力。南昌起义的将士们正是凭着为中国人民谋求解放的崇高理想和坚定的共产主义信仰，才有了当独立领导武装斗争的开始和新型人民军队的创建；井冈山斗争时期，井冈山军民之所以能够在重重包围中、在敌我力量悬殊的情况下，粉碎敌人一次又一次的军事围攻，靠的就是坚定的理想信念和"为主义而牺牲"的精神。无数革命志士把个人生命同民族振兴、国家富强、人民幸福联系起来，把共产主义信念作为人生奋斗的旗帜和方向，在敌人屠刀面前无所畏惧，在艰难困苦面前毫不退缩。正是依靠对马克思主义理论、共产主义理想的坚定信念，我党领导人民取得了新民主主义革命的胜利。我们必须正视当前中国社会存在理想信念缺失、价值观混乱等问题，信仰体系缺失是最大的忧患，理想信念的动摇是最大的动摇。党的十八大报告明确提出："对马克思主义的信仰，是社会主义和共产主义的信念，是共产党人的政治灵魂，是共产党人经受住任何考验的精神支柱。"崇高的理想，坚定的信念，永远是中国共产党人的政治灵魂。习近平同志强调，光荣传统不能丢，丢了就丢了魂；红色基因不能变，变了就变了质。要保证革命先辈们用鲜血和生命打下的红色江山代代相传，党的事业血脉永续，必须传承红色基因，使之融入每个人的血脉之中、内心世界、灵魂深处，自觉做共产主义远大理想和中国特色社会主义共同理想的坚定信仰者、忠实实践者。江西红色文化同中国共产党人的理想信念有着内在的统一性，与时代特点结合起来，对于当代人具有强大的形象感染力、精神吸引力和行动感召力。学习江西红色文化，有助于人们认识到坚定的理想信念不仅是革命志士勇往直前、成就革命事业的原动力，也是自己事业上的精神支柱。只有坚定对马克思主义、共产主义的信仰，树立坚定的理想信念，才能战胜人生旅途中的一切困难，激励和鼓舞自己为了远大的理想奋进，实现自己的人生价值。

2. 学习江西红色文化有助于中国革命精神的传承

中华民族五千年的历史铸就了绚烂多彩的中华文化，中华文化凝聚了中华民族的伟大智慧，在历史的发展过程中犹如一盏明灯，点亮了我们前进的道路。中华文化不竭的生命力需要传承，更需要发展。以八一精神、井冈山精神、苏区精神为代表的江西红色文化在革命实践中产生和发展起来，是中国革命精神链条中重要的环节，是中华民族精神不可分割的内在组成部分，是马克思主义中国化实践的内在精神支撑，具有深厚的社会实践基础，在革命战争年代起着战斗堡垒作用，引领中国革命走向胜利，是历史发展过程中宝贵的精神财富。在新的历史条件下继承和弘扬红色文化，其核心就是要传承中国革命精神。

在社会主义现代化建设中，中国革命精神如同一把火炬，仍是照亮中华民族伟大复兴进程的火把，是永不褪色的民族精神。2016年2月习近平总书记在陕西延安、铜川、西安等地调研时指出，革命老区是党和人民军队的根，我们永远不能忘记自己是从哪里走来的，永远都要从革命的历史中汲取智慧和力量。要发扬红色资源优势，深入进行党史军史和优良传统教育，把红色基因一代代传下去。如今，学习江西红色文化，建设保护红色文化遗迹、收集红色文化遗存、建设红色文化场馆、出版红色文化书籍、组织重大纪念日活动、开辟红色文化旅游、拍摄革命题材的红色文化影视等构成的红色文化传承系统，有助于传承中国革命精神，守护我们共有的伟大精神家园。

3. 学习江西红色文化有助于思想政治教育工作的创新

江西之所以被誉为"红土地"，在于中国共产党领导人民进行革命斗争和社会主义现代化建设的过程中，在江西留下了丰厚的红色文化资源。江西红色文化见证了人民群众在中国共产党领导下进行艰苦卓绝的斗争取得伟大胜利，是中国共产党在早期的革命斗争中留下的极其宝贵的财富。思想政治教育就是要深入持久地开展爱国主义、集体主义、社会主义和中华民族精神教育，使受教育者树立正确的世界观、人生观、价值观。江西红色文化以内容丰富、直观生动、分布广泛和教育面广等特点成为思想政治教育的重要资源，其中蕴含的坚定信念、为民奋斗、实事求是、敢闯新路、艰苦奋斗等内容，为思想政治教育提供了丰富的内容和源泉。从当前国际大环境和社会状况来看，坚定信念、艰苦奋斗是新时期思想政治教育的主线；要以实事求是、敢闯新路的态度，通过创新观念、创新工作思路和方法，加强思想政治教育工作的科学性和时代性，增强思想政治教育的吸引力和感染力。在新的历史时期，要充分利用党的优良传统和政治优势，挖掘江西红色文化的深刻内涵，创新思想政治教育内容、途径和方法，提高思想政治教育的针对性和实效性。

通过学习江西红色文化，充分运用红色文化资源进行思想政治教育，可以帮助人们充分认识中国国情，倍加珍惜今天来之不易的幸福生活，帮助大家树立民族自尊心、自信心和自豪感，弘扬和培育以爱国主义为核心的伟大民族精神，树立正确的世界观、人生观和价值观。充分运用江西红色文化资源对党员领导干部进行思想政治教育，可以让他们接受心灵的洗礼，通过课堂、网络、实践等多种形式，帮助他们牢固树立公仆意识、为人民服务意识，增强党性，增强拒腐防变的能力。

参考文献：

［1］李康平.江西红色资源开发与教育研究［M］.北京：中国社会科学出版社，2011.

［2］柳红星.江西红色文化与新时期高校思想政治教育研究［D］.南昌：南昌大学，2006.

第一章　安源精神

中国共产党成立后，立即投身于实际革命运动，首先集中力量从事工人运动。在党组织的发动和领导下，中国工人阶级的觉悟很快得到提高，工人运动开始出现蓬勃兴起的局面。从1922年初开始，到湘赣边区秋收起义爆发，中国共产党一直坚持在江西的斗争。二十世纪二十年代的安源工人运动，在中国近代史上留下了光辉夺目的一页。无论是其斗争形式、内容还是产生的社会影响都是历史性的，在中国早期的工运史上独树一帜，奠定了安源在中国工人运动中的摇篮地位。

第一节　中国工人运动摇篮的形成

从1921年下半年开始，上海、武汉、广东、湖南、直隶等省市和航运、铁路、采矿等行业相继爆发工人的罢工斗争。从1922年1月到1923年2月，中国共产党领导的工人运动形成了以香港海员大罢工为起点的第一次高潮，前后持续时间达13个月之久。在此期间，爆发的罢工斗争达100多次，参加罢工的工人达30万以上。工人运动的迅猛发展，锻炼了工人阶级队伍，巩固了党的阶级基础，扩大了中国共产党和工人阶级在全国的政治影响。为了加强对日益高涨的工人运动的领导，加强工人阶级的内部团

结，中国共产党于1922年5月上旬以中国劳动组合书记部的名义，在广州召开了第一次全国劳动大会，这次大会是中国工人阶级第一次全国性的盛会。到会代表来自12个城市，共173人，代表着110多个工会和34万有组织的工人。大会总结以往工人运动的经验，接受中国共产党的政治主张，把反帝反封建作为工人运动的基本目标。大会讨论并通过《八小时工作制案》、《罢工援助案》、《全国总工会组织原则案》和《惩戒工界虎伥案》等十项决议案，并公开发表《全国劳动大会第一次会议宣言》。宣言分析了中国工人阶级遭受痛苦的根源，指出摆脱痛苦的道路，号召全国工人阶级团结起来，削平行帮，消除隔阂，不分地域，不分党派，不分男女老少，联合成一个阶级战线，反对国际帝国主义和封建军阀。大会决定在全国总工会成立以前，委托中国劳动组合书记部为全国工会的总通讯机关，并负责召集第二次全国劳动大会。

党的二大对工人运动给予密切关注，大会通过的《关于"工会运动与共产党"的决议案》要求：各地党组织集中力量组织产业工人工会，如铁路、海员、五金、纺织工会等；工会工作必须把工人阶级的目前利益和长远利益结合起来，工会应该为改善工人的生活和劳动条件而努力；同时还必须领导工人开展斗争。党的二大后，工人运动继续高涨，安源路矿工人大罢工就是在这一背景下爆发的。

一、二十世纪初安源的社会状况

萍乡县位于江西省西部，东靠宜春县、安福县，南邻莲花县和湖南攸县，西接湖南省醴陵县，北连湖南省浏阳县。1916年，全县总人口为59万。19世纪末以前的萍乡生产力低下，经济发展落后，以家庭为单位的小农业和手工业是萍乡社会生产的主要形式。除从事农作外，农民还兼营小煤窑、石灰、陶瓷、造纸、鞭炮、夏布等开采业和手工业。清代中期，萍乡发现了较多的煤矿，各地小煤窑开始兴盛起来，聚集了一定数量的采煤工。清朝光绪年间，安源的商办小煤井增至300多个，这些煤井已经具备了初步的资本主义生产方式。19世纪末，从安源创办萍乡煤矿开始，当地的社会性质发生了新的变化。

安源位于萍乡中部，毗邻湖南，历史上有"吴楚咽喉、赣湘通衢"之称。这里的百姓就是靠挖煤为生，据记载，明末清初开挖的土井就有260多个。19世纪末，晚清的官僚买办兴办起机械开采工矿企业，这里成为全国重要的煤炭产区。1893年，湖广总督张之洞在湖北创建了大冶铁矿；1896年，由洋务派盛宣怀督办汉阳铁厂，为解决炼铁所需焦炭问题，勘查到安源周围九十华里煤藏量丰富。1898年4月，萍乡煤矿局成立，清政府在此投资白银百万两，兴办了大规模的机械开采矿区。由于安源地处穷乡僻壤，交通闭塞，与外界的交通只有水路，所产煤炭往往难以及时运出。1899年到1905年间在清政府的支持下，分段修建了长达90公里的株萍铁路。

1908年，盛宣怀将汉阳铁厂、大冶铁矿、萍乡煤矿合并为"汉冶萍煤铁厂矿有限公司"，这是当时中国最大的工矿企业之一。1914年，汉冶萍公司改为完全的商办，萍乡煤矿也进行了改组和改革，整个企业仍然被盛氏买办集团把持，他们将企业的资产作为抵押，向帝国主义大借外债。帝国主义对安源煤矿的控制就是通过与中国的买办阶级和当地的封建势力相互勾结，构成三位一体的上层统治而实现的。建矿初期所生产的财富，绝大部分流入了帝国主义和官僚买办的口袋。

从1899年开始，德国和日本相继控制安源煤矿。随着帝国主义国家的商品和资本的大量输入，在安源占主导地位的自给自足的自然经济遭到破坏，资本主义经济在此初步发展起来。为了掠夺和榨取，帝国主义与官僚买办、地方封建势力相互勾结建立了一套军警严密的统治机构。萍乡矿务局有下辖的矿警队、法庭、监狱，赣西镇守使署和专员公署驻有一个团或一个旅的军队。开矿之初成立的巡警处有巡警300人，到1916年，改为矿警局，巡警最多时达到900人。萍乡煤矿从成立开始，就由德国人赖伦担任矿师，并陆续聘用德国人分别担任各工作处总监、监工、医师和会计等，"在矿局任职的德国人，1912年达25人，稍后有增加到30多人"[1]。他们在萍乡煤矿肆意虐待工人，为所欲为。"自矿长以至于各下级职员及工头管班等，无不可以殴打工人，工人对于彼等之无理命令，亦莫敢稍有违抗。工人稍不如意者，即滥用私刑，如跪火

---

① 萍乡市史志办公室.中共萍乡地方史（第1卷）［M］.北京：中共党史出版社，2003:3

炉、背铁球，带篾枷、抽马鞭、跪壁块等，或送警拘留蛮加拷打。"①面对这样的严密控制和毫无人性的虐待，广大煤矿工人没有半点自由，过着牛马般的生活。

20世纪初，萍乡的农业生产方式，仍然是由封建地主阶级占有大量土地，除个别地主自行雇工经营外，一般把土地分成若干小块租佃给无地和少地的农民耕种。农民租地耕种，还要缴纳苛捐杂税。1901年到1911年，萍乡全县的田赋征税有地丁（土地税和人头税）、南米（供应南方驻防官兵的军粮）。广大农民在重租的盘剥下，一年到头所剩无几，迫于生计农民只有向地主、富农借钱借谷度日。安源石塘冲17户人家有6户被逼得卖儿卖女。

萍乡煤矿从1898年开办以来，进行了大规模的基本建设，1907年整个煤矿由土法开采变成西法机器生产，成为中国最早采用机器生产、运输、洗煤、炼焦的煤矿之一，进入当时"中国十大厂矿"行列。1914年第一次世界大战期间，由于国际市场对煤炭的需求量大大增加，萍乡煤矿的原煤年产量达到90多万吨，焦炭年产量达到20多万吨。1916年和1917年，煤炭产量连续达到95万吨左右。一战结束后，由于企业具有封建性和买办性，受制于外国资本，管理办法落后，导致企业内部管理混乱而引发贪污盛行，汉冶萍公司开始走下坡路。

随着萍乡煤矿的开办和株萍铁路的修建，近代产业工人阶级在安源诞生和崛起。由于商井被兼并，原来不少在安源矿区各商井做工的工人转到矿上做工，大批附近各县来安源谋生的劳苦群众，都陆续加入了路矿工人的行列。据不完全统计，萍乡煤矿雇佣工人一万二千余人，株萍路局工人一千一百余人。路矿两局工人大约一万三千人。此外，安源矿区常有失业工人四五千人，以临时性工作为生。

1919年5月4日，五四运动爆发。当时在北京大学读书的萍乡籍学生张国焘、罗运磷等人是五四运动的积极参加者。他们通过各种方式，给家乡的父老乡亲邮寄进步刊物，宣传科学与民主，反帝反封建的风潮迅速席卷江西。帝国主义不断给北洋政府施加压力，要求取缔学生爱国运动。江西军阀陈光远按照北洋军阀的旨意，封闭"南

---

① 中共萍乡市委编撰组.安源路矿工人运动（上册）［M］.北京：中共党史出版社，1991:116

昌学生联合会"，解散学生宣传队，禁止学生上街演讲，派出武装军警包围各学校，镇压南昌爱国学生运动。萍乡中学是萍乡最早传播和声援五四运动的地方，他们集会演讲，罢课游行，散发传单，排演节目，反对中国代表在巴黎和会上签字，动员各界民众起来拯救国家。五四运动激发了萍乡青年学生的爱国热情，不少学生投笔从戎或外出求学，如萍乡中学彭树敏等十名学生告别家人，于1920年初入法国勤工俭学，探求先进知识和救国救民真理。青年学生的爱国热情也极大地振奋了萍乡人民的爱国精神，使他们认识到"天下兴亡，匹夫有责"。

五四运动的发生、新思潮的传播，鼓舞了安源路矿工人。正逢此时，萍乡煤矿连续发生了德国总管和总监殴打工人的事件。于是，安源工人掀起了驱逐德国人的浪潮。1919年6月23日，总平巷德国总监乌生勃里克将窿工工头汪大全打伤成为工人群起闹事的导火索。100多名工人将乌生勃里克住所围住，另有100多名工人聚集在总平巷公事房门前讨要说法。矿长为平息事端私下开除了目击证人刘增余，以阻止其作证。工人的愤怒彻底爆发，决定看见德国人就杀。公司迫于形势，只好辞去全部德国雇员。然而，安源工人的生活境遇并没有得到改善，他们仍然生活在十八层地狱之下，随意打骂、种种剥削、拖欠工资的事情屡屡发生，1921年8月到9月，由于路局拖欠工资导致工人罢工，并在这次罢工中形成了"工人的团体"，只是这个团体很快就被破坏了。总体上，此时安源工人的组织与斗争和上海等大城市的工人相比比较落后，在斗争中形成的团体规模较小并且松散，没有形成工会组织。斗争的目的仅限于驱逐几个洋人以泄愤，或争取拖欠的工资，要求比较低，没有阶级独立的政治要求。

二、安源工人运动的兴起与发展

在中国劳动组合书记部的领导下，1922年1月到1923年2月，全国兴起了第一次工人运动高潮，安源路矿工人运动是其中一次最具影响力的工人运动。安源成为中共湘区委员会开展工人运动的重点，是基于对安源的社会矛盾、阶级状况以及现状的综合分析。

第一，中国共产党成立后的历史大背景所决定。20世纪初，世界工人运动日益高涨，对半殖民地半封建社会条件下的中国工人阶级反对帝国主义、封建主义和官僚资产阶级的斗争产生了积极的影响。五四运动之前，工人的斗争还是自发的、不成熟的，大多属于为了增加工资、缩短工时、减轻劳动强度、改善劳动条件和生活条件的经济斗争，还提不出本阶级的独立要求和政治纲领。中国共产党成立后，决定集中力量开展工人运动。毛泽东在党的一大后回到湖南担任中共湖南支部书记和中国劳动组合书记部湖南分部主任。安源位于湘赣两省边境，安源工运隶属湖南党组织领导，因而安源理所应当地被毛泽东选择为工人运动的策源地。

第二，安源所处的地理位置和存在的社会矛盾决定。与安源矿区相连的株萍路矿和萍乡煤矿，在十九世纪末、二十世纪初，在中国尤其是湘鄂赣三省和长江中下游的社会经济政治中，占有极为重要的地位，从社会矛盾状况来看，是半殖民地半封建中国社会的一个突出典型。因而路矿所处的湘赣两省边境，也成为近代中国社会矛盾最尖锐的地区，决定了安源路矿工人运动在全国革命运动中的重要地位。

第三，安源煤矿受压迫最深，反抗最强。安源煤矿是帝国主义、封建势力和资产阶级相互勾结的产物，工人所受的压迫和剥削，是中华民族苦难的典型缩影。矿工每天工作12到14小时，有时甚至连续两个星期不能出井，他们所创造的价值每月约70块钱（旧币），而工资每月仅2块钱，最多不过9块钱。矿工的人身安全没有任何保障，死人的事件经常发生。一次事故死人数量有时达一百多人。从1893年建矿到1937年的44年间由于饥饿、疾病、迫害致死的工人达八千多人。煤矿当局规定，死一个工人发抚恤金16块钱，而当时买一匹马则要50多块钱。因此毛泽东分析指出："那些压迫的严重性和残酷性，是世界各民族少见的；因此，他们在斗争中，比别的任何阶级来得坚决和彻底。"

第四，安源工人具有抗争精神和革命传统。安源工人从建矿的那天起，就不断为反抗压迫和剥削而斗争。从1901年到1919年，安源工人先后进行了七次大规模的反抗斗争，包括破坏机器、同工头清算工资、罢工、捣毁洋人住宅、痛打洋人监工、驱逐洋人等。1919年1月，在巴黎和会召开的当月，萍乡煤矿工人掀起了驱逐德国人的斗争。这些斗争沉重打击了帝国主义及其走狗的嚣张气焰，开创了中国工人阶级参加大规模武装起义的先河，因而得到中共党组织的关注。

第五，安源煤矿产业工人集中，便于组织领导。当时，安源煤矿是江南最大的煤矿，又有株萍铁路相连，共有产业工人一万七千余人。1908年，汉冶萍煤铁矿厂有限公司资本总额为2000万元（旧币），工人及家属有十万多，是当时官僚买办资本中最大的工业企业。安源路矿工人"团结力十分充足"，便于组织领导。安源路矿工人革命运动发生发展的地区范围，除横跨湘赣两省醴陵、湘潭、萍乡三县的路矿之外，还涉及湘赣边境这三个县外加莲花、宜春等五县的广大城镇农村，参加运动的有工人、农民、知识分子和其他群众，形成工农运动相结合的局面。

为了开展工人运动，1921年秋冬，中共湖南支部书记毛泽东先后两次来到安源，第一次是住在八方井44号的老乡毛紫云家里。短短的一个星期里，他不畏辛苦，多次深入矿井、工棚、家属之中，先后到了总平巷、西平巷、餐宿处、株萍铁路安源机务段、洗煤台、锅炉房等48处，广泛地接触工人群众，目睹了安源工人的痛苦生活场景，掌握了工人的思想情况。面对长期过着奴隶般生活、受尽压迫、已经习惯了逆来顺受的工人，毛泽东耐心地向工人讲解，穷苦并非命中注定，而是帝国主义、资本家压迫的结果。他用"小石头与大石头""一根筷子与一把筷子"来向工人形象地讲解团结起来力量大的道理，和工人促膝谈心，启发工人的思想觉悟，号召工人团结起来进行斗争。毛泽东的首次安源之行在工人心中撒下了革命的种子。毛泽东第二次来到安源，同行的还有刚从法国留学回来的李立三。李立三以办学校为名，采取毛泽东的"争取合法斗争办平民教育"的策略，开始了在安源的工作。为了争取合法公开的地位，李立三等人在湖南省平民教育促进会的介绍下，开始创办平民小学，学生大多是工人子弟，以家访的名义在工人中开展工作，筹办补习学校。1922年1月，在安源五福巷成立了第一个工人补习学校，六十多名学生以路局工人居多。因为课程都在晚上进行，所以工人们称之为"夜校"。夜校名义上是教文化，实际上是宣传马列主义，进行革命的启蒙教育。由于李立三本人是醴陵有名的富家子弟，当地的开明绅士又给予了李立三很大的帮助，因而开办平民学校的呈文很快得到县知事的批准立案，从而使工人运动得以在合法的掩护下进行。

为了使工人用简单的方法掌握通俗易懂的知识，李立三还组织编写了《安源旬刊》，这是中国创办最早的工人阶级自己的读物。工人夜校的创办，不仅使工人掌握了文化和科学知识，更重要的是提高了工人的阶级觉悟，训练了工人的战斗能力，培养了一批工人积极分子。在此基础上，根据毛泽东的指示，党组织决定在安源发展第一批党员并建立党支部。1922年2月，在萍乡煤矿的一个火车房里，中国共产党在产业工人中的第一个党支部成立了，李立三任书记，虽然党支部当时只有六名党员，但是改变了中国共产党的阶级结构。

建立党支部后，根据毛泽东的指示，开始筹建工人俱乐部。1922年5月1日，安源路矿工人俱乐部正式宣告成立，同时宣布了"保护工人利益，减除工人压迫与痛苦"的宗旨。工人们积极响应，纷纷加入俱乐部。随着工人运动的发展，俱乐部不断壮大，这里既是党对工人进行马列主义教育和培养干部的学校，又是党领导对敌斗争的指挥所，将安源工人运动推向了一个新阶段。工人俱乐部成立的同时，安源工人还有意识地成立了工人监察队。为了对抗和预防军警的武装镇压，还扩大了工人纠察队，成立了工人侦察队，成为我党领导下最早的具有武装性质的工人组织。

安源工人俱乐部成立以后，在中国共产党的正确领导下日益巩固壮大。当时路矿当局拖欠工人工资已经几个月，加上物价飞涨，工人怨声载道。1922年7月底，汉阳铁厂的工友为了增加工资，改善待遇，反对武力封闭俱乐部，举行了罢工，并取得了胜利。消息传来，极大地鼓舞了安源工人，他们意识到不勇敢地与资本家作斗争是不可能有出路的。工人们来到俱乐部，纷纷要求俱乐部领导人带领大家采取强有力的措施，举行大罢工。

路矿当局得知汉阳铁厂的罢工消息也惶恐不安，因为汉阳铁厂的罢工势必引起汉冶萍公司的连锁反应。为了将工人们的革命热情扑灭，他们先用金钱拉拢俱乐部的同志，遭到拒绝后便凶相毕露，诬蔑工人俱乐部是"乱党组织"，与萍乡县镇守使勾结，扬言工人俱乐部如不自行关闭就要武力查封，威胁工人俱乐部负责人也要离开安源，否则性命难保。安源的干部和工人面对敌人的威逼利诱，沉着冷静将斗争进行到底。

　　1922年9月，毛泽东从长沙来到安源。在听取了干部和工人代表的详细汇报后，毛泽东向大家讲述了全国各地工人运动蓬勃兴起的形势。广州、香港、上海、湖南等地的产业工人和手工业工人举行罢工并取得胜利的消息给安源工人很大影响。毛泽东认为，安源路矿工人士气不可压，斗争决心很大；工人俱乐部在工人当中具有很高的威信，通过党团骨干，完全能够把绝大多数工人组织起来进行斗争；安源煤矿产业工人数量集中，又是中国重要的工业区，要是在安源举行罢工，对全国会有很大的影响。基于这些分析，毛泽东认为时机已经成熟，作出了总罢工的决定，并对罢工的组织准备工作作了全面而周密的部署。他要求共产党员站在斗争的前列，带领群众进行义无反顾的斗争。

　　安源党组织按照毛泽东的指示，积极进行罢工的准备工作，成立工人纠察队，党员在工人当中来回奔波，暗中串联工人，进行宣传鼓动工作。1922年9月11日，刘少奇被派往安源，遵照毛泽东提出的"哀兵必胜"的策略，和李立三共同领导了安源路矿工人大罢工。刘少奇到达安源当天，安源路矿工人俱乐部致函路矿当局，提出了三项最低要求：第一，路矿当局须呈请行政官厅保护工人俱乐部；第二，路矿当局每月须补贴俱乐部费用二百元；第三，七天内发清欠饷。限两天之内做出圆满答复，否则立即举行罢工。9月12日，路矿当局迫于形势，不得不答应第一和第二两条，但对第三条却借口矿上财政困难，很难办到。此时，工人俱乐部接到中国劳动组合书记部的来信，信中鼓励全体工人要坚持斗争，不惜付出代价。9月13日午夜，中共安源支部和安源路矿工人俱乐部根据中共湘区区委的指示发出了罢工命令，并成立了罢工指挥部，李立三任总指挥、刘少奇任俱乐部全权代表，组织工人纠察队，召开工人代表会，宣布罢工纪律，决定除发电厂、锅炉房、打风机、抽水机因关系矿井安全和安源全体人民生活不能停工外，其他各处工人一律停工，无俱乐部命令，不得上工。1922年9月14日凌晨四点，安源路矿一万三千多名路矿工人举行大罢工，工人俱乐部发表罢工宣言，向路矿当局提出了改良待遇、开除工人需经工会同意、发还欠饷、增加工资、承认俱乐部有代表工人的权利以及废除把头制等十七项条件。"我们于死中求活，迫不得已以罢工为最后的手段。"哀而动人的罢工宣言和"从前是牛马，现在要做人"的罢工口号取得了社会的广泛同情。长沙、上海等地报纸，纷纷报道了安源大罢工的消息，不少工厂和学校也来声援。

安源实现全面罢工后，路矿当局惊恐万分。一方面请求赣西镇守使署、萍乡县署出兵镇压，另一方面召开包工头会议，命令包工头去动员与他们有亲戚关系的工友下井、进班，并许诺只要进了班，坐着、躺着都工资照发。路矿当局的阴谋无一得逞。面对武力镇压，安源工人严阵以待，无所畏惧。9月17日，资本家仍然不答应复工条件，俱乐部决定采取更大规模的暴力行动：锅炉熄火！捣毁锅炉房！9月18日上午九点，路矿当局被迫答应了工人提出的大部分意见，经毛泽东同意，双方代表在十七项条件综合归纳成的"十三条协定"上签字。签字仪式结束后，工人们当天下午举行了盛大的庆贺大会，大会后工人们才正式复工。条约的签订，标志着安源路矿工人大罢工取得了完全的胜利。罢工的胜利，提高了党组织在群众中的威信，扩大了党的影响。这次罢工是中国共产党第一次独立领导并取得完全胜利的工人斗争，是中国工人运动史上的一次壮举。

1922年冬，在斗争胜利的形势下，毛泽东又一次亲临安源，了解工人罢工后的思想状况，检查俱乐部工作。他指示安源党组织乘罢工胜利积极而慎重地发展一批优秀工人入党，壮大党的组织。安源党组织积极进行思想建设和组织建设，将安源党支部由一个逐步发展到十三个，成立了中共安源地区委员会。团支部由一个发展到二十六个，成立了团地委，俱乐部成员由七百多人发展到一万三千多人，建立了株洲、湘东等三个分部。工人夜校由一所发展到七所，还设立了一个解决工人家属学文化、学职业技能的妇女职业部。

1923年"二七惨案"后，全国工人运动处于低潮，然而安源工人运动依然巩固和扩大了胜利果实，成为当时全国工人运动中持续时间最长的典范。安源工人运动不仅废除了压迫工人二十多年的包工制，大大改善了工人的生活，还建立了最早的工人消费合作社。1924年5月1日，安源路矿工人俱乐部礼堂正式落成，整个建筑可容纳一千多人举行集会和演出以及游艺活动。为了进一步提高工人阶级的政治觉悟，培养革命急需的无产阶级干部和工人运动的积极分子，1924年秋，刘少奇在安源创办了中国共产党历史上最早的一所党校。

1925年9月20日深夜，赣西镇守使李鸿程率反动军队开进了安源，敌人架起机枪封锁了安源的全部出口，包围了工人俱乐部、消费合作社、工人补习学校等地方，开始大规模的搜捕。逮捕了俱乐部副主任黄静源及干事9人，工人们反抗敌人搜捕遭到军警的屠杀，7人死亡，数十人受伤。接着，汉冶萍公司宣布对煤矿进行整顿，开除工人，用刺刀逼着几千名工人离开安源，驱逐出萍乡，没有开除的也全部停工，失业者达一万多人。留在矿内商办的工人不超过八百人。这就是震惊中外的安源"九月惨案"，安源劳资双方近三年的和平局面宣告结束。

三、安源工人运动的特点

二十世纪二十年代的安源工人运动，在中国现代史上留下了辉煌的一幕。从1922年初开始，到湘赣秋收起义爆发，其间斗争不断，所产生的社会作用是历史性的。安源工人运动能在早期的工运史上独树一帜，在于具有以下的特点：

第一，以和平的斗争方式与灵活的策略争取工人的权利

安源路矿工人运动是第一次中国工人运动高潮中最具影响而又最典型的工人运动，其显著特色是其以灵活的策略开展斗争，以和平方式争取工人权利的发展道路。

首先，"哀而动人"是争取工人权利的总策略。在罢工之前，毛泽东等根据安源的实际情况，吸取了香港海员大罢工和上海纱厂、长辛店铁路工人罢工斗争等经验教训，提出了"哀而动人"的策略思想。当时毛泽东在给李立三的信中对这一策略作了解释：要依靠工人群众，有坚实的团结和坚强的斗志，同时必须取得社会舆论的同情与支持，有勇有谋地领导工人与当局斗争。事实证明，这一策略取得了较好效果。一方面争取到安源商会"对工人取同情态度"，充当了调停人，还成功争取了一些行会、帮会对工人斗争的同情和支持，使整个罢工斗争朝有利于工人的方向发展。另一方面所提出的口号，所进行的宣传都表明罢工运动是有理有节，以合法形式开展政治和经济斗争的。

其次，安源工人运动注重发展群众团体组织和活动。在安源工人运动初期，运

动的领导者就认识到群众团体组织对吸引群众、组织群众、开展活动的重要性。从办平民教育入手，成立了中共第一个产业工人党支部——安源路矿党支部，随后组织成立了工人俱乐部，同年7月又创办了工人消费合作社。至此，以安源路矿党支部为核心，工人俱乐部为主阵地，各种群众组织和工人活动空前活跃。这些群众组织后来成为安源工人运动的中坚力量，充分发挥了群众团体组织的特色，其作用贯穿在整个安源工人运动的始终。

最后，罢工斗争无伤亡地取得胜利成为工人运动的辉煌成果。列宁在总结1872年到1904年工人运动的特点时指出："它带有'和平'性质而没有发生过革命。西方的资产阶级革命已经结束了。东方还没有成熟到实现这种革命的程度。西方进入了未来改革时代的'和平准备阶段'。"①这个时期及以后的工人运动称为现代工人运动。可见，安源工人运动跟当时全国其他工人运动有着明显的区别，整个运动着重于工人自发组织和斗争，重点在于通过合理合法的方式争取经济和政治权利，体现了现代工人运动的显著特征。

第二，以工人生存权和发展权为基本诉求作为斗争内容

中国早期的工人运动普遍是为争取经济权利即生存权的斗争，大多属于为了增加工资、缩短工时、减轻劳动强度、改善劳动条件和生活条件的经济斗争，还提不出本阶级的独立要求和政治纲领。安源工人运动首先争取的就是工人的生存权利。刘少奇在《工人阶级在革命中的地位与职工运动方针》一文中指出："工人任何时候都离不开要求其经济上之利益。经济问题，工人在所必争。经济斗争之发展，即为中国职工运动之发展。"然而，安源工人运动与其他同时期工人运动相比的一个显著区别是，它反映了工人发展权的诉求。当时，安源煤矿工人大多数是附近农村家庭困难的农民，他们没有文化，思想觉悟低，一直生活在社会的最底层，受着重重剥削和压迫，他们从农村到矿山挖煤是为了生存。安源工人运动不仅带给他们生活的希望，还给他们带来了对自身价值的认识，罢工斗争提出的"从前是牛马，现在要做人"的基本口

---

① 张延玲，隆仁.世界通史［M］.海口：南方出版社，2000:1787

号是来自工人内心的呐喊，以"改良待遇，增加工资，组织团体"为主要目的罢工宣言，反映了工人对当时经济权利和政治权利诉求的基本内容。工人运动的领导者围绕工人的诉求举办夜校，成立工人俱乐部和消费合作社，成立党团组织，提高了工人的思想觉悟。工人们在各种群众团体组织中找到了自己的位置和实现自身价值的舞台。在工人自己写的《劳工歌》中"世界兮我们当创造，压迫兮我们须解除"，唱出了自己的心声。毛泽东等运动的领导者告诉生活在水深火热中的矿工们"要填饱肚子，就必须革命；要改变命运，就必须革命"的道理，给安源工人指明了奋斗的方向。为了生存工人们拿起了斗争的利剑，为了自身价值的实现工人们保持着不懈的斗志。安源工人为了实现自己的生存价值，团结起来奋斗，从而创造了全国第一次工人运动高潮中少有的成功范例，书写了中国工人运动史上辉煌的一页。

第三，对周边广大农村地区的开放和进步产生了辐射效应

二十世纪二三十年代正是中国社会特别是广大农村社会的重要转型时期，根据中共三大和四大以及第二次劳工大会的决议，工人运动的积极分子分赴萍乡周边地区开展农民运动，广泛地促进了广大农村地区的开放和进步。湖南全省和江西赣西地区的农民运动取得显著成效，与安源工人运动密不可分。当时一千多工人分散到湘东、湘南和赣西各地从事农民运动。1923年春安源路矿工人俱乐部派交际股股长谢怀德到湖南衡阳岳北地区开展农民运动。谢怀德到岳北后，仿照安源工人俱乐部的形式，成立了岳北农工会，开展广泛活动，举办学校训练班，宣传破除迷信、反对封建、实行平等、减租减息、扶贫救困，还向妇女进行反礼教、反三从四德的宣传，领导广大农民从政治上、经济上向封建经济和文化发动了猛烈的冲击。"九月惨案"后，安源工人深入萍乡近郊及莲花、安福等地推动农民运动，并先后在上栗、东桥、湘东、赤山等地创办了农民夜校，进行反帝反封建的思想和文化教育活动。由于安源工人中的绝大多数来自附近各县，安源工人同农民之间的联系更为密切和广泛，因而工人和农民间存在着天然的联系，工人运动带动周边农村和农民运动是必然的。安源工人运动在推动农村社会运动、促进中国广大农村社会发展方面产生了很大影响，也为我党后来开展农村社会变革运动提供了有益的尝试和经验。

第四，涌现了一批我党领导工人运动的杰出人才

安源工人运动是我党集体智慧的结晶。除毛泽东、刘少奇、李立三外，蒋先云、毛泽民、林育英、李求实、陈潭秋、贺昌、肖劲光等党的著名活动家和优秀干部曾被派到安源任职。党、团中央和湖南区（省）委及湘东特委的领导成员高君宇、李维汉、蔡和森、林育南、恽代英、夏明翰、滕代远等曾到安源巡视指导工作。秋收起义后，毛泽东、朱德、彭德怀、陈毅等红军将领曾率红军部队到安源活动和扩军。在党的领导培养下，经过长期革命斗争实践的锻炼，在安源工人及其家属中以及在安源党组织领导下的路矿周边各乡工人、农民和知识分子中，涌现出朱少连、刘昌炎、涂正楚、朱昌炎、袁德生、高自立、孔原等群众领袖和党的重要干部。他们在安源卓有成效的工作，使安源工人运动蓬勃开展起来，形成和积累了许多重要而宝贵的经验，并及时为全国主要工运地区提供借鉴和指导，安源实际上已成为中国工人运动的策源地。

第五，开启了马克思主义中国化的进程

从1920年11月下旬到1922年9月初，毛泽东曾先后五次来到安源，向工人宣传社会主义思想，为罢工斗争制定了"积极准备，坚决斗争，保障工人利益"的方针和"哀兵必胜""哀而动人"的策略。在此期间，李立三执行毛泽东的指示，在安源路矿创办了第一所工人补习学校，建立了中国共产党在产业工人中的第一个支部，成立了安源路矿工人俱乐部筹备委员会，筹建了社会主义青年团安远地方委员会，创办了第一个工人消费合作社，实行股份合作制，参与发起成立湖南劳动立法同盟，拥护中国劳动组合书记部发起的劳动立法运动，使安源工人有了明确的斗争纲领。第一次罢工胜利后，毛泽东根据中央所定土地革命和武装反抗国民党反动派的总方针，以及中共中央和湖南省委制定的工农暴动夺取政权、完成土地革命的总策略，又先后四次到安源指导工作，使安源路矿工人运动沿着正确的方向取得了一个又一个胜利。安源路矿工人从最初以中共党组织为核心组织起来，依次经过第一次大罢工"二七惨案"后的坚持和发展，实行国共合作，团结农民和其他民众，开展反帝反封建的国民革命运动，直接和间接地配合广东革命政府北伐，武装进攻长沙和据守安源，秋收起义，创建工

农武装割据，支持井冈山等革命根据地的斗争，直到1930年参加红军，将工人运动的主力转移到农村和战场。这就是安源路矿工人阶级在马克思主义科学社会主义理论指导下，逐步改造社会，不断成长的轨迹。这一过程同中国新民主主义革命初期发展基本进程即"学生运动——工人运动和创立共产党——统一战线——农民运动和其他民众运动——革命战争——工农武装割据"是一致的。①

第二节　安源精神的内涵

安源精神是二十世纪二十年代安源工人运动的产物，它伴随着安源工人阶级在党的领导下，取得了安源路矿工人大罢工的胜利，也激励着安源工人阶级积极投身于湘赣边界秋收起义，毅然走上武装斗争的道路。安源工人运动促进了马克思主义中国化的进程，推动了中国历史的进步，在中国革命史上写下了光辉的篇章。

一、开拓创新

安源工人素有开拓创新、敢为人先的闯劲。他们不拘泥于条条框框的限制，没有任何顾虑，敢想敢干。原因在于安源煤矿开矿引进的不仅是当时世界上最先进的采矿技术和设备，还引进了实业救国派人士开拓进取的务实精神；安源煤矿不少人来自外地，带来的许多新事物、新观念也注入了这个穷山沟，株萍铁路也为安源工人接触外面的世界打开一条通道，所以这里的工人容易接受新生事物，很快能够适应西方先进采矿技术的需要，从中不断学习、不断提高。这里曾被称为"中国的小莫斯科"，不断创造安源工人运动的辉煌。

安源煤矿开办后，安源工人以开拓创新的精神，创造了诸多的"全国第一"：建立起全国第一个采用西法采煤的煤矿和全国第一个使用电车运输的煤矿；安源煤矿是全国第一家使用锅炉发电的矿山，是全国第一个耐火砖、煤砖生产地；是全国第一所

---

① 林玲，马里安.安源工人运动的辉煌历史［J］.福建党史月刊，2003，（04）:25

煤炭技术学校——萍乡煤矿矿物学堂和江西第一条铁路——萍安铁路诞生地；拥有全国第一个获得世界级奖项的煤焦产品——安源焦煤，等等。安源煤矿不仅是近代全国十大厂矿之一，还享有"江南煤都"的美誉。

安源工人运动中，在路矿工人党支部的领导教育下，安源工人团结一致改变被奴役剥削的现状，充分发挥自己的聪明才智，以敢想敢闯的开拓精神在斗争实践中不断积累经验，为中国工人运动的发展探索新的道路，在这里诞生了中国共产党历史上的诸多"第一"。安源在全国最早成立了产业工人党支部；安源路矿工人大罢工是中国工人运动中唯一"未伤一人，未败一事"而取得预期胜利的一次罢工；安源路矿工人消费合作社是中国工人运动中最早成立的工人经济组织，所发行的股票和纸币是中国共产党金融事业的最早尝试；安源地委成立的党校（团校）是中国共产党最早的地方党校（团校）；1924年的安源党组织是全国最大的产业工人成分最多的地方支部，支部党员约占当时全国党员的五分之一；1927年9月秋收起义时安源首先举起中国工农革命军旗帜；等等。安源由此成为中国工人运动的策源地、"无产阶级大本营"。

二、敢于斗争

安源工人阶级在中国共产党的领导下，登上革命舞台就表现出不畏强暴、敢于斗争的优秀品质。安源路矿党支部是建立在工人阶级的基础上，以马克思主义为指导，团结工人实行"主义的结合"，使工人明白了"主义譬如一面旗子，旗子立起来了，大家才有所指望，才知所趋附"的道理。从毛泽东来到安源开始，安源工人坚信科学社会主义就是自己的主义，不管是面对血与火的阶级斗争，还是迎接困难与挫折，都能始终保持旺盛的革命斗志，义无反顾地去斗争。

1921年秋，当毛泽东到安源考察，在工友的陪同下来到总平巷，听到矿工们认为所受的压迫是命中注定时，就告诉工人说，受苦不是什么命中注定的，而是资本家剥削压迫的结果，只要工人自己团结起来进行斗争，就能够解除痛苦和压迫。从此，安源工人认定了共产党，在矿区闹工潮，在乡村搞农运，最终和毛泽东同志一起上井冈山，走上了以农村包围城市，武装夺取政权的革命道路。在安源大罢工中，他们注重策略，坚持从实际出发，创造性地运用马克思主义基本原理指导斗争，按照"哀而动人"的策略，喊出"从前是牛马，现在要做人"的罢工口号，争取多方同情与支持。在全国工人运动处在低潮时制定了"弯弓待发"的策略，开展一系列斗争，粉碎了敌人的多次进攻，从而取得了自己的成就。在秋收暴动中，"攻打萍乡、醴陵、浏阳，血战数百里的领导者和先锋者，就是素有训练的安源工人。……可以说秋收暴动颇具声色，还是安源工人的作用"①。

在安源路矿工人大罢工时，戒严司令李鸿程威胁工人代表刘少奇说："如果坚持作乱，就把代表就地正法。"刘少奇毫不畏惧地反驳道："万余工人如此要求，虽把代表斩成肉泥，仍是不能解决。"邓贞谦曾经担任中共安源市委所属湘东区委书记、安源市委委员。1928年4月，他奉命到井冈山茨坪会见毛泽东，回来路上不幸被敌人逮捕，在狱中他从容留下遗嘱："要革命就要很坚决地很勇敢地毫不犹豫地站在无产阶级方面去，杀戮一切豪绅统治阶级，满腔热血已经沸腾，作一最后的战争，把旧世界打个落花流水。"这充分表明了他对革命事业的坚定信念和敢于斗争的大无畏英雄气概。秋收起义失败后，安源工人没有被敌人的血腥屠杀所吓倒，他们不论是回到家乡还是转移到湘东赣西乡村都继续开展游击战争。如陈桂林在上栗成立了萍北独立团，刘型在东桥搞农民运动，刘先胜等同志到湘东南特委的游击营参加战斗，等等。留在安源的工人也在湖南省委的领导下，举行罢工和暴动等活动，支援井冈山斗争，充分表现出面对任何艰难困苦敢于斗争的革命品质。

三、实事求是

安源工人运动是毛泽东、刘少奇、李立三等领导人灵活运用马克思列宁主义的基本理论同中国革命实际相结合的产物。他们通过深入细致地调查研究，结合具体情况，制定出开展工人运动的战略决策。安源精神在调查研究、实事求是的工作与斗争过程中逐步形成、发展，不仅成为安源工人阶级的精神力量，也是安源工人运动成功

① 中共萍乡市委编撰组.安源路矿工人运动［M］.北京：中共党史出版社，1991:24

的保障。

调查研究是毛泽东从事革命事业的重要组成部分，也是他毕生倡导的根本工作方法。安源路矿工人大罢工期间，正是通过调查研究活动，获得对中国革命的正确认识，从而做出实事求是的决定。1921年秋，毛泽东到安源走访了餐宿处、火车站、制造厂，并下到总平巷矿井进行社会调查，通过一个星期的调查访问，和工人兄弟打成一片，和工人吃住在一起，亲口品尝像"猪狗食"的饭菜，查看工人穿的"千层衣"、盖的"油渣被"，使中共湖南省委湘区支部最终确定把安源列为湖南湘区支部工人运动工作的重要区域。毛泽东在和郑洞国交谈中回忆这段经历时谈到深入实际调查研究的重要性："当时接受了马列主义教育之后，总认为自己是个革命者了。哪知道一去煤矿和工人打交道，由于自己还是一副学生腔，先生样，工人不买账。""后来想了很长时间才明白过来，思想立场还没有转变过来嘛。一个人的思想总是发展的，立场是可以转变的。立场转变了，才会认为我们要自觉放下架子拜工人为师。也真灵哩，后来我们和工人一起聊天，谈心，工人同志才慢慢地和我们接近起来，心里的话才愿意和我们讲。"毛泽东和工人谈话时用一个小石子和一块大石头的比喻，说明工人只要团结起来，就能推翻压在头上的大山。1921年冬，毛泽东和李立三再次来到安源进行调查研究，商量组织团体事宜，由李立三常驻安源指导一切日常工作。李立三利用合法身份，兴办职工子弟学校和职工夜校，通过公开活动，接近工人群众，发现积极分子，有计划地将他们逐步训练和组织起来，而后建立了中共安源路矿支部和路矿工人俱乐部，成为凝聚安源路矿工人的核心。

大罢工准备过程中，毛泽东根据安源的实际情况，制定了"哀而动人"的罢工策略。安源党支部根据毛泽东的指示，结合路矿工人的生活状况，提出了"从前是牛马，现在要做人"的口号，既反映了工人内心的诉求，便于激励广大工人群众的战斗决心，又容易获得社会的同情。事实证明，罢工开始后，安源市民、地方绅士和各界人士都同情安源工人，罢工也得到了全国各地的同情和声援。这些策略来自领导者调查研究后实事求是的决策，通过制定的最佳策略建立了统一战线，极大地团结了一切可以团结的力量，才有了罢工的胜利。

安源大罢工胜利后，有些同志滋长了一些"左"的情绪，他们只讲进攻，不能妥协，认为这样才是很好地代表了工人的利益。不考虑全局利益的进攻，只能最终损害工人的利益。为了掌握具体情况，刘少奇亲自下矿井调查研究，听取工人的意见后再与资本家谈判，针对实际情况，写了《整顿萍矿意见书》和《救护汉冶萍公司》两文。一方面鼓动工人团结起来同资本家斗争，维护工人阶级的根本利益；一方面讲究斗争策略，支持矿方搞好生产，尽量维持和稳固萍矿产业，维持职工的基本生活需要。由于策略正确，在全国工运低潮时期，安源工人俱乐部斗争成果能够保存下来继续发展，成为中国共产党保存实力的堡垒。

四、团结一致

安源工人运动是我党工人运动史上的里程碑，同时期我党在其他地方领导的工人运动多以失败告终，为什么安源的工人运动能硕果仅存？安源工人运动也有过挫折，安源党组织能够在失败后迅速恢复和发展起来，并且创造出一流的业绩，就是因为工人特别团结，敌人不能分化他们。所以安源工人内部的团结、工人组织的高度统一是安源工人斗争胜利的重要原因。

由于产业特点，安源工人尤其是煤矿工人较为集中，且多来自湘赣交界处，地缘联系紧密，本身具有极强的团结性和凝聚力。加上在罢工过程中，罢工领导者们在工人当中拥有极高的威望，因而实现了对罢工成功而理性的领导。罢工中能够引导和顺应工人的诉求，切实关注工人的切身利益，为工人的团结一心提供了基础。

罢工开始前，帮会以义气为纽带，以保护穷人为名目吸引了大批产业工人，在工人中的势力很大，能否把工人从帮会中解放出来，这是摆在工人领袖面前的重要问题。为此，李立三审时度势在罢工前采用了统战政策，通过走访帮会头目，讲明要罢工的情况，指出罢工的作用和影响，利用帮会讲义气的特点劝说帮会头目予以协助。这一策略得到了帮会对罢工的支持，在罢工期间关闭鸦片馆、赌摊，并且不发生抢劫案，罢工期间，社会秩序的良好使整个社会对罢工刮目相看，为赢得社会的广泛支持打下了基础。1922年安源路矿工人大罢工，参加人数达13000多人，面对上千荷枪实弹的军警，安源工人毫不畏惧，团结一致地听从俱乐部的指挥，以铁的纪律赢得了"罢工五天，未伤一人，未败一事"的胜利。1925年，资本家盛恩颐勾结军阀封闭俱乐部制造"九月惨案"后，安源的工人运动由星星之火以燎原之势蔓延湘粤赣乃至全国。

1926年北伐军进驻安源，安源煤矿当时还没有恢复生产，工人生活十分艰难。矿区的一千多矿工在党的领导下，一面恢复工人俱乐部，一面组织工人开展自救。工人们自己管理矿山，建设矿山，不断提高矿井的产量，改善经济生活。同时还积极支援北伐斗争，先后成立侦探队和破坏队，配合北伐军攻打汀泗桥与贺胜桥。原叶挺独立团参谋长周士第回忆这一情况时曾称赞道："安源工人此次同独立团并肩作战，表现很勇敢，很有纪律性、组织性，真是拿起镐是劈开大地的英雄，拿起枪是冲锋陷阵的英勇战士……"

1927年9月上旬，毛泽东在安源张家湾召开军事会议，布置秋收起义武装斗争工作。安源工人首先举起了中国工农革命军的旗帜。秋收起义爆发后，安源工人为主力的第二团攻打萍乡，攻占醴陵，攻克浏阳，一路勇往直前。中共湖南省委在向党中央汇报时，高度评价了安源工人团结守纪、特别能战斗的精神，称赞参加秋收起义的工人参加这次暴动非常热心并极勇敢，表现出训练有素的高度组织性和纪律性。

第三节 安源精神的时代价值

安源工人运动见证了安源工人阶级勇于开拓创新、团结奋斗的精神，大批安源工人加入中国共产党为党早期的组织建设奠定了坚实的基础，同时有力地推动和帮助了湘赣两省农民运动的开展，为革命军队输送了兵源。这场工人运动的胜利不仅标志着我们党发起工农斗争的领导能力和领导方法不断走向成熟，也催生出了开拓创新、敢于斗争、实事求是、团结一致的安源精神。历史虽已过去，但留存的安源精神与今天的历史使命相结合，必将熔铸成新的时代精神，鼓舞人们的斗志，开创改革和经济建设的新局面。

一、开拓创新的英雄气概是社会主义现代化建设的强大精神动力

安源工人运动发生在中国工人运动刚刚启动之时,如何在当时复杂艰难的社会环境下,创造性地运用科学社会主义原理走出一条工人阶级改造社会的新道路,无论对于当时的中国共产党还是安源工人阶级,都是一项极富冒险性和创造性的工作。面对挑战,安源工人阶级用自己的行动为全国工人运动做出了表率,他们发扬敢闯、敢作为的英雄气概,开创了中国工人运动史上和中共党史上的诸多先河。在持续将近十年的革命运动中,安源工人阶级没有满足已取得的成绩和停止自己的前进步伐,在斗争实践中不断开创新的工作方式。大革命失败后,安源路矿工人毅然走上了武装斗争的道路,在秋收起义中成为起义的主力军和先锋队,在全国第一次举起了"工农革命军"的旗帜誓与国民党决裂。安源工人运动所表现出来的开拓创新的气魄为今天社会主义现代化建设的创业者们提供了强大的精神动力。

我们所处的时代,是开拓创新的时代。开拓创新是与时俱进的本质要求,是时代精神的核心内容,是推动社会前进的强大动力。坚持与时俱进、开拓创新,关键是领导干部要率先垂范,统揽全局、把握全局,不分心,不偏向,不争论,不动摇;要实现跨越式发展,就要有敢闯、敢试、敢"冒"的胆略和气魄,敢于闯不合时宜的政策法规的"禁区",敢于闯前人未敢涉足的"盲区",敢于闯矛盾错综复杂的"难区"。

创新是一个民族进步的灵魂,是一个国家兴旺发达的不竭动力,也是一个政党永葆生机的源泉。树立创新意识,就是不断研究新情况,解决新问题,形成新认识,开辟新境界;就是要树立起发展、开放和改革的意识。历史经验启示我们,任何时候都要对党的事业和社会主义现代化建设事业充满信心,决不能因为遇到的困难和挫折而摇摆不定、踌躇不前。这就要求党员、干部始终保持足够的底气和自信,深刻认识人类社会发展规律,坚定对马克思主义的信仰、对共产主义的信念,不断增强中国特色社会主义道路自信、理论自信、制度自信、文化自信。继承和发扬安源精神敢为人先的品质,打破思维定势、冲破禁锢,敢闯敢试、勇于担当,不回避问题和矛盾,在攻

坚克难中不断开创工作新局面。加强制度建设，努力建设学习型、服务型、创新型党组织，不断提升执政能力和领导水平，始终具有应对社会主义现代化建设事业中各种风险挑战的能力。

二、敢于斗争的品质为执政党的建设提供了强大思想武器

从安源工运中脱胎而出的安源精神，其敢于斗争的品质不仅体现在敢于和强大的敌人作斗争，还蕴含着治党从严的建党思想。作为一个年轻的政党，要在当时反对势力压迫重重的环境里，组织发动一场空前的取得绝对胜利的斗争，如果缺乏自我净化、自我完善、自我革新、自我提高的严格要求，就必然会形同散沙，凝聚不起强大的战斗力，革命胜利也就无从谈起。随着安源工人运动斗争高潮的掀起，少数工友及领导干部中也出现了一些居功自傲、贪图享乐、散漫自由、贪污腐化、以权谋私等不良作风和腐败现象。为清除贪腐、净化风气、凝聚力量，安源党支部和工人俱乐部正视问题，毫不回避，绝不姑息，及时进行严肃的教育、批评、处理和整顿，出台并执行《安源路矿工人消费合作社办事公约》《对俱乐部过去的批评和将来的计划》《安源路矿工人俱乐部总章》《安源路矿工人俱乐部办事细则》等文件，以硬制度、铁手腕对权力加以规范，进行整治，开展了我党最初反腐倡廉的积极探索。安源党支部及俱乐部的领导人也率先垂范，严于律己，清正廉洁，当好旗帜标杆，发挥楷模作用，充分展现了我们党从严治党、反腐倡廉的政治勇气和卓越胆识。

安源工运取得胜利的主要原因在于整场活动组织具有严明的组织纪律性，所有参与工运的工人群众遵守纪律，号令严明。《安源路矿工人俱乐部略史》讲述了安源工运"秩序极好，组织极严，工友很能服从命令""俱乐部惟一重要的是纪律，凡是给各种会议的决议案，都应该绝对遵守"。

弘扬安源精神，就是要践行严守纪律的忠诚，把守纪律讲规矩摆在更加重要的位置。严守党的纪律和规矩，是忠诚于党的行动表现。要做到"心中有党"，在思想上政治上行动上同党中央保持高度一致，坚决拥护、贯彻党中央的各项决策部署，做政治上的明白人、经济上的清白人、道德上的洁白人。要唤醒纪律意识，重申党纪常

规，把纪律和规矩挺在法律前面，挺在党风廉政建设和反腐败斗争前面。要勤于修枝剪叶，自觉改造提高，用正反两面镜子对照言行，学习正面典型，汲取反面教训，打扫思想灰尘，祛除不良习气，纠正错误言行，永远保持党的先进性和纯洁性。

三、实事求是的工作作风是保持与人民群众密切联系的黏合剂

中国共产党成立之初，便以拯救千万劳苦大众、推翻腐朽落后的社会制度、建立自由民主文明的国家为己任。正是肩负着这样的使命，1922年毛泽东等一批年轻共产党人来到安源，以大无畏的精神、勇于担当的责任和舍我其谁的气概，凭借实事求是的工作作风调查研究，制定正确的斗争策略组织罢工斗争，争取权利自由，启蒙矿工思想，唤醒民众觉悟。"苟利国家生死以，岂因祸福避趋之。"面对反动势力的威逼恐吓和劝降利诱，年轻的共产党人信念坚定、意志坚决，把为广大劳工争取正当利益的斗争进行到底，实现了为共产主义奋斗终生的铮铮承诺，体现了共产党人无私奉献的价值追求和矢志不渝的理想信念。

安源路矿工人运动是马克思主义与中国革命实践相结合的重大事件。毛泽东、刘少奇、李立三等在安源组织工人运动时，经常下矿井、进工棚、走车间、串宿舍、访贫问苦，与工人促膝谈心，宣传革命道理，兴办平民学校，同矿工们一起劳作、交谈，把自己当作基层劳工中的一分子，从生活在社会最底层的民众身上了解当时社会最真实的资料状况，用最朴素的语言和最生动的事例向他们传播马克思主义原理，在实践中不断总结和掌握有效的斗争方法。这种脚踏实地、善接地气的实事求是之工作方法，有力地把革命理论与斗争实践完美结合起来，开创性地奠定了我党求真务实的良好作风和严谨认真的工作态度。安源工运能取得胜利的主要原因是我们党始终以实现人民大众利益为出发点和落脚点，以实事求是的态度密切保持与人民群众的血肉联系。安源工运从一开始就明确了"保护工人利益，减除工人的压迫与痛苦"的宗旨。安源工人俱乐部代表广大工人成功地开展了以争取工资待遇、维护工人权益、树立工人尊严、兴办教育事业等为主要内容的罢工斗争，安源工人空前团结，众志成城，参加俱乐部的人数从700多人激增至1万多人。正是因为代表、实现和维护着最广大群众

的根本利益，安源党支部得到了民众强有力的拥护和支持，工人群众热烈赞成、积极参加和誓死保护工人俱乐部。

当前放眼神州，国家综合实力大幅跃升，人民生活显著改善，执政资源不断扩大，党的执政地位得到进一步巩固。但与此同时，改革已进入深水区、攻坚期，错综复杂的利益潜流涌动，多样多变的思想交融激荡。无论是排除思想观念的障碍，突破利益固化的藩篱，还是扩大深化改革的公约数，凝聚攻坚克难的正能量，都需要有群众的充分理解和积极参与，需要发挥群众的智慧力量。坚持群众路线，就是把党的事业植根于群众，接地气、通灵气、有生气，从群众中获得源源不断的前进动力，汲取破解发展难题的无穷智慧。要求党员、干部始终牢记自己肩负的责任和使命，时时处处以共产党员的标准严格要求自己，以人民群众的期待鞭策自己，以党的优良传统激励自己，坚定理想信念、坚守政治信仰，把责任和使命落实到工作中。深刻认识到人民群众是历史的创造者，大力践行党的群众路线，牢记"水可载舟，亦可覆舟"的道理，切实解决好人民群众在生产生活中遇到的困难和问题，巩固党同人民群众的鱼水关系、血肉联系。坚持党的基本理论、基本路线、基本纲领、基本经验、基本要求，坚持党的政治路线、政治立场、政治方向，在思想上政治上行动上同以习近平同志为核心的党中央保持高度一致，锤炼铁一般信仰、铁一般信念、铁一般纪律、铁一般担当的政治品质。在中国特色社会主义前进道路上，我们会遇到很多新情况、新问题，党的路线方针政策，能不能得到群众的真心拥护，就看这个方针政策能不能真正地为着群众利益考虑。用实事求是的思想统领全党，就要做到从群众的实际出发，把群众的情况查清问实，把群众的意愿摸准吃透，把群众的期盼和需要作为制定和调整方针政策的根本依据，多做老百姓关心的实事、多解决老百姓牵挂的难事。

四、团结一致的担当意识是践行社会主义核心价值观的重要保证

安源是中国工人运动的策源地，安源工人以自己的智慧和实践，孕育了安源精神。近一个世纪以来，安源精神与时俱进，引导人们以团结一致的担当意识创造性地做好各项工作。在全国大力践行社会主义核心价值观的今天，弘扬安源精神中团结一

致的担当意识，有助于人们积极践行社会主义核心价值观，对更好地推动社会主义现代化建设具有十分积极的作用。

安源工人阶级在党的教育下，在革命的实践中，充分认识到团结的重要性，在罢工过程中，始终能够同心同德、团结一致、英勇斗争。在大罢工中，13000多名路矿工人一直保持着高度的纪律性和团结奋斗精神。俱乐部命令，胜过军令，如有事故，一呼百应。安源路矿工人大罢工期间能够"秩序极好，组织极严"，"未伤一人，未败一事"，取得了完全的胜利，成为中国工人运动史上的光辉篇章，辉煌的成果无一不是团结一致奋斗的结果。

物以类聚，人以群分，只有志同道合的人才能抱团结群。司马迁就曾感慨道："子曰：'道不同，不相为谋。'亦各从其志也。"我国是一个统一的多民族国家，由56个民族相互依存、共同奋斗、共同发展而成。要使各民族团结一心走中国特色社会主义道路、成为同道之人，最根本的力量来自对社会主义核心价值观的认同。因为价值观的认同是凝聚人心的核心力量。历史和现实一再证明，人民群众的价值观和国家倡导的核心价值观一致，国家和民族就会空前地团结一致，否则就成一盘散沙。

党的十八大提出的"三个倡导"的24字社会主义核心价值观，即倡导富强、民主、文明、和谐，倡导自由、平等、公正、法治，倡导爱国、敬业、诚信、友善，承载着中华优秀传统文化和人类文明优秀成果，凝聚着全党全社会的价值共识，是马克思主义与社会主义现代化建设相结合的产物，是国家、社会、公民的价值要求相融合的产物。积极培育社会主义核心价值观、推动全国各族人民认同社会主义核心价值观，是使各民族凝神聚气、团结和谐的根基。因为只有对社会主义核心价值观认同，才能使各民族人民最大限度地达成一致的社会理想、一致的生活愿景和一致的奋斗目标，最终达到志同道合，团结一致，共同前进。认同社会主义核心价值观，能使全国各族人民达成一致的社会理想。在当今价值多元的中国社会，人们的价值取向也呈现多元化倾向，对社会理想的认识和追求也不是一致的，这就导致人们判断社会好坏的标准出现差异。各个民族之间由于民族习俗、宗教等原因更容易出现较大分歧，出现不和谐因素。社会主义核心价值观确立了社会建设的价值标准：自由、平等、公正和法治。人们如果认同这些价值标准，就会自然将自己对社会的是非曲直的判断统一到这些标准上来，达成共识。

认同社会主义核心价值观，才能使全国各族人民达成一致的生活愿景。中华民族是个大家庭，每一个民族都是这个大家庭的一员。各民族共同创造和发展了光辉灿烂的中华文化，我们曾经拥有共同的美好的生活愿景。但是近百年的沧桑巨变，四十年的改革开放、社会转型，使人们对生活的理解和追求出现多元化趋势，极端个人主义、极端民族主义、拜金主义和享乐主义滋生，造成极大的社会危害。社会主义核心价值观倡导做爱国、敬业、诚信、友善的公民，为我们确立了个人生活的价值标准。各民族人民要认同这一层面的价值观，达成一致的生活愿景，友善待人，自觉加强各民族之间的了解，相互尊重、相互包容，休戚与共，能"像石榴籽那样紧紧抱在一起"。

认同社会主义核心价值观，才能使全国各族人民达成一致的奋斗目标。社会主义核心价值观倡导建设富强、民主、文明、和谐的社会主义现代化国家，全国各族人民认同这一价值标准，就能达成实现中华民族伟大复兴中国梦的奋斗目标。一个社会，一个国家，各族人民有了一致的社会理想、生活愿景和奋斗目标，自然就会想到一起，走到一起，民族团结的局面自然就能实现。

参考文献：

[1] 中共中央党史研究室.中国共产党历史（第一卷）上册 [M].北京：中共党史出版社，2011.

[2] 李康平.江西红色资源开发与教育研究 [M].北京：中国社会科学出版社，2011.

[3] 刘明逵，唐玉良.中国近代工人阶级和工人运动 [M].北京：中共中央党校出版社，2002.

[4] 刘善文.安源路矿工人运动史 [M].上海：上海社会科学院出版社，1993.

[5] 中共萍乡市委编纂组.安源路矿工人运动 [M].北京：中共党史资料出版

社，1991.

　　[6] 孙正风，刘云华.论安源精神及其内涵 [J] .党史文苑，2013，（9）.

　　[7] 刘建民.安源精神简论 [J] .江西社会科学，1997，（10）.

　　[8] 林玲，马里安.安源工人运动的辉煌历史 [J] .福建党史月刊，2003，（4）.

[阅读链接]

中国社会各阶级的分析

毛泽东

（一九二五年十二月一日）

谁是我们的敌人？谁是我们的朋友？这个问题是革命的首要问题。中国过去一切革命斗争成效甚少，其基本原因就是因为不能团结真正的朋友，以攻击真正的敌人。革命党是群众的向导，在革命中未有革命党领错了路而革命不失败的。我们的革命要有不领错路和一定成功的把握，不可不注意团结我们的真正的朋友，以攻击我们的真正的敌人。我们要分辨真正的敌友，不可不将中国社会各阶级的经济地位及其对于革命的态度，作一个大概的分析。

中国社会各阶级的情况是怎样的呢？

地主阶级和买办阶级。在经济落后的半殖民地的中国，地主阶级和买办阶级完全是国际资产阶级的附庸，其生存和发展，是附属于帝国主义的。这些阶级代表中国最落后的和最反动的生产关系，阻碍中国生产力的发展。他们和中国革命的目的完全不相容。特别是大地主阶级和大买办阶级，他们始终站在帝国主义一边，是极端的反革命派。其政治代表是国家主义派和国民党右派。

中产阶级。这个阶级代表中国城乡资本主义的生产关系。中产阶级主要是指民族资产阶级，他们对于中国革命具有矛盾的态度：他们在受外资打击、军阀压迫感觉痛苦时，需要革命，赞成反帝国主义反军阀的革命运动；但是当着革命在国内有本国无产阶级的勇猛参加，在国外有国际无产阶级的积极援助，对于其欲达到大资产阶级地位的阶级的发展感觉到威胁时，他们又怀疑革命。其政治主张为实现民族资产一阶级统治的国家。有一个自称为戴季陶"真实信徒"的，在北京《晨报》上发表议论说："举起你的左手打倒帝国主义，举起你的右手打倒共产党。"这两句话，画出了这个阶级的矛盾惶遽状态。他们反对以阶级斗争学说解释国民党的民生主义，他们反对国民党联俄和容纳共产党及左派分子。但是这个阶级的企图——实现民族资产阶级统治的国家，是完全行不通的，因为现在世界上的局面，是革命和反革命两大势力作最后斗争的局面。这两大势力竖起了两面大旗：一面是红色的革命的大旗，第三国际高举着，号召全世界一切被压迫阶级集合于其旗帜之下；一面是白色的反革命的大旗，国际联盟高举着，号召全世界一切反革命分子集合于其旗帜之下。那些中间阶级，必定很快地分化，或者向左跑入革命派，或者向右跑入反革命派，没有他们"独立"的余地。所以，中国的中产阶级，以其本阶级为主体的"独立"革命思想，仅仅是一个幻想。

小资产阶级。如自耕农，手工业主，小知识阶层——学生界、中小学教员、小员司、小事务员、小律师，小商人等都属于这一类。这一个阶级，在人数上，在阶级性上，都值得大大注意。自耕农和手工业主所经营的，都是小生产的经济。这个小资产阶级内的各阶层虽然同处在小资产阶级经济地位，但有三个不同的部分。第一部分是有余钱剩米的，即用其体力或脑力劳动所得，除自给外，每年有余剩。这种人发财观念极重，对赵公元帅礼拜最勤，虽不妄想发大财，却总想爬上中产阶级地位。他们看见那些受人尊敬的小财东，往往垂着一尺长的涎水。这种人胆子小，他们怕官，也有点怕革命。因为他们的经济地位和中产阶级颇接近，故对于中产阶级的宣传颇相信，对于革命取怀疑的态度。这一部分人在小资产阶级中占少数，是小资产阶级的右翼。第二部分是在经济上大体上可以自给的。这一部分人比较第一部分人大不相同，他们也想发财，但是赵公元帅总不让他们发财，而且因为近年以来帝国主义、军阀、封建地主、买办大资产阶级的压迫和剥削，他们感觉现在的世界已经不是从前的世界。他们觉得现在如果只使用和从前相等的劳动，就会不能维持生活。必须增加劳动时间，每天起早散晚，对于职业加倍注意，方能维持生活。他们有点骂人了，骂洋人叫"洋鬼子"，骂军阀叫"抢钱司令"，骂土豪劣绅叫"为富不仁"。对于反帝国主义反军阀的运动，仅怀疑其未必成功（理由是：洋人和军阀的来头那么大），不肯贸然参加，取了中立的态度，但是绝不反对革命。这一部分人数甚多，大概占小资产阶级的一半。第三部分是生活下降的。这一部分人好些大概原先是所谓殷实人家，渐渐变得仅仅可以保住，渐渐变得生活下降了。他们每逢年终结账一次，就吃惊一次，说：

"咳，又亏了！"这种人因为他们过去过着好日子，后来逐年下降，负债渐多，渐次过着凄凉的日子，"瞻念前途，不寒而栗"。这种人在精神上感觉的痛苦很大，因为他们有一个从前和现在相反的比较。这种人在革命运动中颇要紧，是一个数量不小的群众，是小资产阶级的左翼。以上所说小资产阶级的三部分，对于革命的态度，在平时各不相同；但到战时，即到革命潮流高涨、可以看得见胜利的曙光时，不但小资产阶级的左派参加革命，中派亦可参加革命，即右派分子受了无产阶级和小资产阶级左派的革命大潮所裹挟，也只得附和着革命。我们从一九二五年的五卅运动和各地农民运动的经验看来，这个断定是不错的。

半无产阶级。此处所谓半无产阶级，包含：（一）绝大部分半自耕农，（二）贫农，（三）小手工业者，（四）店员，（五）小贩等五种。绝大部分半自耕农和贫农是农村中一个数量极大的群众。所谓农民问题，主要就是他们的问题。半自耕农、贫农和小手工业者所经营的，都是更细小的小生产的经济。绝大部分半自耕农和贫农虽同属半无产阶级，但其经济状况仍有上、中、下三个细别。半自耕农，其生活苦于自耕农，因其食粮每年大约有一半不够，须租别人田地，或者出卖一部分劳动力，或经营小商，以资弥补。春夏之间，青黄不接，高利向别人借债，重价向别人籴粮，较之自耕农的无求于人，自然景遇要苦，但是优于贫农。因为贫农无土地，每年耕种只得收获之一半或不足一半；半自耕农则租于别人的部分虽只收获一半或不足一半，然自有的部分却可全得。故半自耕农的革命性优于自耕农而不及贫农。贫农是农村中的佃农，受地主的剥削。其经济地位又分两部分。一部分贫农有比较充足的农具和相当数量的资金。此种农民，每年劳动结果，自己可得一半。不足部分，可以种杂粮、捞鱼虾、饲鸡豕，或出卖一部分劳动力，勉强维持生活，于艰难竭蹶之中，存聊以卒岁之想。故其生活苦于半自耕农，然较另一部分贫农为优。其革命性，则优于半自耕农而不及另一部分贫农。所谓另一部分贫农，则既无充足的农具，又无资金，肥料不足，土地歉收，送租之外，所得无几，更需要出卖一部分劳动力。荒时暴月，向亲友乞哀告怜，借得几斗几升，敷衍三日五日，债务丛集，如牛负重。他们是农民中极艰苦者，极易接受革命的宣传。小手工业者所以称为半无产阶级，是因为他们虽然自有简单的生产手段，且系一种自由职业，但他们也常常被迫出卖一部分劳动力，其经济地位略与农村中的贫农相当。因其家庭负担之重，工资和生活费用之不相称，时有贫困的压迫和失业的恐慌，和贫农亦大致相同。店员是商店的雇员，以微薄的薪资，供家庭的费用，物价年年增长，薪给往往须数年一增，偶与此辈倾谈，便见叫苦不迭。其地位和贫农及小手工业者不相上下，对于革命宣传极易接受。小贩不论肩挑叫卖，或街畔摊售，总之本小利微，吃着不够。其地位和贫农不相上下，其需要一个变更现状的革命，也和贫农相同。

无产阶级。现代工业无产阶级约二百万人。中国因经济落后，故现代工业无产阶级人数不多。二百万左右的产业工人中，主要为铁路、矿山、海运、纺织、造船五种产业的工人，而其中很大一个数量是在外资产业的奴役下。工业无产阶级人数虽不多，却是中国新的生产力的代表者，是近代中国最进步的阶级，做了革命运动的领导力量。我们看四年以来的罢工运动，如海员罢工、铁路罢工、开滦和焦作煤矿罢工、沙面罢工以及"五卅"后上海香港两处的大罢工所表现的力量，就可知工业无产阶级在中国革命中所处地位的重要。他们所以能如此，第一个原因是集中。无论哪种人都不如他们的集中。第二个原因是经济地位低下。他们失了生产手段，剩下两手，绝了发财的望，又受着帝国主义、军阀、资产阶级的极残酷的待遇，所以他们特别能战斗。都市苦力工人的力量也很可注意。以码头搬运夫和人力车夫占多数，粪夫清道夫等亦属于这一类。他们除双手外，别无长物，其经济地位和产业工人相似，惟不及产业工人的集中和在生产上的重要。中国尚少新式的资本主义的农业。所谓农村无产阶级，是指长工、月工、零工等雇农而言。此等雇农不仅无土地，无农具，又无丝毫资金，只得营工度日。其劳动时间之长，工资之少，待遇之薄，职业之不安定，超过其他工人。此种人在乡村中是最感困难者，在农民运动中和贫农处于同一紧要的地位。

此外，还有数量不小的游民无产者，为失了土地的农民和失了工作机会的手工业工人。他们是人类生活中最不安定者。他们在各地都有秘密组织，如闽粤的"三合会"，湘鄂黔蜀的"哥老会"，皖豫鲁等省的"大刀会"，直隶及东三省的"在理会"，上海等处的"青帮"，都曾经是他们的政治和经济斗争的互助团体。处置这一批人，是中国的困难的问题之一。这一批人很能勇敢奋斗，但有破坏性，如引导得法，可以变成一种革命力量。

综上所述，可知一切勾结帝国主义的军阀、官僚、买办阶级、大地主阶级以及附属于他们的一部分反动知识界，是我们的敌人。工业无产阶级是我们革命的领导力量。一切半无产阶级、小资产阶级，是我们最接近的朋友。那动摇不定的中产阶级，其右翼可能是我们的敌人，其左翼可能是我们的朋友——但我们要时常提防他们，不要让他们扰乱了我们的阵线。

——选自《毛泽东选集》（第一卷），人民出版社，1991年版

第二章　八一精神

　　1927年，震惊中外的南昌起义以打响武装反抗国民党反动派第一枪的英雄壮举，以党独立领导的新型人民军队诞生的重要标志，载入了中国革命史册。因为南昌起义，8月1日这个伟大的日子，成为人民军队的建军节；因为南昌起义，南昌这座英雄的城市，成为人民军队的摇篮，成为"军旗升起的地方"。伴随着南昌起义形成的八一精神，既是中国共产党人优秀品质的客观反映，又是被中国革命所孕育催生的时代要求。八一精神是中国共产党在革命战争年代把马克思主义同中国革命具体实践相结合而形成的产物，是马克思主义中国化的一个重要里程碑。

第一节　中国人民军队摇篮的形成

一、大革命的失败

　　1924年到1927年，一场以推翻帝国主义和北洋军阀统治为目标的革命运动席卷中国大地，人们通常称之为"大革命"或"国民革命"。大革命是一场以工农民众为主体，包括资产阶级和上层小资产阶级在前期都曾积极参加的革命运动。它以与辛亥革命完全不同的形势和规模，在中国掀起了波澜壮阔的浪潮，沉重打击了帝国主义在华势力，基本推翻了北洋军阀的反动统治，使民主革命思想在全国范围内得到空前的传播，产生了重大革命影响。党所领导的工农大众经受了革命的洗礼，提高了政治觉悟。五卅运动、省港大罢工、汉口九江英租界的收回、上海工人三次武装起义等一系列重要斗争，充分显示出工人阶级已经成为反帝反封建的中坚力量。不断高涨的工农运动，为中国共产党领导的土地革命战争的开展奠定了群众基础。大革命充分显示了中国共产党的先进性，提高了党在全国人民中的政治威望，壮大了共产党及其领导的革命力量。中国共产党从最初只有50多名党员发展成为一个拥有近5.8万名党员、领导着280多万工人和970多万农民的政党。

在中国共产党的推动下，1926年5月1日，广东国民革命政府任命叶挺独立团为北伐先遣队挺进湖南，揭开了北伐战争的序幕。7月9日，国民革命军在广州举行誓师大会，正式出师北伐。北伐的直接目的是打倒北洋军阀以推翻帝国主义和封建势力在中国的反动统治，主要敌人是直系军阀吴佩孚和从直系分化出来的军阀孙传芳及奉系军阀张作霖。北伐军英勇善战，在两湖战场取得决定性胜利，叶挺独立团在汀泗桥、贺胜桥和武昌等战役中，屡建战功，为第四军赢得了"铁军"的光荣称号。北伐军出师不到十个月，就消灭了军阀吴佩孚、孙传芳的主力部队，占领湖南、湖北、江西、安徽、福建、浙江、江苏等省，解放了长沙、武汉、南昌、福州、杭州、南京、安庆等大中城市，基本上推翻了北洋军阀的反动统治。北伐战争的迅猛发展，从根本上动摇了帝国主义在中国的统治。帝国主义为了维持在华的权益，加紧施展各种手段分化革命统一战线，从革命阵营内部进行分化活动，极力拉拢蒋介石。江浙财团，一批批政客、官僚纷纷聚拢到蒋介石的身边。在这种背景下，蒋介石的反共面目公开暴露出来并制造了一系列背叛革命的活动。

1927年4月12日凌晨，大批青洪帮武装分子冒充工人，从租界出来向分驻上海总工会等处的工人纠察队发动突然袭击。工人纠察队奋起抵抗。在激战中，刚倒戈参加国民革命军的周凤岐第二十六军第二师过来声称要调解"工人内讧"。工人纠察队看到军队将青洪帮武装分子的枪械收缴，便热情地欢迎这些"调解者"，结果在毫无防备的情况下，两千名纠察队员被军队强行缴械。事变发生后，上海工人和各界群众发起总罢工和游行示威，表示强烈抗议。4月13日上午，上海总工会在闸北青云路广场举行有十万工人参加的群众大会，抗议反动派的暴行。会后，群众冒雨示威游行，要求释放被捕工人，交还纠察队枪械。游行队伍走到宝山路时，埋伏在里弄内的第二十六军士兵出来突然用步枪、机关枪扫射游行群众，打死100多人。接着继续进行疯狂的搜捕和屠杀。到4月15日，上海工人300多人被杀，500多人被捕，5000多人失踪。

上海发生反革命政变前后，四川、江苏、浙江、安徽、福建、广西和广东等省也发生以"清党"为名，对共产党人和革命人士进行大屠杀的事件，许多共产党员和革命群众牺牲在反动派的屠刀之下。北方奉系军阀张作霖命令军警在北京逮捕大批共产党员和其他革命者，4月6日，中国共产党的创始人之一李大钊不幸被捕，4月28日李大钊等20名革命者从容走上断头台英勇就义。

蒋介石发动的"四一二"反革命政变，是大革命从高潮走向失败的转折点，它使中国政治风云突变，造成革命联合战线内部的巨大变动与分化。"四一二"反革命政变之后，以蒋介石为首的国民党右派从民族资产阶级右翼转变为大地主、大资产阶级的代表。1927年4月18日，在帝国主义势力的支持下，他们联合国民党老右派以及官僚、政客、买办、豪绅在南京另立国民政府，同保持国共合作的武汉国民政府相对抗。

1927年4月27日到5月9日，中国共产党在武汉举行第五次全国代表大会，这次会议虽然提出了争取无产阶级对革命的领导权、建立革命民主政权和实行土地革命的一些正确的原则，但对无产阶级如何争取革命领导权，如何领导农民实行土地革命，如何对待武汉国民政府和国民党，特别是如何建立党领导的革命武装等问题，都没有提出具体有效的措施。党的五大召开前后，武汉地区的形势急剧恶化，反革命活动迅速表面化。以汪精卫为首的武汉国民党中央和国民政府也迅速走向反动。7月15日，汪精卫等控制的武汉国民党中央召开"分共"会议，决定同共产党决裂，彻底背叛孙中山制定的国共合作政策和反帝反封建纲领。随后，对共产党员和革命群众实行大规模逮捕、屠杀。至此，由国共两党合作发动的大革命宣告失败。

大革命的失败表明，党的领导、统一战线、武装斗争，是中国革命的基本问题，只有正确认识和解决了这些问题，才能推进革命事业的发展，并取得最后的胜利。据1927年11月统计，党员数量由大革命高潮时的近6万人急剧减少到1万多人。从1927年3月到1928年上半年，被杀害的共产党员和革命群众达31万多人，其中共产党员2.6万多人。李大钊、萧楚女、熊雄、陈延年、赵世炎、夏明翰、罗亦农、向警予、周文雍等党的著名活动家，为了人民的解放事业先后英勇牺牲。党的队伍中一些人在政治上、思想上陷入混战状态，党内存在着严重的消极情绪。一些不坚定分子动摇悲观，登报声明脱离共产党和共青团。

大革命失败后，国内政治形势发生了巨大的逆转，反革命实力已经大大超过共产党领导的有组织的革命力量，全国范围的革命高潮已经过去，革命形势转入低潮。中国共产党所领导的人民革命斗争进入最艰苦的年代，即土地革命战争时期。

二、南昌起义的发动

在革命遭受严重失败的极为严峻的形势下，中国共产党面对着是否坚持革命和如何坚持革命两个根本问题需要做出回答。党总结了失败的教训，继续高举革命的旗帜，把中国革命推进到一个新阶段。

为了使革命走向复兴，党领导人民进行艰苦卓绝的斗争。1927年7月19日，中共中央临时政治局常务委员会派遣李立三、邓中夏、谭平山、恽代英等赴江西九江，这里是党的力量较强的第四军、第十一军驻地，准备组织中国共产党掌握和影响的国民革命军中的一部分力量，联合第二方面军总指挥张发奎重回广东，以建立新的革命根据地，实行土地革命。此前，中央军委已派前敌军委书记聂荣臻前往九江联络部队。7月20日，谭平山、李立三、邓中夏、吴玉章、叶挺、聂荣臻等在九江的同志召开会议，对当时的政治军事形势作了分析：张发奎在武汉拥护汪精卫，并且表示第二方面军中高级军官像叶挺这样的共产党分子要退出军队或脱离共产党，完全站在汪精卫一边；此时叶挺、贺龙的军队已处在朱培德的第三军、程潜的第六军和第九军的包围之下，军事态势十分险峻。李立三等立即抛弃依靠张发奎的计划，提议在南昌独立发动反对南京和武汉的国民党政府的军事行动。

之所以选择在南昌发动军事行动，主要基于以下原因：

第一，中国共产党掌握的影响的武装力量集结于南昌一带。"四一二"反革命政变后，以蒋介石为首的反动势力在南京建立了国民政府。这一倒行逆施的行为激起了共产党人和国民党左派的愤慨，在他们的影响下，武汉国民政府决定东征讨蒋以挽救革命。对于这一决策，武汉阵营中不同派别和集团虽表示赞同，却各自有着不同的目的。东征的主力是以张发奎为总指挥的江右军和以唐生智为总指挥的江左军，这两支军队长期明争暗斗，唐生智将这次东征看作排挤张发奎第二方面军、掌握武汉政府实权的良机，而张发奎想借东征之名，将自己的部队从武汉调到南浔一线，伺机回粤。

张发奎的东征态度和行动，对中共确定在南昌起义客观上产生了积极的影响。中共在大革命时期曾派大批干部到这支部队开展工作，提高了部队的战斗力。叶挺、贺龙、蒋先云、卢德铭、周士第等都先后担任师、团军官，部队中营、连级军官和重要的政工、参谋人员多为共产党员，共产党员在部队中的身先士卒、严格治军，扩大了党在部队中的影响。1927年初，张发奎的部队中党控制的部队达到9个团之多，最有可能成为武装起义的军事骨干。1927年7月，武汉各派政治力量尽管各自怀揣打算，表面上仍在东征讨蒋的旗帜下一起行动。唐生智第一方面军近2.4万人，作为东征讨蒋的江左军，以苏皖为目标沿长江北岸东进；张发奎第二方面军的三个军作为江右军，以皖南、浙江为目标沿长江南岸前进。当时隶属张发奎第二方面军的贺龙第二十军和叶挺的第十一军第二十四师，也以东征讨蒋名义离开武汉，来到九江，其他为中共所掌握和影响的部队也相继来到南昌一带，在客观上为南昌起义奠定了基础。

此外，还有在南昌的朱德指挥的第二军军官教导团和南昌公安局的两个保安队，驻扎在马回岭车站附近的叶挺独立团为骨干的第四军第二十五师，另有工人纠察队和农民自卫军等，共2万多人。此时中共控制的湖北警卫团、程潜所部2个团、武汉政治军事学校的1个团的兵力、陈嘉佑所部两个营等已接到通知向南昌靠拢，随时可增援南昌。因此，革命力量在南浔地区的集中，是中共确定在南昌举行武装起

义的先决条件。

第二，驻守南昌的反动势力相对薄弱。"四一二"反革命政变后，蒋介石将留守南昌的任务交给国民党第五方面军总指挥朱培德，而朱培德对蒋介石积怨已久，曾"作书致何应钦，历数蒋的褊私狭隘，市私恩、图独裁等各项罪状，力劝何氏加入反蒋阵营"。曾在蒋介石离开南昌不到一个月，就公开主张东征讨蒋，这也加剧了国民党内部的分化。南昌起义前朱培德的第三军和第九军分别驻扎在吉安、进贤一带，南昌城内驻扎的仅有朱培德的一个指挥部和5个团，外加程潜指挥的第六军的一个团，市区敌人总兵力约六千人，与我党控制的二万兵力相比明显处于劣势。况且起义前夕，由于朱培德和张发奎在庐山密谋反共事宜导致南昌敌军处在群龙无首的状态。此时南昌和武汉、上海以及九江相比，是敌人势力最薄弱的地区。

第三，江西地区革命斗争形势和革命基础较好。1926年北伐军出师前，党就把一批在广州农民运动讲习所毕业和黄埔军校毕业的江西籍党员派回江西。他们在江西广大的城乡通过办报纸、开书店、建印刷所等方式开展群众工作。南昌有《民国日报》、《觉悟》、《红灯》周刊等报刊出版，对介绍革命理论、传播革命思想、教育人民群众起了很大的作用，使南昌地区的革命运动有了深厚的群众基础。北伐后，江西建立了各级工会、农会和农民自卫军。南昌起义前，全省工会会员有二十多万人，建立了十多个市县总工会。农会组织发展更是迅猛，截至1927年6月，全省农会会员达到三百多万人，成为全国农运基础最好的省份之一。

北伐后到南昌起义前，朱德在南昌创办军官教育团，江西各县大批进步的青年知识分子，纷纷到教育团接受革命思想教育，学习之后又分赴各项、铁路线上和赣江流域做工人纠察队和农民自卫军的干部。江西革命运动的高涨和江西人民开展的革命斗争，使革命呈现出良好的态势，为南昌起义奠定了良好的群众基础。

第四，南昌占据着有利的地理位置。江西素有"吴头楚尾，粤户闽庭，形胜之区"之称，具有重要的战略地位。南昌襟三江而带五湖，控蛮荆而引瓯越，地处在鄂、沪、粤之间，南昌的一切行动都可以影响武汉、上海、南京局势，威胁到国民党右派势力的部署与安全。加上南昌濒临赣江之水，北距长江约130公里，地域辽阔，便于起义部队机动回旋。不够发达的南昌交通反而为起义提供了有利条件，陆路仅有的南浔线被千余米的赣江阻隔，水路因涨水期航道水深不足两米，通航能力极为有限，这样的交通状况不利于外围敌人向南昌快速集结兵力，减轻了起义军的敌情顾虑。

正是综合考虑诸多方面的因素，九江谈话会上大家一致认为要在南昌举行武装起义。会议意见得到了正在庐山休息的瞿秋白等同志的同意，并由瞿秋白代交中央决定。7月23日，第二十军军长贺龙到达九江后，对起义也表示赞同。紧接着，邓中夏、谭平山、恽代英、李立三等具体研究了起义计划、政纲、宣言，以及组织与宁、汉国民党中央党部相对抗的中国国民党革命委员会等问题，决定7月28日举行起义，并急电中央请求批准。中共临时中央在获悉九江同志提议后，完全同意在南昌举行武装起义的建议。7月24日，中共临时中央在武汉召开常委会议，决定独立发动党所掌握和影响下的部分国民革命军举行起义；同时决定由周恩来、李立三、恽代英、彭湃组成前敌委员会，周恩来同志担任前敌委员会书记，负责领导起义。中央还为起义筹措经费，增派干部，并约请了国民党左派人士赶赴南昌。根据中央的指示，周恩来、李立三、恽代英、彭湃、刘伯承、谭平山、林伯渠、吴玉章、徐特立、郭亮、周逸群、方维夏、彭泽民、张曙时等于七月底到达南昌，为起义进行紧张的准备工作。

就在中国共产党准备在南昌举行武装起义的同时，国民党武汉政府也加紧了军队中的"清共"活动。7月24日，张发奎正式通知叶挺、贺龙，把所辖部队集中到德安，两人立即到庐山参加军事会议。第四军参谋长叶剑英得知军事会议将要"清共"的情报后，专程从庐山赶到九江面见叶挺。随后，叶挺、贺龙、叶剑英、高语罕、廖乾吾在甘棠湖的一条小船上商定：叶、贺两人不去庐山开会；叶挺率第十一军二十四师，贺龙率第二十军分别于25日和26日乘火车赶赴南昌。

7月27日，周恩来从九江到达南昌，在江西大旅社一楼的喜庆礼堂正式成立了前敌委员会。江西大旅社成为领导起义的指挥中心。前敌委员会成立后，立即对有关起义的重大问题进行了讨论，作出了以下决定：因准备工作来不及，起义日期由28日推迟到30日；为了统一指挥起义部队的作战行动，由贺龙任第二方面军代总指挥，叶挺

任前敌代总指挥；成立由国民党左派参加的国民党特别委员会，以商讨起义中出现的有关问题。

7月30日早晨，张国焘以中共中央代表身份赶到南昌，带来了共产国际和中共临时中央的最新意见。7月26日，张国焘曾传达共产国际关于南昌起义的复电：如有成功把握，可举行暴动；否则不可动，把军队中的同志退出，派到各地农民中去。为此，张国焘从九江连发两封急电说："暴动宜慎重，无论如何候我到再决定。"张国焘到来后，前委立即召开扩大会议，会上张国焘以共产国际的电报为由，主张极力拉拢张发奎，得到张的同意，否则不可动。周恩来、恽代英、李立三、彭湃、谭平山都一致反对张国焘的意见。周恩来等同志认为，我党应该站在起义的领导地位，再不能依靠张发奎，而且张已经受汪精卫的影响，绝不会同意起义的计划。因此，起义不能推迟，更不能停止。当天争论了几个小时，因为张国焘代表中央意见，不能以多数决定，所以起义之事一时定不下来。7月31日早晨，再次召开前委扩大会议，因为叶挺、贺龙没去庐山开会，张发奎来电说8月1日要到南昌来，据闻同来的还有汪精卫和孙科。在这种情况下，张国焘不得不同意举行起义。当天中午，前委决定：起义于8月1日凌晨四时举行。

会后，根据前委的决定，第二方面军代总指挥贺龙发布了起义的作战命令。各有关方面随之加速进行战前的准备工作。叶挺、贺龙在作战前分别召开军官会议，具体部署了战斗任务。为了在战斗打响后尽快接近和消灭敌人，准备起义的各部队对进攻目标进行了全面侦察，有的还调整了营地。7月31日下午，起义总指挥的作战命令逐级下达，同时还规定了起义部队的识别标志和当晚的口令。朱德遵照前委的部署，请敌军的几个团长一起喝酒、打牌，随后又将他们扣留，从而削弱了敌人的指挥力量。7月31日晚九时许，二十军一个副营长叛变投敌，泄露了起义消息。在危急的情况下，前委当即决定：起义提前两小时于八月一日凌晨二时举行。

8月1日凌晨刚到不久，起义战斗的枪声就打响了。起义军按照预定的部署向敌人发起了进攻。由贺龙指挥的第二十军第一、二师，向旧藩台衙门、大士院街、牛行车站等处守军发起进攻；由叶挺指挥的第十一军第二十四师向松柏巷天主教堂、新营房、百花洲等处守军发起进攻。经过五个小时的激战，全歼守敌三千余人，缴获各种枪五千余支，子弹100万余发，大炮数门，占领了南昌城。

起义成功后，中共前敌委员会按照中共中央关于这次起义仍用国民党"左"派名义号召革命的指示精神，发表了由宋庆龄等署名的《中央委员宣言》，揭露蒋介石、汪精卫背叛革命的种种罪行，表达了拥护孙中山"三大政策"和继续反对帝国主义、封建军阀的斗争决心。这是一篇声讨蒋、汪的战斗檄文。8月1日上午，召开了有国民党中央委员、各省区特别市和海外党部代表参加的联席会议，到会的有七名在南昌参加起义的中央委员，还有江苏、顺直、福建、新疆、湖南、山西、湖北、东北、甘肃、江西、四川、安徽、绥远、浙江、广东、广西、上海、哈尔滨等地以及海外华侨支部的代表共四十余人。会议首先由叶挺报告起义经过，接着会议决定成立中国国民党革命委员会，推举邓演达、宋庆龄、何香凝、谭平山、吴玉章、贺龙、林祖涵、叶挺、周恩来、张国焘、李立三、恽代英、徐特立、彭湃、郭沫若等25人为委员。由宋庆龄、贺龙、张发奎、邓演达、谭平山、郭沫若、恽代英等七人组成主席团。革命委员会下设秘书厅，军事参谋团，财政、宣传、农工运动、党务等委员会，以及总政治部、政治保卫处等机构。会议宣告，国民党革命委员会将"于最短期间，当确立一革命之新根据地，以便召集第三次全国代表大会，讨论一切党国大计，重新选举本党中央执行委员会，一边指导全国革命运动，使能有更正确更迅速的发展"。

革命委员会成立后，立即召开一次会议并发布了一批重要命令：任命吴玉章为秘书长，刘伯承为军事参谋团参谋长，郭沫若为总政治部主任、宣传委员会主席，林祖涵为财政委员会主席，张国焘为农工运动委员会主席，张曙时为党务委员会主席，李立三为政治保卫处处长；还任命贺龙兼代第二方面军总指挥，叶挺兼代前敌总指挥和第十一军军长，朱德为第九军副军长；同时免除了朱培德江西省政府主席的职务，任命姜济寰为江西省政府代理主席。为了阐明起义的宗旨和纲领，起义前后发布了一系列重要宣言，如《中央委员宣言》、《中央委员及各省区特别市和海外党部代表联席会议宣言》以及《叶挺告第二方面军同志书》、国民党江西省党部的《执监委会对时局宣言》等。通过这些宣言，进一步向全国人民提出了坚持执行"三大政策"，建立革命的新根据地，开展土地革命，准备召开国民党第三次全国代表大会等六项战斗任务。

8月2日，南昌市各界群众数万人集会，庆祝南昌起义的伟大胜利和革命委员会的成立。会后各界青年踊跃参军，仅报名的学生就有数百人。起义胜利后，部队按南下广东的原定计划行动。从8月3日到8月5日，中央前委指挥起义军分批撤离南昌，沿抚河南下，计划经瑞金、寻乌进入广东省，先攻占东江地区，发展革命力量，争取外援，而后再攻取广州。由于部队撤离仓促，加上南昌四周敌军的堵截，原定参加起义的第二方面军警卫团、武汉军事政治学校学员、二十六师一部和湖南农军等，均未能赶到。

从南昌到临川是南征的开始阶段。当时正是酷暑时节，战士负荷重，伤病员逐日增多。加上敌人阻扰，导致部队给养困难，部队减员较多。在艰苦的条件下，一部分不坚定分子叛逃队伍。从南昌出发不久，蔡廷锴就率领第十师脱离起义队伍，接着第二十军参谋长陈浴新及第二十军五团约七百人逃跑。8月7日到达临川时，总兵力约1.3万人。此时前委着重研究了加强宣传教育的问题，着手整顿党和军队的组织，并正式组建了以新战士为主的第九军和第二十军第三师。没来得及参加南昌起义的陈毅和其他几百名同志这时日夜兼程赶上了部队，临川的农军和部分学生也加入了起义部队。

8月8日，国民党以讨共为目的的第八路军总指挥部在韶关成立，钱大钧率四个师，黄绍竑率两个师，从粤北分两路进入赣南堵截起义军，阻止起义部队进入广东境内。起义军在临川休息三天后继续前进。8月25日，先头部队到达瑞金县壬田以北地区，就与钱大钧部五十、六十两团遭遇，贺龙亲自指挥第二十军向敌军攻击，经过几小时的激战，击败了敌人，乘胜占领了瑞金。当得知敌人重兵驻扎会昌，妄图截击起义军的计划后，前委决定8月30日发起会昌战役。起义军与死守险要山势的钱大钧部九个团进行了十多个小时的激战，在30日下午四点攻占了会昌，歼敌四个团，俘虏官兵九百多人，缴获了大批武器物资。9月2日早上，黄绍竑部两千余人窜到会昌，又被起义部队打败。三战三捷的战绩鼓舞了部队的士气，会昌战役后，起义部队陆续返回瑞金。

　　在起义部队即将进入广东之际，为了在广东召开全国代表大会，正式组织政府，建立革命根据地，前敌委员会和革命委员会连续在瑞金、长汀、上杭等地召开会议，对一系列重大纲领、政策，以及入粤路线，做了反复的讨论。草拟了农民解放、劳动保护等条例，研究了各级政权机关的组织方法以及财政、经济、税收政策等。对革命委员会成员和军事指挥员作了调整，计划将部队扩编为四个军，并在广东开办新的军事学校。关于部队入粤的路线问题，考虑到伤员和辎重需要经过水路运输，于是决定不从寻乌进入东江，改由汀州经上杭到梅县，决定主力绕道到潮汕，以得到海上接济。部队在瑞金时，前委批准了贺龙、郭沫若等同志加入中国共产党。

　　起义部队在经过福建向潮汕进军时，广东省委广泛组织了农民暴动相应。在海丰、陆丰、潮州、揭阳、兴宁等许多县，农民都占领了县城。沿途人民对起义部队的接待极为热情。傅连暲主持的长汀福音医院，全力为起义军服务，救治了许多伤病员。9月24日，起义部队攻占汕头，敌人为之震动。在汕头，革命委员会各个机构纷纷开展活动，发布保护民众团体和商界同胞的安民告示，出版报纸进行宣传。张太雷受中共中央委派到达汕头，传达八七会议精神和中央关于抛弃国民党旗帜，建立苏维埃的决定，并开始着手建立南方局，与前委一起研究计划起义部队下一步行动。

　　与此同时，曾遭受部队重创的钱大钧、黄绍竑部敌人，在得到三个多师的增援后，又以优势兵力组织了对起义部队的包围。起义部队的主力此时却分布在揭阳、潮汕、三河坝三个地区，形势极为不利。9月28日，贺龙率领第二十军一、二师和叶挺率领第十一军二十四师，首先在揭阳县汤坑地区和敌人遭遇。起义部队由于连续苦战，最后未能突破陈济棠部队的防线。9月30日，部队被迫撤退转移。同日在潮州，周逸群率第二十军三师第六团和教导团的一个总队，抵抗黄绍竑部两个师分两路的进攻，激战几小时，终因兵力对比悬殊，潮州失守。接着，汕头也被迫放弃。10月2日，在大埔县三河坝，由朱德、周士第指挥的第九军和第十一军二十五师，英勇抵抗钱大钧部三个师的进攻，激烈的战斗进行了两天两夜，因无后援，起义部队被迫撤离阵地。

　　面对战场形势的恶化，10月3日下午二时左右，前敌委员会在普宁县流沙镇召开了有前委、革委成员和其他军政负责干部参加的会议，会上传达了中央决定精神，宣布今后要打红旗，分田地，继续战斗。关于人员的去向，决定武装人员突围去海陆丰；非武装人员愿意留下的就留，不愿留的由农会干部护送，分批从海上撤退。会议刚开完不久，起义部队就在乌石地区遭到伏击，指挥机关和第二十四师被打散。几天后，未遭伏击的第二十军一部，由于和指挥机关失去联系，在敌人的包围和少数坏分子的造谣煽动下被缴械。起义部队主力在潮汕地区遭到了失败。

从乌石突围的起义部队战士一千多人，在董朗、颜昌颐率领下，历尽艰险到达海陆丰地区，随即扩编为红二师，成为创建海陆丰根据地的主力。从三河坝撤离的起义部队，在和上级指挥机关失去联系后，由朱德、陈毅率领，艰苦转战于赣、粤山区，开展游击战争。1928年初进入湘南，举行了湘南起义，在十多个县掀起了农民革命风暴。1928年4月，这支约800人的部队开赴井冈山，与毛泽东领导的秋收起义部队会师，组成了中国工农红军第四军，随后为建立和发展井冈山革命根据地进行了英勇斗争。

南昌起义打响了武装反抗国民党反动派的第一枪，用血与火的事实宣告了中国共产党人不畏强暴、坚持革命的坚强决心。它在全党和全国人民面前树立起一面革命武装斗争的旗帜，标志着中国共产党独立领导革命战争、创建人民军队和武装夺取政权的开始，由此具有重大的历史意义。

三、人民军队的创建

中国共产党领导的人民军队的诞生，是近代中国革命斗争发展的必然结果。中国共产党独立领导武装斗争、创建人民军队，开始于1927年8月1日的南昌起义。此前中国共产党早期的军事活动，为创建人民军队、进行武装革命做了必要的准备。

近代中国是一个半殖民地半封建的国家，从1840年鸦片战争到1919年五四运动的近80年间，中国人民为实现民族独立和自身解放，前赴后继，英勇斗争。但不论是太平天国运动、义和团运动还是戊戌变法和辛亥革命，最终都归于失败。历史证明，在帝国主义和封建势力统治下的中国，要夺取民主革命的胜利，就必须有一个以先进理论为指导、代表中国社会的正确发展方向、代表无产阶级和中国最广大人民群众根本利益的政党，必须有一支这样的政党领导下的人民军队。

1921年7月，中国共产党的成立预示着中国革命从此有了领导的核心力量。1922年，中国共产党提出了反对帝国主义侵略、推翻封建主义统治的民族民主革命纲领，以及中国各革命阶级和政党建立"联合战线"，进行"联合战争"的政治主张。在共产国际帮助下，中国共产党开始与孙中山领导的国民党磋商建立革命"联合战线"，帮助孙中山改组国民党。1923年6月召开的中共三大决定，全体共产党员以个人身份加入国民党。1924年1月国民党召开第一次全国代表大会，孙中山采纳了中国共产党提出的反帝反封建政纲，制定了联俄、联共、扶助农工三大政策，国共两党正式建立革命统一战线，中国进入了国共合作"打倒列强除军阀"的第一次国内革命战争时期。从此，中国共产党与国民党合作创建军队，进行革命战争，开始了早期的军事活动。

1924年5月，中共中央提出，中国共产党应当促进国民党注意革命军队的思想政治教育工作，根据中共中央的指示和孙中山的建军设想，中国共产党的许多党员参加国民党建军工作，承担了军队的政治建设和政治工作责任。国共合作创建革命军的工作，开始于创办国民党陆军军官学校，即黄埔军校。1924年春，黄埔军校开始招生。中国共产党中央委员会指示各地组织，需安排和动员共产党员、青年团员和进步青年报考军校。通过动员、选派，50多名共产党员、共青团员和一些进步青年考入黄埔军校。11月，中共广东区委委员兼宣传部长周恩来出任黄埔军校政治部主任。军校内通过举办政治讨论会，组织"中国青年军人联合会"，创办《青年军人》等刊物等形式，团结和教育了一大批进步的青年军人。共产党员鲁易和熊雄相继担任政治部副主任、主任，高语罕、萧楚女、聂荣臻、陈赓等数十人先后从事政治教学和行政管理工作。在校工作的共产党员最多时达到160多人。在共产党人的推动下，黄埔军校形成了民主、进步的政治局面，培育了爱国革命的黄埔精神。

1926年3月，黄埔军校改称中央军事政治学校，10月，在武汉建立了中央军事政治学校分校，共产党员董必武、包惠僧担任招考委员会委员，恽代英出任政治主任教官，周恩来、李富春、李达、蔡畅等10人出任政治教员。1927年4月，武汉分校改为国

民党中央军事政治学校。恽代英作为军校三名常务委员之一实际主持军校的工作。5月，共产党员陈毅到该校担任中共校党委书记。当时学员3700余人，共产党在学员队伍里建立了秘密组织，努力将学员团结在自己的周围。

创办黄埔军校后，国民党于1924年10月开始组建自己的军队，后称"党军"。在中国共产党的帮助下，国民党吸取苏联红军的建军经验，把在黄埔军校实行的国民党特别党部制度、党代表制度和政治部制度在"党军"中推行。中国共产党人不仅参与了国民革命军的政治工作制度建设，而且以国民党党员身份，受国民党委派，担负了国民革命军的绝大部分政治工作。1924年10月，在国民党组建的教导第一团中，共产党员胡公冕、蒋先云、许继慎等人分别担任营、连党代表。1925年9月中旬，周恩来任国民革命军第一军第一师党代表。到1926年3月，国民革命军第一军中身份公开的共产党员达250多人。到1926年10月，在国民革命军工作的共产党员达到1500多人，占全党总人数的8.5%。

在参加军事工作的实践中，中国共产党开始意识到军事的重要。1925年底，中共中央决定建立中央军事部，指导全党的军事工作。1926年7月，中共中央召开扩大的执行委员会会议，专门作出《军事运动议决案》，强调"军事工作是党的工作的一部分"，"在民族革命的进程中，应该参加武装斗争的工作，助长进步的军事势力，摧毁反动的军阀势力，并渐次发展工农群众的武装势力"。[①]与此同时，中国共产党内一些同志先后提出建立工农革命武装的主张。瞿秋白指出：近年来中国社会的变化，已经造成了武装斗争的必要条件。在这种情况下，"革命战争是主要的方式"，其他方式都是直接或间接地做革命战争的准备；军队是军事的主体，"政治上以革命民众的政党为主体，军事上以正式的革命军队为主体，从事与革命的作战……而后中国平民才有彻底解放的希望"。[②]周恩来提出，"军队是压迫阶级的工具，而也可以作被压迫阶级的工具"，"军队的组织有很重大的意义，是实现我们的理论的先锋"。[③]

---

① 中央档案馆.中共中央文件选集（第2册）［M］.北京：中共中央党校出版社，1989:227-229

② 瞿秋白选集［M］.北京：人民出版社，1985:286

③ 周恩来军事文选（第1卷）［M］.北京：人民出版社，1997:8

毛泽东则明确提出了"推翻地主武装，建立农民武装"[1]的主张。

1925年，国共合作进行两次东征，打败了广东军阀陈炯明，统一并巩固了广东革命根据地。1926年夏至1927年春，国共合作进行北伐战争，打败北洋军阀吴佩孚集团和孙传芳集团，占领了湖南、湖北、江西、福建、浙江、河南、安徽、江苏等地区。北伐战争中，中国共产党实际领导了北伐军的全部政治工作，并且掌握了叶挺独立团等一部分部队，发动和组织了上述地区的工农群众。这些军事活动和党组织及工农运动的发展，为国共合作关系破裂后，党独立创建军队，开展武装斗争，创造了基本条件。

1925年3月，孙中山逝世。8月，坚决执行孙中山革命政策的国民党领袖廖仲恺遭到刺杀，代之而起的蒋介石和汪精卫，表面上赞同革命，与中国共产党保持合作关系，利用共产党的号召力和组织力，在人民群众支援下进行对旧军阀的战争，背地里却集聚自己的军事和政治势力。1927年4月，正当国共合作的革命与战争继续发展的紧要关头，以蒋介石为代表的国民党右派露出了反共反革命的真面目。"四一二"反革命政变和"七一五"反革命政变，导致国共两党的合作关系彻底破裂。北伐战争因没有达到预期的"打倒列强除军阀"的政治目的而最终失败。至此，全国范围的革命高潮已经过去，中国革命形势转入低潮。

中国共产党通过早期的军事活动，取得了创建军队、开展革命战争和组织民众进行革命斗争的初步经验，培养了一批既能带兵打仗，又会做政治工作，懂得如何发动和组织领导群众开展革命斗争的骨干，并且掌握了一部分军队。到1927年7月，中国共产党在国民革命军中掌握的部队主要有：在叶挺独立团基础上扩编组成的第十一军第二十四师，第四军第二十五师第七十三、七十五团和第十师第三十团，第二方面军总指挥部警卫团，国民党中央军事政治学校学员队。贺龙率领的第二十军也与共产党保持着密切联系。此外，还有湖南平江、浏阳等县部分农民自卫军组成的工农义勇队。这些骨干和部队，是中国共产党创建军队的种子。

① 毛泽东选集（第1卷）[M].北京：人民出版社，1991:28

北伐战争失败的惨痛教训，使中国共产党认识到，不掌握军权，不创建一支新型的人民军队，不开展武装斗争，就没有共产党的地位，就没有无产阶级的地位，就没有人民的地位，就不可能取得革命的胜利。

1927年8月7日，中共中央在武汉召开紧急会议，着重检讨了大革命后期以陈独秀为首的中央所犯的右倾机会主义错误，确定了实行土地革命和武装起义的方针，号召全党以武装斗争反抗国民党反动派的屠杀政策。根据八七会议的指示精神，各地共产党组织领导工农群众和部分革命军队相继举行武装起义，在斗争中展开了创建人民军队的伟大实践。南昌起义是党对军队认识发生根本转折的标志，正是从南昌起义开始，我党才真正完全独立自主地拥有了自己的军队，并试图以自己的军队力量做后盾，来独立领导包括土地革命在内的中国革命。1927年10月中旬到11月下旬，朱德、陈毅率领第二十五师和第九军教导团分别进行了天心圩整顿、大庾整编、上堡整训，"赣南三整"使起义军余部保存了一批经受过严峻考验、具有坚定革命意志的骨干力量，作战形式也开始由正规战向游击战转变，为日后的发展创造了有利条件。

1933年6月26日，中共苏区中央局发出《关于"八一"国际反战争斗争日及中国工农红军成立纪念日的决定》。决定指出："中央革命军事委员会为纪念1927年8月1日的南昌暴动，已确定'八一'为中国工农红军纪念的日子。"6月30日，中央革命军事委员会发布《关于决定"八一"为中国工农红军成立纪念日》的命令，对为什么确立"八一"为红军成立纪念日做出了解释："一九二七年八月一日发生了无产阶级政党——共产党领导的南昌暴动，这一暴动是反帝的土地革命的开始，是英勇的工农红军的来源。在中国工农红军历年的艰苦战争中，打破了帝国主义国民党历次进攻，根本动摇了帝国主义国民党在中国的统治，已成了革命高涨的基本杠杆之一，成了中国劳苦群众革命斗争的组织者，是彻底进行民族革命战争的主力，本委员会为纪念南昌暴动与红军成立，特决定自一九三三年起，每年八月一日为中国工农红军成立纪念日。"[①]1933年8月1日，中央革命军事委员会在瑞金举行阅兵、宣誓、授章、授旗仪

---

① 南昌八一纪念馆.南昌起义［M］.北京：中共党史出版社，1987:169

式，庆祝第一个"八一"建军纪念日。参加这次活动的有中共临时中央、苏维埃中央政府、中革军委领导和机关部门领导及代表，青年团中央和全国总工会等各种群众组织与代表，还有瑞金城附近的部分群众、非受阅部队代表、受阅部队和总部直属队，共数万人。

从1933年8月1日起，"八一"就成为中国工农红军成立纪念日。1949年6月15日，中国人民革命军事委员会发布命令，规定以"八一"两字作为中国人民解放军军旗和军徽的主要标志。中华人民共和国成立后，将此纪念日改称为中国人民解放军建军节。

第二节　八一精神的形成与内涵

南昌起义以打响武装反抗国民党反动派第一枪的壮举和党独立领导新型人民军队的诞生而载入中国革命的史册。南昌起义是中国共产党缔造人民军队的开始，由此中国革命进入了一个崭新的阶段，所铸造的八一精神既是中国共产党人优秀品质的客观反映，也是中国共产党在20世纪把马克思主义与中国革命实践相结合的产物，开启了井冈山精神、苏区精神，成为中国革命精神链条中具有重要地位的一环。八一精神是中国共产党人在革命战争年代最早形成的一种革命精神，是中国革命精神链条中的起始一环。

一、八一精神形成的历史条件

马克思指出："一切划归时代的体系的真正内容都是由于这些产生这些体系的那个时期的需要而形成起来的。"[①]八一精神是革命形势所孕育催生的时代要求，在中国共产党和人民军队的历史上具有重要的历史地位。

1. 中国共产党探索革命道路的历史是其形成的前提条件

1927年上半年是中国革命处在黑暗中的时期，四川、江苏、浙江、安徽、福建、

①　马克思恩格斯全集（第3卷）［M］.北京：人民出版社，1960:544

广西、广东和江西等地相继发生以"清党"为名屠杀共产党人和革命群众的事件。蒋介石在上海发动的"四一二"反革命政变、广州发生的"四一五"惨案、长沙的"马日事变"、汪精卫在武汉发动的"七一五"反革命政变等一系列由国民党制造的破坏国共联盟的事件使得成千上万的共产党员、共青团员和工农群众牺牲在敌人的屠刀下。据统计，这一时期被杀害的共产党员和革命群众达31万，其中共产党员2.6万多人。共产党人在这种白色恐怖笼罩的严峻形势下，是否坚持革命？"中国共产党和中国人民并没有被吓倒，被征服，被杀绝。他们从地下爬起来，揩干净身上的血迹。掩埋好同伴的尸首，他们又继续战斗了。"[1]血的教训使中国共产党人意识到武装斗争的重要性，1927年6月25日蔡和森写给中央常委的信中呼吁："要做一军事计划，以备万一"，强调"我们必须坚决的自觉的来干我们自己的事，来找我们自己的地盘和武力"[2]。对于如何坚持马克思主义的指导，推进中国革命的新发展，共产党面临着历史的考验，南昌起义成为重要的转折点。正如毛泽东所说："革命失败，得了惨痛的教训，于是有了南昌起义、秋收起义和广州起义，进入了红军创建的新时期。这个时期是我们党彻底地认识军队重要性的极端紧要的时期。"[3]

南昌起义的爆发正源自大革命失败的形势。1927年7月12日，中共中央进行改组，成立了由张国焘、李维汉、周恩来、李立三、张太雷组成的中央常务委员会，"自此独秀即不视事"[4]。基于对南昌敌我兵力的判断，临时政治局研究和确定了在南昌武装起义的行动计划，7月13日，中共中央发布了《对政局宣言》，公开谴责汪精卫、蒋介石的屠杀政策，表明了中国共产党要走独立领导中国革命之路的心声。7月下旬，中共中央决定集中自己掌握和影响的部分优势兵力在南昌举行起义，聂荣臻回忆说："当时我们党直接掌握的武装力量，有驻在九江的由叶挺同志率领的第二方面军第十一军的二十四师，有驻在南浔路马回岭车站的第四军的二十五师。还有贺龙

① 毛泽东选集（第2卷）［M］.北京：人民出版社，1991:1036
② 蔡和森.蔡和森的十二篇文章［M］.北京：人民出版社，1980:79
③ 毛泽东选集（第2卷）［M］.北京：人民出版社，1991:548
④ 蔡和森.蔡和森的十二篇文章［M］.北京：人民出版社，1980:98

同志率领的第二十军，在南昌方面有朱德同志领导的军官教导团……当时敌人在南昌方面的力量却比较空虚，总兵力约一万余人。"[1]正是考虑敌我力量的对比，认为起义可以成功就确定了起义行动计划。经过周密的组织准备和选择合适的起义时机，8月1日凌晨，在以周恩来为首的前敌委员会领导下，贺龙、叶挺、朱德、刘伯承等率领在党直接掌握和影响下的军队2万余人举行了武装起义，经过激烈战斗，基本全歼驻守南昌的敌军并缴获大量武器。8月3日，前敌委员会根据中央原定计划开始了南征行动，由于沿途与敌作战加之炎热的天气，起义部队元气大伤。经过一个多月进入广东后，面临的是空前残酷的激战，起义主力遭到重创。余下的两支部队，从乌石突围的部队一千多人由董朗、颜昌颐率领进入海陆丰地区与东江人民武装力量会合，改编为中国工农红军第二师，成为创建海陆丰根据地的主力；从三河坝撤离的起义部队两千多人在朱德、陈毅的率领下转战闽西、赣南，在三河坝完成阻击任务后的起义军损兵过半，四面都是敌人，思想上和组织上也相当混乱。而此时，部队还经常受到地方武装和土匪的袭击，不得不在山中小道上穿行，在林中宿营。时近冬天，官兵们仍然穿着单衣，有的甚至穿短裤打赤脚，连草鞋也没有；因为无处筹粮，官兵常常饿肚子；由于缺少医疗设备和药品，伤员得不到治疗；枪支弹药也得不到补充，战斗力越来越弱……此时各级干部不少离开了队伍。正是在这种情况下，在江西安源的天心圩大会上，朱德首先站出来讲："大革命失败了，我们的起义军也失败了。但我们还是要革命的，同志们要革命的跟我走，不革命的可以回家，不勉强。"朱德对革命充满必胜信心的话语激励和鼓舞了剩下来的干部、战士，稳定了部队情绪，鼓舞了革命斗志，坚定了同志们胜利的信心。通过"赣南三整"，大大提高了部队的政治素质和军事素质。直至发动了著名的湘南起义后，1928年4月南昌起义军余部进入井冈山根据地与毛泽东领导的秋收起义部队会师，组成中国工农红军第四军，为建立和发展井冈山根据地进行了英勇斗争。

南昌起义这段恢宏的历史反映了中国共产党在马克思主义与中国革命具体实践相

---

① 聂荣臻.聂荣臻回忆录［M］.北京：解放军出版社，2007:184

结合的道路上，进行了可贵的、有效的探索，为八一精神的孕育提供了前提条件。从此，中国革命进入了土地革命战争时期，人民军队也由此诞生。

2. 南昌独特的人文环境和斗争形势是其形成的现实土壤

江西素具"吴头楚尾，粤户闽庭，形胜之区"的战略地位，又是富有革命斗争传统的地方。从鸦片战争以来，江西人民开展了不屈不挠的反帝反封建斗争，太平天国运动、义和团运动、辛亥革命、五四运动都在江西轰轰烈烈地掀起高潮。南昌处在"襟三江而带五湖，控蛮荆而引瓯越"的地理位置，地处湖北、上海、广东之间，南昌的军事行动可以影响武汉、上海和南京的局势。除了具有良好的地理环境，当时南昌优越的人文环境和斗争形势为南昌起义枪声的响起提供了条件，也为八一精神的孕育提供了现实土壤。

首先，以南昌为中心开展的革命斗争为南昌起义创造了良好的政治环境。1926年11月，蒋介石随北伐军进驻南昌开始行管，南昌就成为蒋介石反革命活动的据点之一。而在北伐军出师之前，中共选派了一批在广州农民运动讲习所毕业的学员和黄埔军校毕业的江西籍党员回江西以办报纸、开书店、办印刷所等形式开展活动，传播革命理论，做好群众工作。当时南昌出版有《民国日报》、《觉悟日报》、《红灯》周刊等，起到了宣传和传播革命思想、教育人民的作用。北伐战争后到南昌起义前，朱德在南昌创办军官教育团，吸引大批进步的青年知识分子前来接受革命思想教育，其中许多人担任各县、铁路线上和赣江流域工人纠察队和农民自卫军的干部，成为革命的骨干力量。蒋介石在江西制造"赣州惨案"后，《红灯》等革命刊物公开揭露蒋介石的反动行径。南昌起义前，江西建立了各级工会、农会和农民自卫军，全省工会会员发展到20多万人，建立了十多个市县总工会，农会会员在1927年6月达到300多万人，成为当时全国农运基础最好的省份之一。

1927年3月6日到17日，当蒋介石在抚州、永丰、南昌、九江等地封闭工会农会，逮捕杀害革命志士时，南昌各革命团体组织声援，并向武汉政府通电要求惩办凶手。4月2日，在方志敏的领导下，南昌上万名工农群众包围国民党省党部，在牛行车站活捉宪兵团副团长关麟征，收缴蒋介石留守南昌的宪兵团的枪，爆发了一场摧毁国民党省党部的大暴动。6月5日，面对朱培德在江西叛变革命制造的血雨腥风，尽管南昌的省总工会、学生会、农会等革命团体被封闭，共产党新办的报馆被封闭，农民自卫军的武器被收缴，但江西工人阶级并没有被吓倒，各界掀起了更大规模的罢工罢课罢市斗争。正是江西人民英勇不懈的斗争，使得全省革命形势有了好转。到7月初，江西省总工会恢复办公，南昌市总工会和市郊农民协会重新成立。由此可见，在当时全国一片白色恐怖的氛围中南昌人民以英勇的斗争旗帜鲜明地反对国民党右派，使革命形势有了很大发展，为南昌起义创造了良好的政治环境。

其次，敌我军事力量的对比为南昌起义的爆发奠定了基础。"四一二"反革命政变后，蒋介石建立了与武汉国民政府对立的南京国民政府，武汉国民政府决定东征，东征的两支主力唐生智和张发奎由于长期明争暗斗，各有用心。张发奎想借东征之名，将自己的部队从武汉调到南浔一线，伺机回广东。张发奎的这种态度对中共决定南昌起义客观上产生了积极影响。大革命时期，在张发奎的部队中，叶挺、贺龙、蒋先云、卢德铭等先后担任过师、团军官，营、连级军官也多为共产党员，扩大了中国共产党在部队的影响，到1927年初，中国共产党在张发奎部队中所控制的部队达到九个团。此外，当时我们党直接掌握的武装力量，有驻在九江的由叶挺同志率领的第二方面军第十一军的二十四师，有驻在南浔路马回岭车站周士第的第四军的二十五师。可见当时南昌及附近已经集中了中央直接掌握和影响的一批武装力量。还有由贺龙同志率领的第二十军，有朱德同志领导的军官教育团和南昌公安局警察队等[1]，加上工人纠察队和农民自卫军，约2万余人。此外，由中共控制的湖北警卫团、程潜所部两个团、武汉政治军事学校约一个团的兵力、陈嘉佑所部两个营等都可随时增援南昌。而当时驻守南昌的敌军主要是朱培德指挥的国民党第五方面军中的五个团，外加程潜指挥的第六军的一个团，市区总兵力约六千人。相比之下，敌人的力量较为薄弱，况且当时朱培德和张发奎正在庐山密谋反共，敌军处于群龙无首的状态，部队内部也军心不齐。中国共产党领导的革命力量在南浔地区的集中和敌我军事力量的对比成为党

① 南昌八一起义纪念馆.南昌起义［M］.北京：中共党史出版社，2009:551

确定在南昌举行武装起义的先决条件。

再次，江西人民的积极支援为南昌起义提供了保障。1927年7月中旬，当临时中央政治局决定在南昌举行武装暴动，叶挺、贺龙率领的部队和其他各路起义军准备在南昌集结时，中共江西省委立即进行认真准备，从各方面配合以保证起义军顺利到达南昌。起义前的十多天，"朱德同志在江西大舞台做了一个极重要的时事报告。听报告的人很多，有一千多人，都是工会、农会、学生会、妇女会、教导团、公安保安队的活动分子和积极分子"①。各社会团体的组织发动为南昌起义的爆发奠定了群众基础。7月26日，涂家埠铁路工人连夜抢修好被敌人炸毁的铁路大桥，使叶挺、贺龙两支部队第二天准时到达南昌。7月27日，为迎接起义军，南昌市民和各革命团体组织了"南昌市民欢迎中央委员、第二方面军及各革命领袖大会筹备处"，组织运输队、慰问队，为起义部队服务。起义军进入南昌后，南昌街头贴满"欢迎铁军来南昌""打倒蒋介石"的标语。②"起义前一两天，我们就得到消息，要和敌人打起来。组织上告诉我们要发动同学们积极参加起义，学联会和各组织的负责同志，提出了参加起义的名单，并分别秘密通知了他们。同学们得到通知后，都兴高采烈。有的没接着通知，起义后也自动跑来要求随部队走。"③起义前夕，中共江西省委多次召开各界会议，研究部署如何依靠和发动群众配合斗争以确保起义顺利进行。于是，南昌市和郊区立即组织工人纠察队、农民自卫军和担架队、运输队，帮助运送物资、弹药和伤病员以配合起义部队战斗；南昌市的缝纫工人通宵为起义军官兵赶制军服。

起义打响后，工人纠察队和部分农民军直接投入战斗。江西省委发动各个革命团体和广大群众开展各种拥军活动，各行各业秩序井然照常营业。南昌起义胜利后，起义军准备挥师南进广东而分批撤离南昌时，江西省总工会和南昌市各革命团体，负责筹备大批南下物资，并组织运输队随军南征。为了补充和扩大起义队伍，起义军所到的沿途各地许多工人群众、学生响应中共江西省委"武装起来，到军队中去"的号

① 南昌八一起义纪念馆.南昌起义［M］.北京：中共党史出版社，2009:376

② 许初水.江西人民对南昌起义的贡献［J］.赣南师范学院学报，1989，（3）:45

③ 南昌八一起义纪念馆.南昌起义［M］.北京：中共党史出版社，2009:376

召，纷纷报名参加起义军。各地党组织在起义军撤离南昌前往广东的行军途中，凡经过之地党组织都发动群众，对起义军展开形式多样的支持和帮助。由于得到江西人民的大力支援，起义部队顺利通过江西境内，经由福建进入广东，较好地保存了革命火种，为日后井冈山会师奠定了基础。

3. 中国共产党人独立探索革命道路的勇气是其形成的主观条件

中国共产党成立后，初期未能认识到武装斗争的重要性，直到1924年国共合作创立黄埔军校后，才意识到军事的重要。1927年，在北伐战争顺利进行之时，蒋介石集团发动反革命政变，对共产党人和革命群众大肆屠杀，许多党的优秀领导干部、党员和革命群众，牺牲在敌人的屠刀下，使中国革命由高潮转入低潮。时局巨变，"中央政治局的精神愈益混乱不振，大家都沉闷得很，又像迷失路途似的。对每一个问题都是动摇的、犹疑的"[1]。大革命失败的惨痛教训，使中国共产党彻底意识到武装斗争军队的重要性。1927年7月12日，中共中央进行改组，主张武装斗争的周恩来、李立三、张太雷等进入了中共临时中央政治局常务委员会，结束了陈独秀右倾机会主义在全党的统治。7月13日，中共中央发表《对时局的宣言》，严厉谴责以蒋介石、汪精卫为代表的国民党反动派的罪行，并郑重宣布："一切工人、农民、兵士及一般革命平民，不论是国民党员或共产党员，都可以知道：中国共产党是始终与你们共同到底的、必定能够引导民众经过革命的一切艰苦时期，去达到最后的胜利，国民革命的成功。中国共产党必将努力奋斗，反抗反动军官、封建豪绅及资产阶级完全攫取国民革命运动的阴谋，反抗他们屠杀工农剥削民众的政策。"[2]表明中国共产党决心领导中国人民把革命进行下去，从此走上独立领导中国革命的道路。7月下旬，中共中央决定，集中所掌握和影响的部分国民革命军在南昌举行暴动，并成立了以周恩来为书记的前敌委员会领导武装起义。起义前夕，张国焘到南昌传达共产国际的指示：起义如有成功把握，可举行暴动，否则不可动。[3]然而，前敌委员会从实际出发，摆脱共产

---

① 蔡和森.蔡和森的十二篇文章［M］.北京：人民出版社，1980:91

② 中央档案馆.中共中央文件选集（1927年）［G］.北京：中共中央党校出版社，1983:181

③ 周恩来军事活动纪事（上卷）［M］.北京：中央文献出版社，2000:59

国际的束缚，做出了坚决举行起义的决策。南昌起义是中国共产党开始独立领导武装斗争，中国革命迈上新里程的标志。

南昌起义不仅是中国共产党独立领导武装斗争的开始，也是土地革命和土地革命战争的开始。南昌起义前的九江会议上，对土地革命的政纲就进行了讨论，"立三代英主张须提出没收大地主土地的政纲为暴动的目的。因为南昌暴动的主要意义，就是要继续没收土地的斗争，实行土地革命"①。由于邓中夏、谭平山的反对没有形成最后的决定。周恩来到九江后传达中央的意见，即应该以土地革命为主要的口号。恽代英说："我们这次八一革命就是要实现土地革命，所以我们决定了土地政纲，在沿途就开始实行。"②因而，我们看到了《中央委员宣言》中明确提出"继续为反帝国主义与实行解决土地问题奋斗"。在八七会议上，确定了土地革命和武装反抗国民党反动派的总方针。1933年6月30日中共中央军事委员会《关于决定"八一"为中国工农红军成立纪念日》中就指出："一九二七年八月一日发生了无产阶级政党——共产党领导的南昌暴动，这一暴动是反帝的土地革命的开始"，由此，以南昌起义为标志，揭开了土地革命的序幕。不仅如此，南昌起义对建立农村革命根据地也进行了最早的探索。南昌起义前夕，明确了建立广东和东江革命根据地的思想。起义后，面对强大的敌人，革命部队在南昌站不住脚，起义领导人继续提出建立革命根据地的设想。8月3日的《叶挺告第二方面军同胞书》和贺龙发布的《告全体官兵书》都提出到广东建立革命根据地的主张。

可见，南昌起义对中国革命道路进行了最早的探索，正是凭借这种独立探索革命道路的勇气，为八一精神的孕育提供了丰厚的土壤，为其形成提供了主观条件。

二、八一精神的内涵

近年来随着"红色文化热"的兴起，各地对革命精神的研究热情高涨，对八一

---

① 南昌八一起义纪念馆.南昌起义［M］.北京：中共党史出版社，2009:82
② 南昌八一起义纪念馆.南昌起义［M］.北京：中共党史出版社，2009:82

精神的研究也越来越多地得到学界的关注，对八一精神的内涵概括仁者见仁，智者见智。从精神文化的特质分析八一精神的本质内涵，集中体现在四个方面：

1. 敢于斗争

1927年，正当北伐战争顺利发展的时候，代表帝国主义和大地主大资产阶级利益的蒋介石集团和汪精卫集团先后发动"四一二"反革命政变和"七一五"反革命政变，大肆屠杀共产党人和革命群众。在革命遭受严重损失的严峻形势下，在强大的敌人面前，是屈服还是反抗，是放弃革命还是用武装的革命反抗武装的反革命，成了每个革命者面临的选择。"中国共产党和中国人民并没有被吓倒，被征服，被杀绝。他们从地下爬起来，揩干净身上的血迹，掩埋好同伴的尸首，他们又继续战斗了。"[①]

为了反抗国民党反动派的屠杀政策，1927年7月下旬，中共中央决定，集中自己掌握和影响的部分国民革命军在南昌进行暴动。为此，中共中央成立了以周恩来为书记，由李立三、恽代英、彭湃等组成的前敌委员会，领导武装起义。以周恩来为首的前敌委员会，面对强势的敌人，临危受命，以大无畏的革命胆略和勇气，积极组织武装暴动。即使面对张国焘带来共产国际认为起义如果有成功的把握才可举行，否则不要举行的意见，前敌委员会依然能够根据形势判断坚持自己的主张，举行起义。这反映了我党能够克服共产国际不切实际的外来干扰，独立思考、敢于担当、敢于斗争的能力，这种能力后来一直为我党所保存。8月1日，在以周恩来为首的前敌委员会领导下，贺龙、叶挺、朱德、刘伯承等率领党直接掌握和影响的2万余人军队举行南昌起义，全歼守敌3000余人，占领南昌城。建国后，朱德在回忆南昌起义时说："这是党独立领导革命和独立领导武装斗争的开始。"

在中国革命处于低潮的白色恐怖下，中国共产党打响了武装反抗国民党反动派的第一枪，用血与火的誓言宣告了中国共产党敢于斗争的革命精神。敢于斗争的品质使我党有了自己的军队，掌握了革命力量。

---

① 毛泽东.毛泽东选集（第3卷）［M］.北京：人民出版社，1991:1036

2. 听党指挥

党对军队的绝对领导，是人民军队诞生之日开始就铸入的建军之魂。中国共产党如何独立领导革命队伍，是南昌起义一开始就遇到并亟待解决的全新课题。南昌起义时，党在起义部队中大约有3000名共产党员。其中，第四军第二十七师第七十五团，共产党员约占10%—12%。在大革命即将失败的紧急关头，一些党员疏散到军队中。当时张发奎同唐生智有矛盾，同意共产党员进入他的部队，因此在以原张发奎的部队为主的起义军中，共产党员的数目还是比较多的。在准备起义时，党曾经制订出以下几种方案：一是各部队中的党员不带走部队，而是自己离开部队，并带走受影响的士兵，到指定的集合点，组成新部队，开赴广东。预计新部队在5000人左右。^①这个方案被否决了。二是把部队带走，方法是由担任军事指挥员的共产党员带走他指挥的部队。如共产党员营长带走他所指挥的那个营，以此类推。然后再由这些单独的连、营、团组成新的部队。这个方案坚持了比较长的时间，最后还是被推翻了。三是控制现有部队，撤换非共产党员的团长和师长，然后开赴南方。最后实行的是第三种方案，表明在南昌起义后，党组织试图完全控制部队，以达到南下广东建立革命根据地、重新北伐的目的。前敌委员会作为最高领导机关，保证党对起义军最高领导权的掌握。在前委领导下，起义部队各军、师设立了党代表，团、营、连三级设立了政治指导员。当时虽然没有明确提出"党对军队绝对领导"的概念，但起义的实际工作已经把党对军队的绝对领导作为一项重要原则来实施。之后，以毛泽东为代表的中国共产党人，创造性地把党对军队的绝对领导，作为军队建设的首要原则确立下来。随着人民军队诞生，听党指挥实现党对军队绝对领导这一建军之魂，一直伴随着人民军队由小到大、从弱到强，不断走向胜利。

起义总指挥贺龙在起义前就向党表示，"我完全听共产党的命令，党要我怎么干我就怎么干"，并在南下途中和郭沫若等人加入了中国共产党。起义军南下失利后，他根据党的指示，与起义军第三师师长周逸群到湘西继续开展和领导革命武装斗争，

---

① 中共中央党史研究室第一研究部.联共（布）、共产国际与中国苏维埃运动（1927—1931）第7卷［M］.北京：中央文献出版社，2002:42

建立了工农红军和湘鄂边苏区。起义南下后，朱德、陈毅率领防守三河坝第二十五师余部，于10月上旬转战到饶平茂芝。朱德在这里召开干部会议，他介绍了起义军在潮汕失利的情况后，说："我是共产党员，我有责任把八一南昌起义的革命种子保留下来，有决心担起革命重担，有信心把这支革命队伍带出敌人包围圈，和同志们一起，一直把革命干到底。"会议决定，由于与上级的联系已断，要尽快找到党。①10月底，朱德、陈毅率领起义部队转战到信丰、大余，同地方党组织接上了头。在大余，由陈毅主持整顿了党团组织，加强党的基层工作。由于整顿了党团组织，增强了纪律性，巩固了部队，从而为后来发动湘南起义，上井冈山和毛泽东领导的秋收起义部队会师，创造了组织上的条件。

纵观南昌起义爆发到朱德、陈毅率领起义军余部及湘南农军上井冈山的整个过程，不难发现，这支部队是听从党的命令，为党的事业而坚决同敌人战斗的部队。部队中的党组织和党员、团员是核心。尤其是朱德、陈毅率领的起义军余部，经过"赣南三整"，为探索党领导下的人民军队建设积累了宝贵的经验。

3. 为民奋斗

全心全意为人民服务是党的宗旨，在中国共产党的领导下，南昌起义"为最苦人民的奋斗""力谋民众利益"的暴动主张，鲜明体现了党的宗旨和人民军队区别于一切旧式军队的标志。

南昌起义的根本纲领是土地革命。南昌起义前夕，中共中央致前委信中指出："南昌暴动，其主要意义，在广大的发动土地革命的争斗"，起义后颁布的政纲明确要"坚持三大政策的三民主义，确立革命根据地，继续不妥协地反对帝国主义，实行土地革命，废除苛捐杂税，积极预备实力，以扫除蒋、唐等新军阀"，表明了为民奋斗的坚决的政治态度，进一步阐明"我们的党只有坚决的站在这个土地革命的立场，才能领导这一革命洪流前进"。在南下的路上以《农民解放条例》的形式把"没收五十亩以上的大地主的土地，耕者有其田"确立为党的土地纲领。南昌起义不仅在中

① 中共中央文献研究室.朱德年谱（1886—1976）［M］.北京：中央文献出版社，2006:91

国共产党的历史上第一次明确公开提出以土地革命为党的行动纲领，而且正式公布了党的历史上第一个土地革命纲领，标志着党的土地革命纲领和政策的初步形成。

　　起义胜利当天，贴满南昌城的标语就有"实行土地革命，废除苛捐杂税，维护工农利益"。1927年8月3日，江西《工商报》发布的《叶挺告第二方面军同志书》中说道："我们的士兵又全部出身穷苦无告无业被难的工农群众当中，他们明白了为最苦人民的奋斗，也就是为自己利益奋斗。"就把这支新军队的特性广而告之于天下，表明这支军队是有别于一切反动派的军队，是为人民谋利益、为人民牺牲奋斗的军队。南征途中贺龙颁布《兼代第二方面军总指挥贺龙告全体官兵书》："我们此次革命的行动，既是为实行土地革命，解决农民问题而奋斗，自然就是为解决我们自身问题而奋斗。"严明的革命纪律是区别于旧军队的重要标志。8月5日，贺龙总指挥以命令的形式颁布了起义军的行动准则，要求部队"照得本部各军，富于革命精神；此次南昌起义，原为救国救民；转战千里来粤，只求主义实行；对于民众团体，保护十分严谨；对于商界同胞，买卖尤属公平；士兵如有骚扰，准其捆送来营；本军纪律森严，重惩绝不姑徇；务望各安生业，特此郑重声明。"随后南下途中，根据该准则又要求官兵要"守纪律不扰民"，"不准到乡村中去骚扰"，也不能擅自拿老百姓的鸡鸭。朱德在三河坝向群众公开宣布了起义军的几条具体纪律："不拉夫，不抽饷，不住民房，不住商店；要公开交易，不拿群众一针一线，希望商店开门做生意"，等等。从这些纪律要求不难发现，起义军一开始就注重以维护人民群众利益为目的进行纪律建设，对侵犯人民群众利益的人和事，严格执行纪律，充分体现了为民奋斗的新型人民军队的宗旨。

4. 百折不挠

　　南昌起义，标志着中国共产党开始走上武装斗争的道路。尽管大革命时期中国共产党人积累了一些军事斗争的经验，以叶挺为团长的独立团作为北伐军的先遣团立下了赫赫战功，但这是在国共合作条件下的北伐军中取得的，共产党还没有自己独立领导的军队。因此，建立自己领导的军队，形成自己军队的战略战术原则，中国共产党还需要一个艰难探索的过程。起义军在向广东进军途中，遭到国民党军的重兵围攻，部队损失严重，有些人动摇、革命意志不坚定，甚至离开了革命队伍。

朱德率领的驻守三河坝的第二十五师在敌人重兵围攻下伤亡很大，撤出三河坝时尚剩两千余人，当部队到达潮州东部饶平县城以北的茂芝时，与潮州、汕头地区撤退下来的起义军二百多人相遇，人数有二千五百余人。粟裕回忆说："当时我们这支队伍的处境极为险恶。敌人的大军压境，麋集于潮汕和三河坝地区的国民党反动军队有五个多师，共四万人左右，气势汹汹，企图完全消灭我军，扑灭革命火种。从内部来说，我们的部队刚从各方面汇合起来，在突然遭到失败的打击之下，不论在组织上还是思想上都相当混乱。"1927年10月下旬，起义部队到达赣南安远天心圩，朱德召开全体人员大会，强调说："虽然大革命失败了，我们的起义军也失败了，但是，我们还是要革命的。要革命的跟我走；不愿继续奋斗的可以回家！不勉强！只要有十支八支枪，我还是要革命的！"他举了一个例子："1927年的中国革命，好比1905年的俄国革命。俄国革命在1905年失败后，是黑暗的，但黑暗是暂时的。到了1917年，革命终于成功了。中国也会有个'1917年'的。只要保存实力，革命就有办法。你们要相信这一点。"针对部队存在的悲观情绪，陈毅开导大家："南昌起义是失败了，南昌起义的失败不等同于中国革命的失败。中国革命还是要成功的。我们大家要经得起失败局面的考验，在胜利发展的情况下，做英雄是容易的，在失败退却的局面下，做英雄就困难得多了。只有经过失败考验的英雄，才是真正的英雄。我们要做失败时的英雄。"朱德、陈毅的模范带头和耐心说服教育，坚定了部队干部，展示了战胜困难的信心，使部队渡过了最艰难的阶段，走上了新的发展通道。1928年1月，朱德、陈毅率领南昌起义余部从粤北战役到湘南，在中共湘南特委和农军的配合下，发动湘南起义。起义军占领宜章后，成立了工农革命军第一师，朱德任师长，陈毅任党代表。此后，宜章、郴州、耒阳、资兴、永兴等县，均在武装起义的基础上成立苏维埃政府，工农革命军很快发展到1万余人。1928年4月，朱德、陈毅率领南昌起义军余部和湘南起义农军上了井冈山，与毛泽东领导的部队实现了历史性的会师，编为工农革命军第四军（不久改称红军第四军），为革命斗争的新发展创造了新条件。

在部队失利的情况下，面对险恶的敌情，依然能够坚持斗争，经受住考验，是南

昌起义部队的突出特点，也是八一精神的重要内涵。

三、八一精神的历史地位

"南昌首义诞新军，喜庆工农子弟兵"，九十年前的南昌起义以中国共产党独立领导打响武装反抗国民党反动派第一枪的伟大壮举，以创建新型人民军队的重要贡献永载史册。八一精神源自南昌起义的伟大实践，所蕴含的坚定信念、听党指挥、百折不挠、独立自主、勇于胜利的丰富内涵启迪了井冈山精神、苏区精神等中国革命精神，在中国革命史上具有不可忽略的历史地位。

1. 八一精神是马克思主义中国化进程的积极成果

马克思主义中国化是马克思主义的普遍真理同中国革命和建设具体实践相结合的历史过程。中国共产党从诞生之日起，就开始了把马克思主义和中国实际相结合的历史。大革命失败的严峻形势，对中国共产党人如何坚持马克思主义的指导，谋求中国革命的胜利，提出了一次历史的考验。置身于中国近现代历史发展的全景，追溯马克思主义中国化的历程，南昌起义是在中国革命由高潮转入低潮，共产国际对起义缺乏信心的情况下，在全党和全国人民面前竖起了一面武装斗争的旗帜，对中国革命的许多重大问题进行了探索性的实践，折射出中国共产党独立领导中国革命的勇气和谋略，展示了共产党人独立自主、不畏强暴、敢于胜利的八一精神，成为马克思主义中国化进程中的积极成果。

土地革命是中国革命的基本内容，是马克思主义中国化的突出成果。南昌起义的根本纲领是土地革命，并以军事力量推动土地革命的实现。《中央委员宣言》指出，"本党获得广大农民群众参加革命，始能巩固革命之基础"。其中"继续为反帝国主义与实行解决土地问题奋斗，……以此种革命主张号召天下，唤起民众"成为所提出的七项奋斗主张之一。起义过程中，中共中央临时中央常委和起义领导人明确提出以土地革命为政治纲领和主要口号，如"南昌暴动的主要意义，就是要继续没收土地的斗争，实行土地革命""中国的国民革命，第一个使命就是要实行土地革命。……我们此次革命的行动，既是为实行土地革命，解决自身问题而奋斗，自然就是为解决我们自身问题而奋斗"。朱德、陈毅率领从三河坝撤出来的部队在湘南地方组织的配合下于1928年年初发动湘南起义，在夺占的地区进行"插标分田"，把土地革命的口号真正付诸实施。

八一精神是中国共产党在对中国革命道路的初步探索基础上形成，南昌起义开始把武装斗争和土地革命结合起来，在具体实践过程中根据国情和实际，不断探索适合的革命道路。正如《关于建国以来党的若干历史问题的决议》指出，"中国革命的胜利，从根本上说是中国共产党坚持独立自主、自力更生的原则，依靠中国各族人民自身的力量，经历千辛万苦，战胜许多艰难险阻才取得的。"

2. 八一精神是人民军队的建军之魂

党的绝对领导，是从人民军队诞生之日起就开始铸就的建军之魂。"党对军队绝对领导原则"的确立和实践是中国共产党对"通过暴力革命打碎旧的国家机器"重要原则的正确运用，是马克思主义基本原理和中国革命实践相结合形成的党军关系的中国特色。"中国人民解放军军魂的铸造，起源于南昌，初铸于三湾，形成于古田，定型于延安。"听党指挥是八一精神的特质与灵魂，坚持党对军队的绝对领导，是人民军队的立军之本和不朽军魂。

南昌是人民军队军魂的发源地。南昌起义是中共中央根据时局的突变决定的，起义的全过程呈现了"听党指挥"的格局。中国共产党如何独立领导革命队伍，是南昌起义一开始就亟待解决的全新课题。为了加强党对起义部队的领导，中共中央首先成立了以周恩来为书记的中共前敌委员会作为起义军的最高领导机关，贯彻执行中央的决定，负责组织和领导南昌起义，确保党对起义军最高领导权的掌握。准备南昌起义时，将一些党员疏散到军队中，采取"控制现有部队，撤换非共产党员的团长和师长，然后开赴南方"的方案，表明党在南昌起义后准备完全控制部队，以达到南下广东建立革命根据地、重新北伐的目的。在整个起义过程中，总指挥贺龙作为党影响下的进步武装力量和国民党左派人士的代表，始终听从党的指挥，坚定团结在前委周围，贺龙、郭沫若在部队南下抵达瑞金时，加入了中国共产党。朱德率领第二十五师向闽西、赣南转移，途中面对斗争环境的严酷考验，在赣南进行了著名的"赣南三整"，其中大庾整编的重点就是加强党对部队的领导。整编过程中，党、团员重新登记，成立了党支部，"当时部队还有共产党员五六十人，不到群众的十分之一。那时候虽然不懂得应当把支部建在连上，但还是实行了把一部分党团员分配到各个连队中去，从而加强了党在基层的工作，这是对这支部队建设具有重大意义的一个措施。"由于整顿了党团组织，加强了党在基层的力量，增强了纪律性，为后来发动湘南起义，与秋收起义部队会师，创造了组织上的条件。

纵观南昌起义爆发到朱德、陈毅率领起义军余部上井冈山的历史过程，充分显示出南昌起义部队听党指挥的特质，三湾改编形成了党对军队绝对领导的制度框架，古田会议确立了党对军队绝对领导的根本原则和制度，为建立新型人民军队奠定了坚实的基础，以听党指挥为特质的八一精神成为人民军队的军魂。

3. 八一精神是中国革命精神的实践起点

中国共产党的历史是革命精神不断弘扬的历史，新民主主义革命时期中国共产党在革命实践中形成的诸多具体表现形态的革命精神，成为不同时期具有里程碑意义的历史坐标。"八一功在第一枪"，南昌起义最大的历史功绩是创建了一支中国共产党领导下的人民军队，伟大壮举的精神动力源自"敢为人先"的英雄气概。八一精神见证了南昌起义"是一次伟大的武装革命壮举，是中国革命由大革命的失败到土地革命战争兴起的历史性转折的开始"，是在武装斗争、土地革命和根据地建设三个方面进行的具体实践，标志着创建人民军队的开始，标志着中国共产党开始尝试独立建立革命根据地和走上武装斗争道路的新时期，具有开创性和实践性。八一精神成为中国革命精神的实践起点。

"中国革命精神的孕育和形成，是在为实现中国革命主导型目标和价值目标而奋斗的条件下发生的"。南昌起义部队在南下途中以《农民解放条例》的形式把"没收五十亩以上的大地主的土地""耕者有其田"确立为党的土地纲领，在中国共产党的历史上第一次明确公开提出以土地革命为党的行动纲领，正式公布了党的历史上第一个土地革命纲领。大量的史料和南昌起义后的实践证明，当时我党已经认识到革命必须要建立根据地。《兼代第二方面军总指挥贺龙告全体官兵书》中指出："保存我们真正革命的力量，发展我们真正革命的力量，建设革命的新根据地"，虽然由于主力失利，设想未能实现。起义军在对中国革命进行探索的南下途中，许多同志认识到要深入农村，武装农民，实行土地革命和建立农村革命根据地。如朱德在率部转战湖南的过程中产生了"一定要跟农民运动结合起来，找一个站脚的地方"的思想。可见，南昌起义后，中国共产党在革命指导思想上比大革命时期有了重大突破和发展，中共中央已经认识到中国革命进入了"土地革命的阶段"，有了以武装斗争开展土地革命的思想。中共中央还提出了"农会政权的斗争和土地革命必需革命的武装才能保障其胜利"的思想。这些思想的提出为开辟"农村包围城市，武装夺取政权"的革命道路提供了实践基础和理论依据。

新民主主义时期，中国共产党创造和培育的红船精神、八一精神、井冈山精神、苏区精神、长征精神、延安精神、西柏坡精神等一脉相承，构成了一个不可或缺的整体链条，八一精神是其中的光辉一环。如果说红船精神是中国革命精神的历史起点，那么八一精神是在打响第一枪、创建一支人民军队，走上一条正确道路和造就一批杰出将帅的历史史实基础上，成为中国革命精神的实践起点。

第三节　八一精神的时代价值

南昌起义是中国共产党在实践中探索马克思主义中国化的一次尝试，是党在革命中寻求救国救民道路的一次创举，在中国革命史上具有重要的地位。八一精神丰富和发展了中华民族精神，是中国共产党革命精神链条上的重要一环。在新的历史条件下，弘扬八一精神对传承红色基因，培育社会主义核心价值观和坚定文化自信具有重要的作用。

一、为高校思想政治教育提供了红色文化教育资源

在经济全球化、文化多样化、价值多元化的今天，不同社会群体对红色文化的感知程度和认同程度有所不同。尤其是年轻一代在当下流行文化和文化霸权的冲击下，

容易对红色文化产生认同危机。因此红色文化建设关乎民族精神的坐标和社会发展的导向。世界上任何一个民族的发展与强大，都离不开本民族的历史文化中所拥有的独特民族精神和文化传统。通过加强红色文化建设和传播，培育当代国人对红色文化的认同感，增强凝聚力，是实现文化自信的前提。

江西是中国革命的发源地，也是红色文化的发源地。八一精神的本体是南昌起义，南昌起义孕育了八一精神。在中国革命史上，南昌起义位列三大起义之首，它打响了第一枪，创建了一支人民军队，走上了一条正确道路，造就了一批杰出将帅，铸就了伟大的八一精神，以对人民军队的开创之功而永垂青史。[1]毛泽东同志在《战争和战略问题》一文中论述人民军队创建历史时指出："……有了南昌起义、秋收起义和广州起义，进入了创造红军的新时期。"中国共产党在1927年扛起武装起义的光辉旗帜，孕育了人民军队，随后在江西这片红土地上相继诞生了中国革命的摇篮和人民共和国的摇篮。红色文化是中国共产党波澜壮阔的革命史、艰苦卓绝的斗争史和舍生忘死的英雄史的集中体现，是中华民族的精神品质和党的优良传统作风的集中体现，是建设和发展中国特色社会主义的强大精神支柱。八一精神是中国共产党早期在创建革命军队和探索独立领导武装斗争的过程中培育的红色精神，是党在新民主主义革命时期培育的中国革命精神链条上不可或缺的一环，它继承了中华民族优秀文化传统和美德，启迪了井冈山精神、长征精神和延安精神等红色精神，使我们的民族精神不断传承和升华，无愧于中国革命之源，是红色文化的重要基石。

高校承担着人才培养、科学研究、服务社会和文化传承的使命，思想政治教育是人才培养的基础，是高校办学的重要内容。文化传承是红色文化教育价值的重要维度，但文化传承不是机械性、工具性、程序性的实物，而是天长日久、潜移默化的涵养和熏陶过程。全球化时代意识形态领域的渗透与反渗透，制约与反制约引发各国的众多关注，多元化的价值观和多种社会思想的影响容易造成人们思想上的迷惑和对马克思主义理想信念的动摇，各种文化思潮和价值观并存的多元文化背景下，高校思想

---

① 余伯流.论八一精神的内涵与军魂的铸造［J］.江西社会科学，2007，（8）:9

政治教育面临着前所未有的挑战。八一精神作为中华民族精神的组成部分，其精神内涵有利于年轻一代理想信念的培育，科学世界观、人生观、价值观的确立。因此，将红色文化教育贯穿于育人各个环节，是红色文化传承的有效途径。将八一精神融入思想政治教育工作中，对高校师生树立坚定的理想信念具有教育和指导作用，可以引导师生培养锲而不舍的进取精神和勇于开拓创新的意识。八一精神所承载的南昌起义这段恢宏的历史，有着丰富的教育内容，不仅包括各种制度、物质文化，还包括共产党人在革命斗争中所形成的坚定的理想信念，敢于斗争、敢于胜利的勇气，百折不挠的意志，等等，这都将有效地丰富思想政治教育的内容，增强其感染力和说服力，从而提高思想政治教育的实效性。同时，南昌起义过程中的遗址、文物、纪念馆展陈等等红色文化资源，可以为青年学生提供鲜活的学习素材和广阔的体验阵地，采用参观革命遗址、纪念馆等实地教学形式，青年学生可以通过实践锻炼法、榜样示范法从实践中感悟革命精神，透过革命先烈的英雄壮举和高尚的革命情操感染自己、净化心灵。八一精神的思想内涵和先进文化价值，折射出共产党人和人民军队的革命精神和优良作风。中国共产党人在南昌起义中所表现出来的理想信念、政治立场、价值追求和精神品质，不仅为培养青年学生的职业精神提供了思想政治教育的素材，也为高校校园文化建设提供了极好的优质文化资源和本源性理论支撑，有助于形成文化育人的良好氛围。

二、为江西红色文化品牌的打造提供精神支撑

文化是一个地区的灵魂和内涵，是一个地区品格的象征。打造文化品牌是提升文化知名度的关键所在。江西这片神奇的土地素有物华天宝、人杰地灵的美誉，造就了江西人自强不息、威武不屈的坚强品质。在中国共产党率领全国人民谋求民族独立和人民解放的新民主主义革命进程中，江西大地上展开的波澜壮阔的革命斗争在中国革命的历史画卷上描绘了英勇无畏、永不言败的奋斗篇章，为赣鄱大地留下了极为丰富的红色文化资源。众所周知，江西具有"红色""绿色""古色"的省情特点，而红色江西凸显了江西在中国革命历史上的地位和重大贡献。红色江西承载着中国共产

党人革命斗争的开端性实践，与中国共产党的成长、人民军队的壮大和中国革命的发展与胜利客观真实地联系在一起，成为新中国永恒的红色记忆。江西红色文化品牌的打造不仅可以传播历史正能量，而且通过"八一""井冈山""苏区""长征"等一个个红色文化品牌的打造，一方面可以增强江西人民的自豪感，塑造全民自尊、自强的社会心理，另一方面可以让外界更好地了解江西的红色文化并产生强烈的认同、钦佩和敬慕之情，从而有力地提升江西文化的知名度和美誉度，增强江西红色文化软实力。

中国革命精神是红色文化最核心的内容，在江西红土地上孕育起来的八一精神、井冈山精神、苏区精神、长征精神等与时代精神紧密相连，见证和记录着中国精神的成长轨迹，体现了中华民族的集体意志和价值信念，构筑着当代中国发展的强大精神支柱和全国人民共有的精神家园。八一精神孕育于南昌起义，是中国共产党在大革命危急关头，探索独立领导武装斗争和创建革命军队的过程中铸就的革命精神，它上承中华民族优秀文化传统和美德，下启井冈山精神、长征精神和延安精神等革命精神，是党在革命战争年代培育的中国革命精神链条上不可或缺的一环。以坚定信念、听党指挥、百折不挠、敢于斗争等为内涵的八一精神，见证了中国革命的风云变幻和人民军队从创建到壮大的光荣历史，使伟大的民族精神不断得到传承、锤炼和升华，不仅是江西红色文化的重要基石，而且是江西重要的红色文化品牌，描绘了江西独具特色的精神品格。

文化品牌代表着一种价值观、一种品位和一种生活方式，具有鲜明的地域性，它的独特魅力在于帮助人们去寻找心灵的归属，放飞人生的梦想，实现他们的追求。一个响亮的文化品牌是一个地区宝贵的资产和资源，是推动地区经济社会发展的无形动力。在中国革命史上，南昌起义的历史功绩是彪炳显赫的。毛泽东同志在《战争和战略问题》一文中论述人民军队创建历史时指出："南昌起义、秋收起义和广州起义，进入创建红军的新时期。"南昌起义位列三大起义之首，它继承了中华民族自强不息、不畏艰险的优良传统，打响了第一枪，创建了一支人民军队，走上了一条正确道路，造就了一批杰出将帅，铸就了伟大的八一精神，以对人民军队的开创之功而永垂青史。南昌起义在革命道路的探索中证明了"枪杆子里面出政权"的伟大真理，打响第一枪的英雄创举开创了中国革命的新纪元。八一精神把马克思主义作为指导思想，以中华优秀传统文化为基础，充分体现了推动传统文化向现代文化转型的高度自觉性，体现了中国共产党人不畏强暴、敢于斗争、敢为人先的革命首创精神，是中国革命和建军史上的一座伟大丰碑，具有不可替代的文化品牌价值。

八一精神不仅是一种意识形态，更是一种文化战略资源，是江西红色文化品牌的内核之一。集中华民族优秀文化与先进政党品质于一体的八一精神作为民族精神的一种具体体现，不仅是新民主主义革命与社会主义革命和建设的强大思想武器，也为江西全面建成小康社会的崛起征程，提供了强大的精神动力。

三、为新时期党的建设提供了政治保证

八一精神是中华民族精神、革命精神和时代精神的升华，是中国共产党人崇高理想信念、优秀政治品格和积极精神风貌的结晶，是我们党宝贵的精神财富和巨大的政治优势。党的十八大报告明确指出："建设学习型、服务型、创新型的马克思主义政党，确保党始终成为中国特色社会主义事业的坚强领导核心。"这是新形势下全面提高党的建设科学化水平的新要求，也是全面加强和改进党的建设的新部署。在党和国家各方面工作迈向发展新常态的形势下，传承和弘扬八一精神，对于全面从严治党，推进党的建设新的伟大工程，有着重要的现实意义和深远的历史意义。

党的十八大报告指出："对马克思主义的信仰，对社会主义和共产主义的信念，是共产党人的政治灵魂，是共产党人经受住任何考验的精神支柱。"众所周知，南昌起义前贺龙是闻名沙场的北伐名将，南昌起义中，贺龙虽然不是中共党员，但是他坚决服从共产党的领导，对部下明确表示："我们今天要重新树立革命的旗帜，反对国民党反动政府，打倒蒋介石。我们今后要听从共产党的领导，绝对服从共产党的命令。"在部队南征的路上，加入了中国共产党。1927年10月到11月间，面对与上级组织失去联系、官兵饥寒交迫得不到必需的供应和治疗的困境，尤其是部队人数由撤出三河坝时的2500多人骤减至千余人，部队面临瓦解的危急时刻，一些人的革命意志

开始动摇，朱德在安远县天心圩通过对部队进行思想整顿来凝聚部队斗志，对革命充满坚定信心而选择留在部队的七八百人尽管人数不多，却是革命的精华，经过严峻的考验，成为一支自觉奋斗的坚强队伍，在1928年4月与毛泽东领导的秋收起义部队在井冈山胜利会师，开创了中国革命的新局面。坚定的理想信念和革命必胜的信心是战胜艰难困苦的力量源泉和精神动力。南昌起义部队的革命历练印证了习近平总书记在2013年全国组织工作会议上指出的："理想信念坚定，骨头就硬，没有理想信念，或理想信念不坚定，精神上就会'缺钙'，就会得'软骨病'。"中国共产党从创建之日开始由小到大，由弱到强，领导人民以压倒一切敌人、战胜一切困难的大无畏英雄气概，坚定不移地推动中国革命、建设事业前进，靠的就是坚定理想、百折不挠的奋斗精神。建立学习型政党，首先要解决部分党员、干部理想信念淡漠，精神懈怠的问题，通过传承和弘扬八一精神，坚定共产主义理想和信念，推进学习型马克思主义执政党的建设。

政党的性质和宗旨是政党的本质属性和鲜明特征，决定着执政活动变化和发展的方向。一切从人民的利益出发，全心全意为人民服务，是中国共产党的本质特征，这也是中国共产党区别于其他任何政党的显著标志之一。中国共产党的奋斗史，就是一部全心全意为人民服务的发展史。为民奋斗是八一精神的重要组成部分，南昌起义不仅是为了打响反对国民党反动派的第一枪，也是通过开展土地革命，实现耕者有其田，以此实现人民的真正解放。在组织发动起义的政策宣传中，常见"为最苦人民奋斗""力谋民众利益""解放工农"等内容，南昌起义总指挥贺龙在《告全体官兵书》中郑重承诺："我们此次革命的行动，即是为实行土地革命，解决农民问题而奋斗。"起义胜利当天，贴满南昌城的标语就有"实行土地革命，废除苛捐杂税，维护工农利益"，清楚地表明南昌起义将士救国救民、为民奋斗的宗旨。1927年8月2日革命委员会就职典礼上提出了"拥护民众利益""完成国民革命"等革命口号，正是因为始终代表广大工农群众的根本利益，共产党受到群众的热烈欢迎，得到群众的广泛支持。良好的军纪不仅是树立部队良好形象的需要，更是维护群众利益、争取群众支持的重要保障。贺龙严明军纪，要求士兵"对于民众尤其是对于一般贫苦工农大众，应加以保护，反对拉夫，对于商民也应该切实保护，不应该强买强卖。"表明这支部队是为人民谋利益、为人民牺牲奋斗的军队。为了维护人民的利益，部队挨饿行军，也不动用老百姓的粮食，被群众称之为"仁义之师"。现阶段部分党员、干部宗旨意识淡漠，存在脱离群众的危险倾向。建设服务型马克思主义执政党，要求全党以全心全意为人民服务为根本宗旨，始终把人民放在心上，以立党为公、执政为民为根本执政理念，把服务人民作为主要职责和工作任务，通过不断提高服务人民的能力和水平，来提高党的领导力、管理力和凝聚力。

创新是一个政党永葆生机的源泉，是党的事业发展的不竭动力。中国共产党成立以来，把马克思主义与中国革命的具体实践相结合，领导人民从南昌走上井冈山，走向延安，走向西柏坡，走向北京。南昌起义是中国共产党人掌握和在实践中运用马克思主义的开始，更是大革命失败后中国共产党寻找革命新道路的起点。勇于创新的大无畏革命精神是八一精神的核心内容，大革命失败的惨痛教训，不仅使中国共产党人认识到掌握革命武装的极端重要性，而且认识到土地革命的重要性，开始探索一条适合中国国情的革命道路，拉开了土地革命战争的序幕，开辟了中国革命的新时期。正是凭着勇于创新的政治品质，南昌起义成为创建党领导下的新型军队的开始，初步确立了党领导军队的原则，开创了在敌强我弱态势下适合人民军队的战略战术，并且进行了中国共产党领导统一战线的首次尝试。在南昌起义的组织、发起过程中，中共中央和起义领导者以勇于创新的胆识十分明确地提出南昌起义要以土地革命为政治纲领和主要口号。南昌起义在继承了中华民族光荣传统的基础上，以自己的革命实践证明了"枪杆子里面出政权"的伟大真理，以武装反抗国民党蒋介石屠杀政策、打响第一枪的英雄创举，开创了中国革命的新纪元。传承和弘扬八一精神，有助于推进创新型马克思主义执政党的建设。

四、为新时期人民军队建设提供了精神动力

中国人民解放军是用马克思主义思想武装起来的革命队伍，具有坚定的革命信念、优良的革命作风、崇高的精神境界和价值追求。这支军队在中国共产党的领导

下，战无不胜，创造出世界军事史上一个又一个奇迹。人民军队诞生于南昌起义的战火，在八一精神的指引下逐步走向成熟。人民军队继承了中华民族文化传统的精华，把马克思主义同中国革命战争、人民军队建设实践结合起来，形成了一系列具有中国特色的军事方针、原则、纪律和战略战术。军队的核心价值决定了这支军队的未来走向和命运。人民军队的核心价值是人民军队履行党和人民赋予的历史使命，是人民军队的内在灵魂。人民军队要想始终走在时代前列，坚定理想信念是关键。南昌起义是中国共产党在自己控制和影响的部分国民革命军中组织发动的，组建了自己的军队。在这一过程中，党对军队绝对领导的建军原则得以确立，实现了党指挥枪，这是人民解放军90年建军史的基本经验和必然结论，是人民解放军的立军之本、建军之魂。人民军队之所以能够取得一个又一个胜利，根本原因是在于坚持马克思主义思想的指导，任何时候都没有动摇和放弃过革命信念。在和平建设时期，人民军队仍然是坚持党对军队的绝对领导，根本目标是保证人民当家作主，维护和巩固政权，保卫国家的安全。

2017年7月30日，习近平总书记在庆祝中国人民解放军建军90周年阅兵的讲话中指出："历史充分证明：我们的人民军队不愧是听党指挥的英雄军队，不愧是忠心报国的英雄军队，不愧是为中华民族伟大复兴英勇奋斗的英雄军队。"八一精神中所体现的听党指挥、为民奋斗的优良传统就是人民军队的军魂和核心价值的体现。在新时期人民军队建设中，充分发挥八一精神的价值引领作用，可以不断增强军队的凝聚力、战斗力。人民军队从胜利走向胜利，彰显了中国共产党领导的伟大力量。毛泽东同志曾经指出："我们的原则是党指挥枪，而决不容许枪指挥党。"党对军队绝对领导的根本原则和制度，发端于南昌起义，奠基于三湾改编，定型于古田会议，是人民军队完全区别于一切旧军队的政治特质和根本优势。人民军队从南昌起义中创建而来，秉承了共产党人的优秀品格和革命传统，旗帜鲜明地提出了土地革命的口号，目的就是尝试将武装斗争与土地革命相结合，为人民谋利益。毛泽东同志在讲到人民军队的宗旨时指出："紧紧地和中国人民站在一起，全心全意地为中国人民服务，就是这个军队的唯一宗旨。"在南昌起义中形成的八一精神所蕴含的为民奋斗的精神品质，引领人民军队逐步确立了全心全意为人民服务的宗旨意识，在党的坚强领导下，在血与火中推翻了三座大山，建立了新中国，成为国家富强、民族复兴和人民幸福的坚强卫士和钢铁长城。八一精神中勇于开拓的革命勇气契合了新时期人民军队的强军目标与追求。中国共产党在大革命失败的危急关头，领导发动南昌起义，打响了武装反抗国民党反动派的第一枪，开辟出"武装的革命反对武装的反革命"的新局面，探索出"枪杆子里面出政权"的正确道路，敢于斗争成为八一精神的显著特征。人民军队在南昌起义及其后来的革命斗争和建设、改革事业中，始终继承和发扬敢于斗争、勇于开拓的大无畏精神，八一精神"犹如一块基石，中国共产党构造的人民军队精神大厦，就建筑在它的基础上"。八一精神在人民军队发展进程中具有无可替代的历史作用和精神价值，在中国共产党革命精神史上具有极为独特的地位和意义。建设一支"听党指挥、能打胜仗、作风优良"的人民军队是新形势下的强军目标，八一精神以其与人民军队创建、发展水乳交融、不可分割的紧密关系，为人民军队的强军目标提供了强大精神动力，为人民军队走上中国特色强军之路、实现新形势下的强军目标提供了重要保障。

参考文献：

[1] 中共中央文献研究室.中国共产党历史（1921—1949）[M].北京：中共党史出版社，2011.

[2] 南昌八一起义纪念馆.南昌起义 [M].北京：中共党史出版社，2009.

[3] 李康平.江西红色资源开发与教育研究 [M].北京：中国社会科学出版社，2011.

[4] 姜廷玉.关于八一精神的历史基础和深刻内涵 [J].江西科技师范大学学报，2015，（3）.

[5] 王新生.八一精神之我见 [J].江西科技师范大学学报，2015，（2）.

[6] 郭杰忠.八一精神的文化内涵与时代价值 [J].江西科技师范学院学报，2010，（11）.

〔7〕　舒醒.八一精神与江西红色文化品牌的打造〔N〕.江西日报（理论版），2015-7-16.

〔8〕　舒醒.论八一精神与区域红色文化软实力的提升〔J〕.江西科技师范大学学报，2015，（2）.

〔9〕　舒醒.八一精神与高职院校校园文化品牌的塑造〔J〕.职教论坛，2017，（5）.

〔10〕　舒醒.八一精神的党建价值〔N〕.江西日报（理论版），2016-7-18.

〔11〕　舒醒.八一精神的历史地位〔N〕.江西日报（理论版），2017-7-10.

[阅读链接]

中央革命军事委员会命令

——关于决定"八一"为中国工农红军成立纪念日

（一九三三年六月三十日）

　　一九二七年八月一日发生了无产阶级政党——共产党领导的南昌暴动，这一暴动是反帝的土地革命的开始，是英勇的工农红军的来源。中国工农红军在历年的艰苦战争中，打破了帝国主义国民党的历次进攻，根本动摇了帝国主义国民党在中国的统治，已成了革命高涨的基本杠杆之一，成了中国劳苦群众革命斗争的组织者，是彻底进行民族革命战争的主力，本委会为纪念南昌暴动与红军成立，特决定自一九三三年起，每年八月一日为中国工农红军成立纪念日。

　　我们纪念工农红军成立的"八一"日子，正是全世界工农劳苦群众每年举行反帝战争的日子，特别是我们现在决定开始来纪念之时，正是帝国主义新的世界大战与反苏联战争的危险极端紧张，特别是国民党与日本订了卖国的华北停战协定，移兵进攻苏维埃和红军之时，凡我红军军人，更好学习与提高军事学术和政治知识，以造成百万铁的红军，完全粉碎帝国主义国民党四次"围剿"，与帝国主义直接作战，武装拥护苏联，反对帝国主义大战，为苏维埃新中国胜利而奋斗等实际行动来纪念这一光荣日子，此令。

代主席　　项英

　　——选自南昌八一起义纪念馆编《南昌起义》，中共党史出版社，1987年版

中央政府关于"八一"纪念运动的决议

（一九三三年七月十一日）

八月一日是全世界反帝国主义战争纪念日，同时是中国南昌暴动纪念日，中国工农红军即由南昌暴动开始，逐渐在斗争中生长起来。今年的"八一"，正是帝国主义新的强盗战争及反苏联战争的危险极度紧张的时候，正是日帝国主义大规模侵略中国，中国国民党公开出卖东三省热河与华北的时候，同时是全国反帝反国民党运动极大地高涨，苏维埃运动与革命战争得到空前伟大胜利的时候，因此今年的"八一"有着非常伟大的革命斗争的意义，中央执行委员会为了纪念中国工农红军的成立及奖励与优待红军战士起见，特为决议如下：

（一）批准中央革命军事委员会的建议，规定以每年"八一"为中国工农红军纪念日。并于今年"八一"纪念节授与战旗于红军的各团，同时授与奖章于领导南昌暴动的负责同志及红军中有特殊功勋的指挥员和战斗员。

（二）责成内务部人民委员会制定红军家属优待证，发给一切红军战士的家属收执。

（三）在区苏土地部与乡苏之下，组织红军公田管理委员会，管理红军公田的生产收获，及收获品保管等事宜，在区苏土地部与内务部的共同管辖下及在乡苏下组织优待红军家属委员会，管理优待红军家属的一切事宜。

中央政府主席　　毛泽东

副主席　　项英

张国焘

——选自南昌八一起义纪念馆编《南昌起义》，中共党史出版社，1987年版

第三章 井冈山精神

位于江西省西南部，地处江西、湖南两省交界处，罗霄山脉中段的井冈山，被称为"中国革命的摇篮"。1927年，毛泽东率领工农革命军来到井冈山，在这里创建了第一个农村革命根据地，为中国革命开辟了一条"农村包围城市，武装夺取政权"的革命道路，朱德称井冈山是"天下第一山"，彭真称之为"中华人民共和国的奠基石"。在这里创造和培育的井冈山精神，是中国革命精神的源头。中国共产党人创立的这一宝贵精神财富，自井冈山斗争后，生生不息，启迪了苏区精神、延安精神、西柏坡精神等等，在革命峥嵘岁月中不断丰富和完善，形成了优秀的革命传统，是中国优秀民族精神的集中反映和重要体现，在中华大地上发挥着巨大的能动作用，成为社会主义现代化建设的强大精神武器。

第一节 中国革命摇篮的形成

一、井冈山革命根据地的创立

大革命失败后，中国到处布满反革命的血雨腥风。1927年7月中下旬，张国焘、周恩来、李立三、张太雷、李维汉五人组成的临时中央常务委员会作出了与中国革命命运紧密相关的三项重大决策：第一，同意李立三等提出的举行南昌起义的建议，把党所掌握和影响的武装向介于武汉和南京之间的南昌集中；第二，组织湘鄂赣粤四省农民举行秋收起义，并制定了四省秋收暴动大纲；第三，尽快召开中央紧急会议，以审查和纠正党在大革命后期的严重错误，并决定新的路线和政策。

8月1日，南昌起义爆发。为了审查和纠正党在大革命后期的严重错误，决定新的路线和政策，中共中央于8月7日在湖北汉口召开紧急会议（即著名的八七会议）。出席会议的有部分中央委员、候补中央委员、中央监察委员，还有中央军委、共青团中央、中央秘书处、湖南和湖北省委的代表和负责人。共产国际驻中国的代表罗米那兹和另外两个俄国同志出席了会议。会议由瞿秋白、李维汉主持，由于环境险恶，会议只开了一天。会上，共产国际代表罗米那兹作党的过去错误及新的路线的报告和结论，瞿秋白代表中央常委会作将来工作方针的报告。许多同志发言批评中央在处理国民党问题、农民土地问题、武装斗争问题等方面的右倾错误。有的同志还批评了苏联顾问、共产国际代表的一些错误。会议通过《中国共产党中央执行委员会告全党党员书》等文件，要求坚决纠正党在过去的错误，号召广大党员和革命群众继续战斗。会议在着重批评大革命后期以陈独秀为首的中央所犯的右倾机会主义错误及其他错误时指出：（一）中央在同国民党的关系问题上，完全放弃共产党独立的政治立场，实行妥协退让政策；（二）在革命武装问题上，中央始终没有想着武装工农的必要，没有想着造成真正革命的工农军队，甚至主动下令解散工人纠察队；（三）中央没有积极支持和领导农民革命运动，而受国民党领袖恐吓犹豫的影响，不能提出革命的行动政纲来解决土地问题；（四）中央不受群众的监督，党内缺乏民主生活。告全党党员书宣告："我们党公开承认并纠正错误，不含混不隐瞒，这并不是示弱，而正是证明中国共产主义运动的力量。"会议总结大革命失败的教训，讨论党的工作任务，确立了实行土地革命和武装起义的方针。会议选出中共中央临时政治局。苏兆征、向忠发、瞿秋白、罗亦农、顾顺章、王荷波、李维汉、彭湃、任弼时被选为委员；邓中夏、周恩来、毛泽东、彭公达、张太雷、张国焘、李立三被选为候补委员。8月9日，中央临时政治局第一次会议选举瞿秋白、李维汉、苏兆征为常务委员会委员。

在中国革命处于严重危机的情况下，八七会议的及时召开，并制定出继续进行革命斗争的正确方针，使全党没有因极为严重的白色恐怖而惊慌失措，而是重新鼓起同国民党反动派斗争的勇气，从而为挽救党和革命作出了巨大贡献。中国革命从此开始由大革命失败到土地革命战争兴起的历史性转变。

八七会议后，毛泽东同志以中央特派员的身份返回长沙，组织湖南秋收起义。8月18日和30日，在毛泽东同志和湖南省委书记彭公达主持下，中共湖南省委先后召开会议对秋收起义计划作了反复讨论，会议决定以长沙为起义中心，组织包括湘潭、宁乡、醴陵、浏阳、平江、岳州及江西安源等七个县镇的起义。会议决定秋收起义领导机关为直属湖南省委的以毛泽东为书记的前敌委员会，以易礼容为书记的行动委员会，负责组织上述各县工农起义，并在长沙工人起义接应下，配合工农革命军第一师夺取长沙。

由于参加起义的各支武装力量均驻扎在江西境内，毛泽东同志于9月初从长沙到达安源，在张家湾召开军事会议部署起义。起义部队称"工农革命军第一军第一师"，起义部队共编为3个团：第一团是驻江西修水县的部队，以原国民革命军第二方面军总指挥部警卫团为主，加上平江工农义勇队和鄂北崇阳、通城农民自卫军，这是起义主力。第二团是驻江西安源的部队，有安源路矿工人纠察队和矿警队，有江西安福、莲花、萍乡以及湖南醴陵、衡山等县的农民自卫军。第三团是驻江西铜鼓县的部队，有浏阳工农义勇队，有警卫团和平江工农义勇队各一部。起义前夕，还收编了云南军阀残部为第四团，驻扎在修水。全军共5000余人，以原警卫团团长卢德铭为总指挥，余洒度为师长，余贲民为副师长。

9月9日，起义总指挥卢德铭在修水县城向起义部队授旗，秋收起义爆发。起义从破坏粤汉铁路北段开始发动，工农革命军首先破坏武长和株萍铁路，切断敌人的交通运输。当天，第一团从修水出发，向平江长寿街进军。11日，队伍越过平修边界，占领龙门，由于起义前夕收编的邱国轩团投敌叛变，致使第一团损失惨重，团长钟文璋化装逃走，从此下落不明。9月10日中秋之夜，在安源的第二团按部署攻打萍乡。

激战一天未克，改攻老关。12日占领老关之后，乘胜攻占了醴陵。后因遭敌人重兵围攻，部队主动撤出醴陵，于16日占领浏阳县城。由于陷入敌人重重包围之中，损失兵力达三分之二。团长王新亚拖枪出走，下落不明。9月11日，第三团在毛泽东同志的亲自带领下在铜鼓起义，向浏阳进发，当天占领白沙镇，第二天占领东门市，9月13日遭到敌人两个团的进攻，经过六个小时的激战，伤亡较大，为保存革命力量，部队被迫向上坪撤退。至此，工农革命军三路人马分别从修水、安源、铜鼓出发，进入湖南境内，原本要会合平江、浏阳地区的起义农民，准备会攻长沙，但是由于遭到远比自己强大的敌人的进攻，加上兵力分散，结果均处于被动状态，第一团在金坪失利，第二团在浏阳溃败，第三团在东门受挫，轰轰烈烈的秋收起义遭到严重挫折。

在起义军面临全军覆没的关键时刻，毛泽东率领第三团于9月14日从东门撤至上坪，当晚在上坪召开了第三团连以上干部紧急会议，研究部队行动问题。会议分析了敌强我弱的客观形势，决定放弃原定会攻长沙的军事计划，命令部队迅速到浏阳文家市集中。9月15日，湖南省委作出决定，停止执行长沙武装起义计划。9月19日，毛泽东在文家市主持召开前委会议，讨论下一步行动。余洒度坚持"取浏阳直攻长沙"的原定计划。毛泽东主张放弃攻打长沙，把起义军向南转移到敌人统治力量薄弱的农村山区，寻找落脚点。卢德铭等多数前委委员支持毛泽东的意见。会议经过激烈争论，通过了毛泽东的意见，决定起义军撤离向东地区，向南转移。此次会议史称"文家市决策"。

起义军在向南转移途中，处境十分困难。部队中党的组织不健全，思想比较混乱，缺乏弹药，没有给养，指战员伤残人数增多。9月23日，当起义军进入萍乡芦溪时，突然遭到敌人的伏击，年仅23岁的总指挥卢德铭英勇牺牲。部队伤亡惨重，由起义时的5000多人降到1000人左右，部队情绪低落，许多人认为大势已去，纷纷不告而别。毛泽东在摆脱了敌军之后，把部队带到了莲花陈家坊，此时部队只剩下800多人。9月29日，部队离开莲花到达永新县的三湾村，这里是茶陵、莲花、永新、宁冈四县的交界地。起义部队到达三湾时，人数不足千人，部队官多兵少、枪多人少，不利于作战。尽管部队指战员中多数是经过战斗考验的党团员和工农运动骨干，但也有少数未经改造的旧知识分子和旧军官出身的人。鉴于部队的实际情况，前委决定对保留下来的队伍进行改编：由原来的一个师缩编为一个团；建立党的各级组织和党代表制度，党的支部建在连上，班、排有小组，连以上设党代表，营、团建立党委；在连以上建立各级士兵委员会，实行民主制度，在政治上官兵平等。三湾改编的三项措施使部队中的军阀主义习气和农民的自由散漫作风开始得到克服，党对军队的绝对领导开始得到组织上的保证，人民军队服务于人民的根本宗旨开始得到制度上的体现。三湾改编是从组织上确立了党对军队的领导，把工农革命军建设成为无产阶级领导的新型人民军队的重要开端。

三湾临近井冈山，山上的茨坪周围和山腰的茅坪周围，活跃着王佐和袁文才两支带绿林性质的农民武装。他们在大革命时期曾改编为农民自卫军，大革命失败后参加了四县农民自卫军联合攻打永新城的战斗，袁文才当时还是共产党员。10月3日，毛泽东同志率领整顿一新的部队向宁冈县的古城开进。当晚，在古城连奎书屋召开前委扩大会议，出席会议的有前委委员、工农革命军营以上干部、宁冈县党组织负责人和袁文才的代表，共计40人。会议主要内容是总结秋收起义以来的经验教训，研究建立根据地和对井冈山地区袁文才、王佐的农民武装采取团结改造的方针。会议通过了毛泽东同志提出的以宁冈为中心，建立革命根据地，实行"工农武装割据"，建立革命政权的主张，这次会议就是著名的古城会议。它是三湾前委会议的继续和发展，初步确立了在井冈山建立革命根据地的决策，为我党实现工作重心的转移奠定了基础。会后，毛泽东同志于10月6日在茅坪附近的大仓村与袁文才首次见面，主动送给他100支枪。在袁文才的帮助下，部队在茅坪设立了医院和留守处。大仓会见具有重要的历史意义，使毛泽东引兵井冈战略决策的实施取得突破性的进展。

工农革命军在茅坪安家后，为了扩大政治影响，联络边界各县农民军，同时解决部队给养，毛泽东亲自率领部队沿湘赣边界各县开展游击活动。10月中旬，毛泽东率领部队来到湘南桂东、资兴两县交界的郴县水口镇。在郴县境内，毛泽东派出干部前往长沙向湖南省委汇报情况。在水口，毛泽东亲自主持了几位战士的入党宣誓仪式，发展他们加入中国共产党。仪式开始后，先由各位入党介绍人分别介绍新党员的简历和政治表现；接着毛泽东依次同新党员谈话，询问他们为什么要加入党组织，入党以后有什么打算等；随后毛泽东向他们解释了入党誓词的含义。最后，毛泽东握起右拳，带领新党员宣誓。水口建党，是我军历史上最早的一次建党活动，在我军的历史上具有开创性意义。这次建党活动，使军队中党的建设由秘密转为公开。此后，各个连队都相继开展建党活动，人民军队中党的建设工作从此不断加强，军队中党的力量不断发展壮大。

　　1927年马日事变前后，由于受右倾机会主义影响，井冈山地区各县的党组织和群众组织全部被敌人破坏。农民自卫军的枪支除袁、王两部无损失外，只有遂川保存6支，莲花保存1支，其余全被地主豪绅缴去。各县地主武装建立起来，群众革命情绪被压下去了。面对这种情况，毛泽东打开边界局面所抓的第一件事就是恢复各县党组织。11月间，在茅坪附近的象山庵亲自主持了宁冈、永新、莲花三县原党组织负责人会议，要求大家联络被打散的党员，恢复组织，建立武装，开展土地革命，并且特别提出要注意在工农群众中发展党员。会后，立即派出一部分富有政治工作经验的军队干部深入农村，帮助地方建立基层党组织。从11月开始，为摸清边界情况，毛泽东以主要精力从事宁冈、永新两县社会调查。毛泽东要求干部战士都动手做调查研究工作，每到一地就要了解那里的政治、经济、文化、地理等情况，并把了解的情况逐级汇报上来。11月28日，边界的第一个红色政权——茶陵县工农兵政府成立，印刷工人谭震林任主席。部队随即在茶陵县城周围开展打土豪和发动群众工作，建立了茶陵游击队。由于敌人在向茶陵进攻时，部队出现了团长陈皓和副团长、参谋长串通密谋叛变情况，毛泽东对陈皓等叛变行为进行宣判，执行枪决。而后颁布了工农革命军的"三大任务"：第一，打仗消灭敌人；第二，打土豪筹款子；第三，宣传群众、组织群众、武装群众，帮助群众建立革命政权。1928年1月5日，毛泽东率领部队南出井冈山，攻占遂川县城。毛泽东针对部队存在的纪律问题，正式颁布"三大纪律六项注意"。"六项注意"具体为：一、上门板；二、捆铺草；三、说话和气；四、买卖公平；五、借东西要还；六、损坏东西要赔。"三大纪律"具体为：一、一切行动听指挥；二、打土豪要归公；三、不拿群众一个红薯。"三大纪律、六项注意"的颁布，使遂川人民对工农革命军和共产党的认识更加深刻，迅速打消了群众长期以来形成的惧怕军队的心理，一种从未有过的亲如一家的军民关系开始形成。1929年，部队在赣南闽西时，又将"六项注意"增加了"洗澡避女人""不搜俘虏腰包"两条，发展成为"三大纪律八项注意"。1月24日，万余人聚集在县城张家祠堂前的大草坪上庆祝遂川县工农兵政府的成立。大会颁布了《遂川县工农兵政府临时纲领》，成立了遂川县工农兵政府，王次淳担任遂川县工农兵政府主席，下设土地、教育、裁判、劳动、财政等部。2月上旬，经过工农革命军十多名干部以数月时间，按工农革命军的组织训练方法认真改造过的袁文才部队和王佐部队，在宁冈大陇正式被编为工农革命军第二团，袁文才任团长，王佐任副团长，何长工任党代表。2月下旬，宁冈县工农兵政府在砻市成立，农民文根宗担任主席。

从1927年10月到1928年2月，经过五个月的艰苦工作，宁冈、永新、茶陵、遂川都有了县委，酃县有了特别区委，莲花也开始建立党的组织；建立了茶陵、遂川、宁冈三县工农兵政府；地方武装除酃县外，各县都有了一些，群众已经发动起来了，土地革命开始进行分田试点。毛泽东领导的秋收起义部队终于在湘赣边界站稳了脚跟，开创了井冈山革命根据地的初步局面，点燃了革命的星星之火。

二、井冈山革命根据地的壮大

1927年10月初，南昌起义部队在广东潮汕地区失利后，朱德、陈毅率领保留下来的部队经过"赣南三整"，走向了统一团结，成为一支有纪律有战斗力的部队。1928年初，他们和湘南地方党组织集合，掀起了继广州起义之后再一次在全国产生重要影响的湘南暴动。暴动从1月持续到3月底，参加人数在100万以上，建立了六个县的苏维埃政府，组建了三个农军师和两个独立团，开展了土地革命运动，波及的范围达二十几个县。但由于"左"倾盲动主义错误影响，暴动部队未能在当地站稳脚跟，在湘粤敌军9个师的南北夹击下，于3月底开始沿两条路线向井冈山转移。4月，在毛泽东率领的井冈山部队的接应下，朱德、陈毅先后到达酃县。1928年4月28日，毛泽东和朱德在宁冈的龙江书院第一次见面。参加这一历史性会见的有张子清、蔡协民、何长工、王尔琢、伍中豪等，双方介绍了各自的情况，毛泽东介绍了工农革命军在井冈山建立根据地开展打土豪、分田地等方面的情况，朱德介绍了湘南暴动及其后转移上山等方面的情况。朱、毛会师使井冈山的斗争和中国革命史揭开了新的一页。

会师的第二天，在宁冈砻市龙江书院召开了中国工农革命军红四军党的第一次代表大会。毛泽东、朱德出席并主持了这次会议。会议的主要内容为：一、决定朱德、毛泽东两部合编为中国工农革命军红四军；二、决定红四军编为3师9团的序列及军、师、团的主要领导人；三、成立军委，选举毛泽东为军委书记。5月4日，在砻市举行了盛大的庆祝两军胜利会师暨工农革命军第四军成立大会。朱德和毛泽东在会上分别作了讲话。毛泽东在讲话中代表刚成立的军委再一次颁布了"三大纪律六项注意"和"三大任务"。朱德任军长，毛泽东任军党代表，王尔琢任军参谋长，陈毅任士兵委员会主任兼教导大队大队长。"朱毛红军"的威名从此传颂开来，从而开创了根据地的新局面，根据地进入全盛时期。

湖南暴动和井冈山会师，震动了国民党南京政府，在蒋介石命令下，湘赣两省敌军积极筹划联合进攻。4月下旬和5月中旬，江西敌军以师长杨如轩分别率3个团和4个团的兵力两次"进剿"井冈山，我军取得了三占永新的胜利。5月间，毛泽东、朱德在总结各方面战争经验特别是大革命失败以来自身战争经验的基础上，提出了"敌进我退，敌驻我扰，敌疲我打，敌退我追"的"十六字诀"，这是适应当时情况的具有朴素性质的游击战争的基本原则。5月20日至22日，中国共产党湘赣边界第一次代表大会在茅坪召开，会议历时3天，到会的有红四军和边界各县党组织的代表60余人。会上，毛泽东根据中国社会和中国革命的特点，阐明了红色政权能够发生和存在的原因，回答了"红旗到底能打多久"的疑问。会议就边界的工作进行了讨论，制定了七项政策："坚决地和敌人作斗争，造成罗霄山脉中段政权，反对逃跑主义；深入割据地区的土地革命；军队的党帮助地方党的发展，军队的武装帮助地方武装的发展；对统治势力比较强大的湖南取守势，对统治势力比较薄弱的江西取攻势；用大力经营永新，创造群众的割据，布置长期斗争；集中红军相机迎击当前之敌，反对分兵，避免被敌人各个击破；割据地区的扩大采取波浪式的推进政策，反对冒进政策。"会议着重讨论了在边界深入开展土地革命的问题，决定成立湘赣边界工农兵政府，各级政府均设土地委员会，具体负责领导土地革命运动。根据湖南、江西两省省委的分别批复，会议选举产生了第一届中共湘赣边界特别委员会，毛泽东、朱德、陈毅、宛希先、谭震林等23人为委员，以毛泽东为书记。会后，在宁冈茅坪建立了井冈山根据地最高政权机关湘赣边界工农兵苏维埃政府，袁文才任主席。

在根据地全盛时期，边界土地革命进入高潮。各县的土地大部分分配下去了，剩下的小部分也在分配当中。土地革命从根本上改变了边界农村社会状况，成了土地主人的广大贫苦农民，最真切地感到共产党和红军是为他们的利益而奋斗的，从而以极大的热情和从未有过的昂扬向上的精神状态，投身革命斗争，推动根据地各项事业的迅速发展。"四月以后，湘赣边界的割据，正值南方统治势力暂时稳定的时候，湘赣两省派来'进剿'的反动军队，至少有八九个团，多的时候到过十八个团。然而我们以不足四个团的兵力，和敌人斗争了四个月之久，使割据地区一天一天扩大，土地革命一天一天深入，民众政权一天一天推广，红军和赤卫队一天一天扩大。原因就在于边界党的政策是正确的。"[1]

三、井冈山革命根据地的曲折发展

井冈山斗争时期，湘赣边界特委的组织关系隶属于湖南省委和江西省委，事关根据地大政方针必须请示两省省委，得到其中任何一方点头首肯，就算合法并且实施。正当边界顺利发展之际，中共湖南省委于1928年6、7月间，就红四军的动向问题，三次派代表来到边界，带来三种不同主张：一为巩固罗霄山脉中段政权，一为开往湘南，一为开往湘东。并且都说是"绝对正确"的，必须毫不犹豫地执行，导致了边界的"八月失败"。

7月中旬，红四军分两路迎击湘赣两省敌军的第二次"会剿"。主力红军第二十八、二十九团在攻占酃县县城后，由宜章农军为主编成的红二十九团，强烈要求

---

① 毛泽东.毛泽东选集（第1卷）［M］.北京：人民出版社，1991:59

返回湖南家乡。省委代表杜修经和省委派来代理特委书记的杨开明，以省委命令为理由，乘毛泽东远在永新之际，利用红二十九团的错误情绪，把部队拉向湘南。朱德、陈毅反复劝说都难以阻止，为了不让部队分裂和避免红二十九团单独行动的后果，只好让红二十八团一起出发。一到湘南，就打郴州，先胜后败，撤出战斗。7月24日，红二十九团进城后随即不听约束，局面开始失控，许多战士自由行动，毫无组织纪律性可言。当敌人组织起猛烈的反攻时，第二十九团无力抵抗，纷纷撤出战斗，最后只剩约200人没有跑散，编入了红二十八团。郴州一战，损失惨重，第二十九团从此不复存在。

主力红军离开边界后，到达永新的敌人有11个团，而边界红军只剩下第三十一团、三十二团。为了保卫井冈山根据地，边界特委决定由袁文才率第三十二团防守宁冈，毛泽东率领第三十一团以游击战的方式在永新围困敌人。在毛泽东的指挥下和群众的掩护下，通过四面游击的方式，将敌人围困在县城附近30里内达25天之久，创造了战争史上的一大奇观，遏制了敌人对根据地的进攻，显示了人民战争的威力。后因敌人的猛攻，才失去了永新，随后又失去了宁冈、莲花。但由于敌人的内讧导致其六个团匆忙退往赣北，剩下的五个团龟缩在永新城内，敌人这一次"会剿"宣告失败。1928年8月下旬，敌人乘我主力部队在湘南还未回来之际，向井冈山发动了第二次"会剿"。敌人以七个团的兵力分进合击，先后占领了宁冈茅坪，再向大小五井军事根据地发动进攻。8月下旬，留守根据地的第三十一团团长朱云卿、党代表何挺颖，获悉敌人发动第二次"会剿"消息后，马上率第三十一团第一营两个连退守井冈山，和袁文才、王佐的第三十二团保卫井冈山根据地。8月30日清晨，敌人向只有两个连驻守的黄洋界发起进攻，凭借黄洋界的有利地势，我军与敌人激战了一天一夜，打退了敌人多次进攻，保卫了井冈山，取得了第二次反"会剿"中具有决定性意义的一次胜利。毛泽东闻讯，欣喜地写下了《西江月·井冈山》一词，称赞黄洋界保卫战的胜利。

我军主力回到井冈山后，连续于9月13日、10月1日、11月9日在遂川县城、宁冈坳头陇、永新龙源口及县城，三战三捷，收复了大部分失地，新的"会剿"还没有开始，边界形势相对缓和，红军和边界进入恢复整顿时期。主要工作有：

第一，对边界地方党组织进行组织整顿，"厉行洗党"。

"洗党"实质上就是整党，着重在于组织上的清洗与整顿，重点在井冈山根据地中心区域，即宁冈、永新两县。这是我党历史上第一次整党运动。1928年5月以后，根据地进入全盛时期，党的组织也进入一个大发展时期。这时许多投机分子乘公开吸纳党员的机会，混入党内，边界党员数量增到1万以上，党的组织严重不纯。由于"党组织扩大，完全只注意数量的发展，没有注意质量上的加强。党与阶级没有弄清楚，而只是拉夫式的吸收办法。这样将使党的组织破底，其结果必变成不能斗争的党"①。为此，毛泽东和边界特委决定"九月以后，厉行洗党"。对党员进行重新登记，由上级派代表深入各乡，逐一审查党员；对那些出身不好、软弱动摇、赌博、贪污腐化的党员不通知他登记；对犯有一般错误的党员以个别谈话方式进行教育，然后进行登记；一个支部登记完毕，立即向上级党组织报告。当时边界被清洗的党员有4000人左右。其中宁冈县党员数量经过"洗党"由2400多人减为400多人。党员数量虽然减少了，但战斗力反而增强。党组织也由公开转入秘密状态，以备敌人到来时也能活动。九月"洗党"，是我党历史上一次成功的整党运动，为我党的整党运动提供了有益的启示和宝贵的经验。

第二，召开中国共产党湘赣边界第二次代表大会。

1928年10月4日到6日，在宁冈茅坪步云山召开了湘赣边界各县党的第二次代表大会，参加会议的有部队和地方党组织代表160余人。毛泽东代表第一届特委在会上作了长篇报告，详细论证了国内的政治形势、边界红色政权存在和发展的原因，肯定了罗霄山脉中段政权的重大意义。同时，再次回答了"红旗到底能打多久"的疑问。毛泽东的透彻论述统一了边界党内的思想，鼓舞了边界军民的革命信心。会议通过了《井冈山土地法》和毛泽东起草的《湘赣边界各县党第二次大会决议案》，选举产生了中共湘赣边界第二届特别委员会。毛泽东、朱德、陈毅、谭震林、陈正人等19人当

---

① 井冈山革命博物馆编.井冈山革命根据地（上）［M］.北京：中共党史资料出版社，1987:187

选为特委委员，谭震林为书记，陈正人为副书记。《井冈山土地法》是边界土地革命经验的总结，以法律的形式把边界土地革命的成果固定下来，在一定程度上满足了农民对所得土地牢固占有的渴望。

这次会议从理论上阐述了红色政权能够存在和发展的原因及条件，澄清了党内的混乱思想，统一了认识，坚定了大家必胜的信心。11月初，边界收到了中共中央6月4日的指示信，该信总的精神是正确的，在根据地建设、党的建设、边界割据意义等重大问题上，支持了毛泽东等同志的正确意见，给边界工作以有力地推动。该信指示重新成立前委，作为边界党的最高领导机关，管辖特委和军委；指定由毛泽东、朱德等五人组成，毛泽东为书记。

第三，红四军的政治、军事整训。

1928年11月13日到15日，红四军党的第六次代表大会在宁冈茅坪举行，到会代表79人，会议对政治、军事、党务等各种重要问题做了认真讨论并形成决议，选举了以朱德为书记的军委，并通过了加强部队建设的决议，强调：军委必须加强对下级党委、支部的领导，纠正党委、支部直接处理日常事务的做法，注意发挥各级行政干部的作用；决定将连队支部干事会改为支部委员会；要求发挥士兵委员会在参与部队管理、维护纪律、组织政治教育和做群众工作等方面的作用；分期举办士兵识字班，提高士兵文化水平；加强政治教育，提高官兵政治觉悟和开展群众工作的能力。会后，部队集中在宁冈新城、砻市一带，开始为期一个月左右的整训。每天上午是军事课，下午是政治课。毛泽东、朱德、陈毅等经常亲自讲课。部队中的各级党组织由公开转入秘密，健全了各连支部，对政工干部作了增补。为打破历史原因形成的各团之间的界限，对红二十八团和红三十一团的部分团级干部做了对调。在整训期间，为对付敌人新的军事进攻，边界军民还修整了井冈山军事根据地五大哨口的工事和营房，在小井修建了红军医院，在大小五井囤积了大批粮食。前委、特委、军委等领导机关，从茅坪搬到了山上的茨坪。

在恢复整顿时期，经济困难的问题更加突出，部队每天每人5分大洋的油盐柴菜钱都很难保证，许多战士穿着两件单衣过冬。12月初，湖南平江起义中诞生的中国工农红军第五军一部800多人在军长彭德怀、军党代表滕代远率领下，从湘鄂赣边界到达莲花，与毛泽东、朱德派来迎接的红四军一部会合。12月14日，两军在宁冈举行了隆重的会师大会。红四军5000余人、红五军第三纵队和特务大队800余人，加上当地的地方武装和群众近万人参加了会师大会。会后，红五军开赴茨坪休整。红五军和红四军的会合，是继朱毛红军会师之后的又一次大会师，极大地鼓舞了边界军民的斗志，有力地增强了井冈山根据地的武装力量，揭开了党领导下的井冈山斗争的新篇章。

四、井冈山革命根据地的失守

1929年1月，湘赣两省敌军在蒋介石的命令下，对井冈山根据地发动了第三次"会剿"。这次"会剿"，以国民党湖南省主席鲁涤平为总指挥（后来由何健代），以湖南军阀何健、江西军阀金汉鼎为副总指挥，调集了6个旅18个团的兵力共3万余人，分五路向井冈山扑来，此时我军只有4个团6000余人的兵力，实力悬殊。1月4日，在毛泽东主持下，前委、特委、红四军军委、红五军军委、共青团边界特委和各县县委在宁冈柏路村举行联席会议，传达和讨论中共"六大"有关决议，研究对付敌人第三次"会剿"的策略。会议决定：采取"攻势的防御"方针，将反"会剿"与反经济封锁结合起来，由边界特委领导红五军和红四军第三十二团留守井冈山坚持斗争；前委率红四军主力第二十八团、三十一团出击赣南，实行"围魏救赵"的策略计划，以外线作战引开敌军，同时寻找机会解决部队的给养问题。1月14日，毛泽东、朱德、陈毅率红四军主力3600余人离开井冈山，挺进赣南。行军途中，张贴了毛泽东起草的《红军第四军司令部布告》，指出了红军的宗旨是：民权革命，打倒列强，打倒军阀，统一中华。1月25日，全体守山红军和各县地方武装及井冈山群众，在茨坪举行保卫井冈山誓师大会。第二天，湘赣敌军从四面攻击井冈山，进攻重点是黄洋界、八面山、桐木岭三大哨口。敌人兵力约2万人，守山红军仅1400余人。在敌人大军压境轮番进攻的情况下，红五军战士和地方赤卫队员，冒着风雪同敌人进行英勇搏斗。从1月27日到29日，守山部队在彭德怀、滕代远、王佐等人的指挥下，进行了三天三夜的殊死战斗。粮弹充足的敌人不分昼夜地进攻，红军的弹药和人员都得不到补充，伤亡

越来越大。1月29日晚，敌军收买了山下源头村一个富农带路，从哨口旁边的树丛岩石中进入到哨口背后，黄洋界哨口失守。30日早晨，守卫八面山哨口的一百多名红军指战员，弹尽粮绝，工事被敌人全部炸塌，人员几乎全部牺牲。不久，激战了四昼夜的桐木岭哨口也失守了。在这种情况下，彭德怀按照特委和红五军军委事先作出的不得已即突围下山的决定，收集部队和各类人员1000余人，从井冈山主峰的悬崖砍路突围。在遂川大汾遭到敌人截击，只冲出了500余人。

井冈山失守后，敌人在山上疯狂烧杀。在"石头要过刀，茅草要过火，人要换种"的血腥口号下，大小五井不足2000人的群众，被杀害了1000多，许多人家被杀绝。小井红军医院100多名重伤员和医护人员，被敌人用机枪集体屠杀在一块稻田里。大井村被烧了9次，下井村被烧了13次，茨坪连烧了7个昼夜。

根据地失守后，冲出包围圈的边界特委停留在遂川边境，由于遂川敌人力量雄厚，党组织遭到破坏，边界特委无法与各地党组织进行联系，暂时失去了作用。此时，各级政权组织也大部分被敌人打散了，边界的武装力量也受到了一定的损失。在这样严峻的形势下，留在根据地坚持斗争的边界共产党人开始了恢复党组织的工作。到1929年4月，各地党组织已基本得到恢复，边界党员人数发展到5000人左右，各项工作重新出现了生机。4月中旬，红五军根据前委命令在彭德怀、滕代远的率领下，经过二十多天的拼杀，重新回到边界。红五军的归来使边界的力量倍增，激发起群众胜利的信心。5月10日，边界特委第四次扩大会议在特委书记邓乾元主持下，在古城举行。会议重新部署了边界工作，恢复了正式特委，提出了以永新为指挥中心的设想。红五军执行特委的计划，通过在边界广泛地游击，发动了群众，推动了各边界革命斗争的发展，边界"工农武装割据"进入了以永新为中心的新时期。

1928年底，中共六大决议传到井冈山，其中在"对土匪的关系"中提出"对土匪武装要严厉镇压"，"对其首领应当当作反革命首领看待"，"均应完全剪除"。毛泽东为此专门召开会议做出"袁、王不能杀"的决定。1930年1月18日，根据中央巡视员彭清泉的建议，赣西特委、湘赣边界特委和红四军军委在遂川召开了联席会议，决定武力解决袁、王部队。24日拂晓，袁文才、王佐及其主要骨干周桂春、谢桂彪、陈梦平被枪杀。

袁文才、王佐被杀后，其旧部有的逃回山上，有的投靠国民党，井冈山军事根据地沦为白区。宁冈、遂川两县党和地方武装丢失了红军经营两年多的阵地。至此，井冈山的斗争历史结束，湘赣边界的斗争进入到以永新为中心的湘赣革命根据地的新时期。

在大革命失败后白色恐怖最为严重的岁月，毛泽东率领工农红军在井冈山取得了生存的必须经验，奠定了成长的坚实基础，认清了发展的根本途径，写下了马克思主义中国化的崭新篇章。井冈山斗争的成果给全国各地革命斗争以莫大鼓舞，为国际共产主义运动提出了新课题。在井冈山的旗帜下，井冈山根据地成为聚集革命力量的主阵地，中国工农红军的主力部队开始产生，中国革命的基本理论开始形成，成为马克思主义中国化的开篇之作。

第二节　井冈山精神的形成与内涵

伟大的斗争孕育了伟大的精神。井冈山精神从孕育到产生的过程，忠实地记录了以毛泽东同志为代表的中国共产党人对国家前途、民族命运的艰苦探索和对社会理想、人生价值的深层思考。同任何社会意识一样，井冈山精神的孕育和产生，不仅鲜明地反映了特定时代的历史印记，而且与以往的精神财富有着千丝万缕的联系，具有丰富的内涵和历史继承性。

一、井冈山精神形成的历史条件

井冈山革命根据地地处湘赣交界的罗霄山脉中段的山区，距离敌人重兵把守的南昌、长沙、武汉等中心城市较远，是历来反动统治比较薄弱的地方，特别是当时新旧军阀混战，敌人无暇顾及。独特的地理位置使得这里的革命可以影响湘鄂赣粤四省，而且地势险要，森林茂密，进可攻，退可守，便于开展游击战争。

1. 独特和艰苦的自然条件是井冈山精神形成的基础

井冈山虽然在军事上具有许多地理上的优势，但其生存环境确实十分艰苦。井冈山根据地高山和丘陵占全境总面积的85%，红军的行军作战和日常生活都离不开山区，艰苦的生存环境考验着每一位干部战士的信念和毅力，检验着每一位共产党员的意志品质。毛泽东有着穿草鞋磨烂了脚的经历，朱德经历了虱子长满全身的痛苦，陈毅曾感慨天天跑路、天天战斗的烦恼，康克清目睹了同伴因受不了山路行军艰难而离队的情形。井冈山军民一方面要应对国民党一次又一次的军事"会剿"、"进剿"，另一方面要面对缺医少药、缺油少盐的极度生存困境。战士们只能用南瓜充饥，寒冬腊月只能用单衣遮体而无法御寒。为了赶走寒冷，一大早通过野外锻炼获取暖意，晚上只能睡在铺着稻草的地铺上。但是，艰苦的自然环境并没有吓退红军战士，反而磨炼了他们的革命意志。"红米饭、南瓜汤，秋茄子、味好香，餐餐吃得精打光。干稻草，软又黄，金丝被儿盖身上，不怕北风和大雪，暖暖和和入梦乡。"反映了战士们的生活，也是他们以革命乐观主义的情怀向大自然挑战的真实写照。正如毛泽东所说："野菜虽苦，但有丰富的政治营养。"正是在这样一种艰苦环境下造就的不怕困难、勇往直前的大无畏气魄培育了伟大的井冈山精神。

2. 中国共产党的早期斗争是井冈山精神形成的重要前提

1919年的五四运动，开始了中国新民主主义革命的时代。1921年中国共产党成立，担负起了领导中国人民进行反帝反封建的新民主主义革命的重任。党的一大后，开始集中力量领导中国工人运动，掀起了1922年到1923年的第一次工人运动高潮，这期间工人的罢工不仅是经济斗争，而且带有鲜明的反帝反封建的政治斗争的性质。1924年到1927年，在中国大地上一场以推翻帝国主义和封建军阀在中国统治为目标的革命运动席卷全国，其声势浩大和发动群众的广泛性，在中国近代历史上未曾有过。第一次大革命留给中国工人阶级和中国共产党的经验教训是极其深刻的。对于幼年时期的中国共产党，还处在照搬俄国十月革命的经验，走以城市为中心的武装起义的革命道路，一切接受共产国际领导的阶段。然而，中国共产党人和工农群众在大革命中表现出来的敢于斗争、敢于牺牲的革命精神和建立的丰功伟绩，可歌可泣。通过革命胜利与失败的反复，党经历了严峻的考验，初步积累了正反两方面的经验，已经认识到坚持无产阶级领导权，建立巩固的工农联盟和武装斗争的极端重要性。1927年8月1日南昌起义的枪声为党领导中国人民把斗争推向新的更高阶段准备了条件，也为井冈山精神的孕育播下了种子。以井冈山斗争为标志，中国共产党领导的中国革命真正独立地打出了自己的旗帜，迎来了新的革命高潮的曙光。

以毛泽东为首的边界党组织在领导井冈山军民开展艰苦卓绝的斗争中，把马克思主义的普遍原理与当地的实际结合起来，制定出井冈山斗争的正确路线、方针、政策，并在实际斗争中积累了丰富的斗争经验，从而找寻到了适合中国国情的革命路线。当革命处于低潮时，异常艰苦的环境锻炼了广大党员和干部，提高了他们的政治觉悟和马克思主义水平，并培育了联系群众、调查研究、实事求是、自力更生、艰苦奋斗等革命精神和优良作风，为井冈山斗争的胜利及形成新的精神风貌奠定了思想基础，保证了正确的政治方向。

3. 马克思主义的传播是井冈山精神的理论基础

井冈山精神是十月革命后战争与革命为时代主题的产物，是五四运动马克思主义在中国传播的产物，是中国共产党逐步发展并领导中国人民革命实践的产物。中国共产党的诞生为井冈山精神的形成提供了新的主体条件。在井冈山精神形成之前，井冈山周围地区的马克思主义理论的宣传与实践为它奠定了基础。江西"革命三杰"之一的袁玉冰最早在吉安传播马克思主义。1920年8月，袁玉冰和黄道等八名同学筹办《新江西》社刊，1921年5月1日，《新江西》第一卷第一号出版，设置了进步书刊专栏介绍《马克思全书》《列宁全书》，转载了《共产党宣言》《唯物史观》等，较好地推动了马克思主义的传播。井冈山精神也是在马列主义的哺育下不断生长起来的精神果实，它以马克思主义普遍真理同中国具体实际相结合为思想与理论基础，以马克思主义中国化理论指导下的革命实践活动的发展为物质基础。历史的实践证明，只有马克思主义理论开始中国化即真正与中国实际结合，成功地找到指导中国革命的道路时，一种前所未有的新思想作风和工作作风才能出现。井冈山的斗争岁月中以农村包围城市、武装夺取政权为主要特征的井冈山道路的开辟为重要里程碑，实现了马克思主义普遍真理同中国革命具体实践相结合的第一次历史性飞跃。井冈山精神与井冈山道路紧密联系在一起，两者相辅相成，相得益彰。同时，井冈山精神是毛泽东思想在革命精神上的最初体现和重要组成部分，毛泽东思想是井冈山精神的理论内核。

二、井冈山精神的内涵

井冈山精神是大革命失败到土地革命战争兴起的第一次历史性转变中，党率领工农红军寻找和开创中国革命新道路的起点时形成的革命精神。它具有丰富的内涵和时代价值。1993年4月，时任中央政治局常委、书记处书记的胡锦涛同志在视察井冈山时指出："井冈山精神有丰富的内涵。在新的历史条件下，发扬井冈山精神尤其要弘扬以下三方面"："第一，实事求是、敢闯新路的精神"；"第二，矢志不移，百折不挠的精神"；"第三，艰苦奋斗、勇于奉献的精神"。2003年8月，时任中共中央总书记的胡锦涛同志又一次来到江西，再次强调"让井冈山精神大力发扬起来，并不断赋予其新的内涵，使之在新的历史条件下放射出新的光芒"。

2001年5月，中共中央总书记江泽民在江西视察时指出："井冈山精神最重要的方面就是坚定信念、艰苦奋斗、实事求是、敢闯新路、依靠群众、勇于胜利。"这个概括，被人们称为"二十四字井冈山精神内涵"。2016年2月，习近平总书记在江西考察时指出：要结合新的时代条件，坚持坚定执着追理想、实事求是闯新路、艰苦奋斗攻难关、依靠群众求胜利，让井冈山精神放射出新的时代光芒。

1. 坚定信念、艰苦奋斗

"坚定信念、艰苦奋斗"是井冈山精神的主线，是井冈山军民坚持斗争、夺取胜利的精神支柱和力量源泉。理想信念是一个人的精神支柱，也是一个政党、一个民族的精神支柱。

当秋收起义部队攻打长沙失败后，部队人数从五千人减到不足千人，许多指战员情绪低落。在困境面前，毛泽东率领余部在9月29日到达永新三湾，实施了著名的"三湾改编"，整编后的部队开始向敌人统治力量薄弱的井冈山进军，开始了中国共产党工作重心由城市向农村的转移。从城市向农村，从平原进军山区，革命队伍中不少人并没有思想准备，大家一度感到悲观失望。1928年5月，毛泽东在边界党的第一次代表大会上总结半年多来的工作时，回答了"红旗到底打得多久"的问题，阐述了中国革命根据地和中国红军能够存在和长期发展的客观依据。在井冈山革命根据地建立到建设的过程中，这种疑问共出现了五次，对这种疑问的不断解决和破除，使共产党人逐渐树立了坚定的革命信念，全心全意投入土地革命战争、建设根据地和保卫根据地的革命运动中。

边界党组织用通俗易懂的语言说明了"什么是共产主义""怎样才能实现社会主义"的道理，以高昂的革命乐观主义的精神来教育群众、鼓舞群众。"不生虱子不革命""野菜虽苦，可是政治营养丰富，吃了它，干革命就不怕苦"。为了进一步坚定广大党员和广大军民坚持农村革命根据地的斗争，巩固井冈山红色政权的决心和信心，湘赣边界第二次代表大会通过了《中国共产党湘赣边界第二次代表大会决议案》，解决了人们的革命信念问题。毛泽东在《中国的红色政权为什么能够存在？》《井冈山的斗争》和《星星之火，可以燎原》三篇著作中，深刻分析了在四周白色政权的包围中，小块红色政权发生和存在的原因，指出："我们看事情必须要看到它的实质，而把它的现象只看作入门的向导，一进了门就要抓住它的实质，这才是可靠的科学的分析方法。""边界的红旗子，业已打了一年，虽然一方面引起了湘鄂赣三省乃至全国豪绅阶级的痛恨，另一方面却渐渐引起了附近省份工农士兵群众的希望。""边界的旗子始终不倒，不但表示了共产党的力量，而且表示了统治阶级的破产，在全国政治上有重大的意义。所以我们始终认为罗霄山脉中段政权的创造和扩大，是十分必要和十分正确的。"这些精辟的分析，不仅拨开了笼罩在根据地红军和群众中的迷雾，而且指出了中国红色根据地必将成为夺取全国政权重要力量的发展前景，极大地坚定了井冈山军民革命到底的信念和决心。许多干部战士以自己的英勇行为实现了对革命信念的坚守。中共莲花县委书记、县苏维埃政府主席刘仁堪在1929年5月被捕时，坚贞不屈，敌人用匕首割掉他的舌头，他就用脚趾蘸着自己口里流出的鲜血在地上写下"革命成功万岁"六个大字，用鲜血印证了对革命必胜的信念，牺牲时年仅34岁。井冈山斗争时期，涌现出众多为了一个共同的信念牺牲生命的事迹，如果没有对

共产主义的执着追求，怎能做到为了革命毫无保留，甘愿舍弃自己的生命。

井冈山革命根据地在四周白色政权的包围中成长和发展，一直面临着重重困难，缺医少药，生活物质严重匮乏。面对严峻的现实，边界党组织领导根据地军民自力更生解决根据地的日常用品问题，开展经济建设。井冈山军民因陋就简办了被服厂、红军军械处、红军印刷厂等；组织红军指战员参加农业生产劳动，开展劳力换工和农具耕牛互助；建立了红色圩场，开展红区和白区经济贸易；创办红军造币厂，铸造发行"工"字银圆，调剂货币流通，稳定金融市场；创办茅坪后方医院、小井红光医院等。在敌强我弱，物质匮乏，战斗频繁的极端艰苦条件下，井冈山军民发扬艰苦奋斗的优良传统，保卫根据地的斗争果实。

在井冈山的斗争岁月里，干部战士与群众形成了血肉相连的鱼水深情，军民一家，官兵平等。为了节约，毛泽东在油灯下写作只用一根灯芯；为了根据地建设，四十多岁的朱德军长和大家一起挑满满的粮食，与士兵同甘共苦，"朱德的扁担"成为以身作则、官兵一致的佳话。党和红军采取一系列的措施，依靠广大军民的艰苦奋斗，基本解决了红军的给养问题，红色政权得以发展、巩固。

2. 实事求是、敢闯新路

实事求是、敢闯新路是井冈山精神的核心。"新路"指的是一条有别于俄国模式的农村包围城市，武装夺取政权的道路。这条具有中国特色的革命新道路，充分体现了中国共产党人"从斗争中开创新局面"的革命胆识，是马克思列宁主义与中国革命实际相结合的伟大创举，是中国共产党人对马克思列宁主义的重大发展。

秋收起义时，中国共产党人放弃了国民革命军的旗号，创造性地打出了工农革命军的旗帜。南昌起义、秋收起义、广州起义失利之后，革命的道路在哪里？该怎么走？毛泽东考察罗霄山脉区域后，得出结论说："广东北部沿湖南江西两省边界至湖北南部，都属罗霄山脉区域。整个罗霄山脉我们都走遍了；各部分比较起来，以宁冈为中心的罗霄山脉的中段，最利于我们的军事割据。"正是通过不断思索革命的发展方向，以实事求是的态度和敢闯新路的胆识，毛泽东率领秋收起义部队上了井冈山，从此走上了一条中国革命的新道路。"以宁冈为中心""以宁冈为大本营"的创见，是毛泽东在实践中走遍罗霄山脉后实事求是得出的科学结论。在开创井冈山"工农武装割据"局面不久，1928年5月在边界党的一大上，毛泽东提出了"深入割据地区的土地革命"的重要政策，并责成新成立的湘赣边界工农兵政府，具体领导根据地土地革命的开展，由毛泽东起草的《井冈山土地法》作为中国共产党第一部土地法颁布实施。在井冈山根据地和中央苏区三年多土地革命实践中，中国共产党逐步摸索和形成了一条比较完备、成熟的马克思列宁主义的土地革命路线，即依靠贫雇农，联合中农，限制富农，消灭地主阶级，变封建半封建的土地所有制为农民的土地所有制。这条土地革命路线，在中国革命一个相当长的时期内都具有普遍的指导意义。中国革命以武装斗争为主要形式，以土地革命为基本内容，以农村根据地为根本依托，走的是农村包围城市、最后夺取全国政权的新道路，这是一条具有中国特色的革命道路，是马克思列宁主义与中国革命实际相结合的伟大创举。

井冈山道路的开创，既是毛泽东对中国国情和中国革命特点宏观思考、科学把握的结果，更是毛泽东在大革命失败后对中国革命时局和实际状况审时度势、果断决策的结果。1929年1月柏露会议上决定出击赣南，将中国革命的红色大舞台从井冈山搬到赣南，原因在于既可以解井冈山之危，又可开创新的革命大本营。当年引兵上井冈山是创新，如今走下井冈山也是创新。中央文献研究室逄先知认为："下山的意义同上山的意义几乎同等重要，甚至更重要。当时如果不上山，革命就要遭到失败，甚至会遭到毁灭性的打击，必须找到一个落脚点，开辟一条新道路。但是你光上山在那个小的地块里头，革命发展就会受很大的局限。为了开展新局面，就必须下山，要攻打到发达地区去发展，最后创立中央革命根据地。所以上山、下山都有重要的意义。"中央苏区由此成为中国革命继井冈山之后又一新的革命大本营。井冈山斗争时期，毛泽东不仅解决了革命根据地创建过程中的一系列重大实际问题，而且进行了理论创新，把马克思列宁主义的普遍真理与中国革命的具体实践相结合，提出了中国革命红色政权的理论，竖起一面"山沟里的马克思主义"的旗帜。《中国的红色政权为什么能够存在？》、《井冈山的斗争》和《星星之火，可以燎原》三篇著作，奠定了毛泽东思想的基础。从引兵井冈到"工农武装割据"，从"夺取三省政权"到"全国政权

的取得”；从三湾改编的“支部建在连上”到人民军队的“三大纪律，六项注意”和“十六字诀”的游击战术；从《井冈山土地法》的制定到根据地党的建设等等，这些大胆而又成熟的战略构想，这些富有远见和独创性的理论概括，无不体现了实事求是、敢闯新路的品质。

3. 依靠群众、勇于胜利

依靠群众、勇于胜利是井冈山精神的基石。中国共产党人在开创农村包围城市、武装夺取政权道路的过程中，自始至终地把千百万人民群众组织团结在自己的周围，并为千百万劳苦人民的利益而奋斗，与人民群众保持着最密切的联系。

井冈山斗争时期，党和红军实践着“真心实意地为群众谋利益”的宗旨。红四军军长朱德、党代表毛泽东亲自签发的《红军第四军司令部布告》中的四言体宣言“红军宗旨，民权革命”“革命成功，尽在民众”，反映了革命就是要消灭封建关系，解放劳苦大众，完成土地革命，为千百万劳苦民众谋利益。1927年10月到1928年2月，毛泽东领导工农革命军在边界各县进行了多次打土豪分浮财的游击暴动后，奠定了边界土地斗争的坚实基础。井冈山全面分田开始时，边界党组织抽调了一大批红军干部深入到宁冈、永新、遂川、莲花等县的区、乡、村，发动群众，武装保护，掌握政策，指导分田。为了满足贫雇农的土地要求，采取了“抽肥补瘦”的办法。经过1928年4月到7月的群众土地斗争，湘赣边各县的土地分配基本完成。土地革命的深入开展，使广大贫苦农民得到了实际利益，因而极大地激发了贫苦农民的革命热情，解放了农村生产力，支援了革命战争。为广大群众谋利益除了解决土地问题这一根本利益，还注意在日常生活中关心群众的疾苦，解决群众的实际问题。毛泽东在茅坪将司务长送来的新棉衣送给房东谢槐福，自己穿着两件单衣办公，让谢槐福十分过意不去。为了感谢毛委员，将刚出窑的木炭送到他房间，让他取暖。毛泽东付了炭钱后，又将木炭送给了村中的孤寡老人。朱德率二十八团在碧洲村开展工作时，了解到一位老人因为长期缺盐患了脚肿病走不动路时，第二天就叫警卫员给老人送去一包硝盐。“有盐同咸，无盐同淡”成为连接军民深情的情感纽带。

在军民关系上，红军有严明的纪律，对老百姓秋毫无犯。1928年9月，红四军主力从湖南回师井冈山攻占遂川后，遂川下庄的乡亲们在乡苏维埃政府主席李耀唐组织下，弄来了很多茶水、点心，招待路过的红军。部队离开时，因缺少现金，军长朱德让副官在每只茶桶上缠上一丈白布，折价付现金，群众称赞不已。红五军撤离井冈山后，在安福县境浮山村宿营，因部队一时买不到菜，军部警卫班小廖在张年开家的菜园里抱来两个大南瓜。彭德怀军长发现后，叫人在南瓜藤上吊上一个红袋子，里面装了几个银毫子。正是党和红军真心实意为人民谋利益，人民群众也把革命当作他们的生命，为正义和革命事业而战，为了革命的胜利倾尽所有，奉献着自己的粮食、财产甚至生命。

井冈山时期红军几次反击"会剿"和"进剿"，正是在广大人民群众的大力协助下，军民同仇敌忾，万众一心，才取得了一次又一次的胜利。1928年8月，在黄洋界保卫战中，正是红军战士凭借山险，依靠群众，全体军民协同努力，在大陇、茅坪通往黄洋界的两条崎岖小路上，筑起了"竹钉阵"、竹篱荆棘带、滚木礌石、布满竹钉的五尺深壕沟和石头筑就的射击掩体五道防线，汇成了军民"众志成城"，硬是打退了敌人的进攻，创造了第二次反"会剿"奇观。黄洋界保卫战在广大群众的支援配合下，取得了以少胜多的胜利。正是始终关心群众疾苦，始终重视群众问题，不断给群众带来实惠，使我们党和红军在井冈山站住了脚、扎下了根。1927年10月到1929年1月，在井冈山红军与敌人大大小小近百次、平均数天一次的战斗中，人民群众纷纷为红军送茶送饭、站岗放哨、捕捉敌情等等，取得重大胜利。在人民群众的大力帮助下，红军渡过了难关，粉碎了敌人的军事打击和经济封锁，取得了无数次革命斗争的胜利。中国共产党正是因为在革命斗争中，依靠群众，勇于胜利，才最终推翻了帝国主义和国民党反动派，取得了新民主主义革命的胜利。

第三节　井冈山精神的时代价值

井冈山革命斗争开启了马克思主义基本原理同中国具体实际相结合的伟大进程，成为中国革命不断走向胜利的光辉起点。这一重要历史时期留给我们最为宝贵的财

富，就是跨越时空的井冈山精神。它是几千年来中华民族精神的创造性转化和创新性发展，是马克思主义基本原理同中国革命具体实践相结合的结晶，充分体现了以毛泽东、朱德为代表的老一辈无产阶级革命家对国家前途、民族命运的艰辛探索和对社会理想、人生价值的深层思考，集中反映了我们党的优良传统以及中国共产党人的崇高理想和高尚情操，对中国革命的历史进程产生了巨大的影响，是我们党团结带领人民夺取革命、建设、改革胜利的强大精神力量。习近平总书记在庆祝中国共产党成立95周年大会上，向全党发出"不忘初心、继续前进"的号召，体现了中国共产党人高度的历史自觉和强烈的使命意识。他在讲话中指出："一切向前走，都不能忘记走过的路；走得再远、走到再光辉的未来，也不能忘记走过的过去，不能忘记为什么出发。"共产党人"不忘初心"，就是不忘党之所以成立的根本宗旨、基本理念、政治立场和价值追求。以"坚定信念，艰苦奋斗、实事求是、敢闯新路，依靠群众、勇于胜利"为主要内容的井冈山精神是在生与死、血与火的斗争中产生的实实在在的精神财富和精神力量，是引导中国人民自立、自新、自强不息，从胜利走向胜利的革命的民族精神的源头及伟大象征，永远是全党全国人民的宝贵精神财富和政治优势。

一、为社会主义核心价值观的培育提供思想根基

社会主义核心价值观是党中央立足于现代化建设实践，建立在中国共产党领导中国人民进行革命、建设、改革开放的实践基础上的理论体系，既传承了人类文明进程中的共同价值追求和中华民族源远流长的文化基因，又彰显了科学社会主义的基本原则，体现了中国共产党人对"人的自由全面发展"的社会主义基本原则的不断追求，体现了中国共产党人的文化自信。2016年7月1日，习近平总书记在庆祝中国共产党成立95周年大会上提出："要坚持中国特色社会主义道路自信、理论自信、制度自信、文化自信，坚持党的基本路线不动摇，不断把中国特色社会主义伟大事业推向前进。文化自信，是更基础、更广泛、更深厚的自信。要弘扬社会主义核心价值观，不断增强全党全国各族人民的精神力量。"井冈山精神是中国共产党人的精神脊梁，是实现中华民族伟大复兴的中国梦的信仰支撑和精神动力。在培育和践行社会主义核心价值

观方面，具有增强人民群众对其认识的直观性、提高全社会的认同感和激发各族人民践行的价值意蕴。

以井冈山精神为源头的中国共产党革命精神是在中国革命实践中培育起来的新型道德规范，是共产主义道德在中国的生成和实现，它继承了中华民族的优秀传统道德，又赋予了新的时代内涵。邓小平曾指出："我们在新民主主义革命时期，就已经坚持用共产主义的思想体系指导整个工作；用共产主义道德约束共产党员和先进分子的言行；提倡和表彰'全心全意为人民服务'，'个人服从组织'，'大公无私'，'毫不利己，专门利人'，'一不怕苦，二不怕死'。"①井冈山精神之所以是社会主义核心价值观的红色文化基因，首先在于两者存在目标追求一致性。井冈山精神是中国共产党人坚定革命信念，团结和领导人民群众，为推翻三座大山的压迫，追求民族振兴、人民幸福，实现人民群众当家作主而不断奋斗奉献的真实写照，体现了革命先烈追求共产主义的世界观、人生观和价值观。党的十八大提出的培育和践行社会主义核心价值观是全社会认知的最大公约数，是国家、社会和公民三个层面的价值准则，建设富强、民主、文明、和谐的国家，建设自由、平等、公正、法治的社会，培育爱国、敬业、诚信、友善的公民，是我国走中国特色社会主义道路的必然要求。其次在于形成过程的传承性。井冈山精神是中国共产党人在革命斗争中形成的红色文化最典型的代表之一，社会主义核心价值观是我国全面深化改革的攻坚时期，为实现中华民族伟大复兴的中国梦提出的，井冈山精神和社会主义核心价值观都是我们的价值指导和全民族共同的思想文化基础。社会主义核心价值观汲取了井冈山精神的营养，是井冈山精神与当今时代发展相结合的产物。

井冈山精神以独特生动的史实、感人的革命事迹，体现了社会主义核心价值观的本质内涵，增强了人民群众对社会主义核心价值观的直观感。小井红军医院、朱毛旧居、茅坪八角楼等遗址遗迹和井冈山革命博物馆丰富的史料、陈列物成为那段斗争历程的有力见证。社会主义核心价值观正是由这些直观形象生动的实物、人物事迹形

---

① 邓小平文选（第2卷）［M］.北京：人民出版社，1993:367

成的全社会的共识。同时，对井冈山革命先烈坚定的共产主义理想信念、艰苦奋斗品质的领悟和崇敬，能够提高人民群众对社会主义核心价值观的认同。要以讲好井冈故事、唱好井冈歌谣为契机弘扬社会主义核心价值观，以传播井冈山精神的红色基因为载体培育社会主义核心价值观。

二、为新时期党的建设提供有益启示

加强党的建设是坚持和发展中国特色社会主义的必然要求。中国特色社会主义道路，是实现我国社会主义现代化的必由之路，是创造人民美好生活的必由之路。党和人民事业发展到什么阶段，党的建设就要推进到什么阶段。加强党的建设不仅是坚持和发展中国特色社会主义的必然要求，也是实现中华民族伟大复兴中国梦的客观要求。党的十八大以来，以习近平同志为核心的党中央站在全局和战略的高度，深刻把握党和国家发展的前途命运，着眼于新形势下党的建设面临的实际，创造性地提出了全面从严治党战略思想，进一步深化了对管党治党规律的认识，丰富和发展了马克思主义党的建设理论，是当代马克思主义关于党的建设理论和实践最现实、最集中的体现，为在新的历史起点上推进党的建设新的伟大工程提供了思想武器和科学指南。井冈山精神为新时期党的建设提供了丰富的思想资源和有益启示。

先进性是马克思列宁主义政党的根本特征，也是马克思列宁主义政党的生命与力量所在。中国共产党自成立以来，之所以能够在各种政治力量的长期斗争和反复较量中脱颖而出，不断发展壮大，最根本的在于我党始终走在时代的前列，始终保持了马克思主义政党的先进性。以毛泽东同志为代表的共产党人在井冈山斗争的特殊环境下，创造性地开辟了一条党的先进性建设的新途径，即把思想建设放在首位，以党内教育为主要形式，着重从思想上建党。1928年10月召开的边界各县党的第二次代表大会在系统总结边界各县党的自身建设经验教训的基础上，强调指出"过去党内的错误，洗刷党内机会主义的遗毒，是今后各级党支部重要的责任"。会后边界特委分期分批举办了党团训练班，对党员进行政治理论教育、党的基本知识教育和形势教育。1929年12月召开的中国共产党红军第四军第九次代表大会通过的《古田会议决议》，列举了党内存在的各种错误思想的表现，提出了着重从思想上建党的新思路，通过对党员进行思想教育，提高党员的政治理论素质，树立起无产阶级世界观；通过开展积极的思想斗争，以无产阶级思想克服各种非无产阶级思想，提高党员政治觉悟，实现党员的无产阶级化。井冈山斗争中所创造的着重从思想上建党的经验和做法，不仅极大地提高了党的战斗力和凝聚力，为边界红旗始终不倒提供了坚实的思想基础和组织保证，而且为我们党的先进性建设开辟了一条新的途径。

"支部建在连上"这一红四军时期军队党的建设的创举，确保了党对军队的绝对领导，又加强了党的基层组织的凝聚力和战斗力。由中国共产党领导的新民主主义革命取得胜利的历史实践表明，每一次宏伟战略意图都是靠一个个基层战斗力组织来完成，每一次生死攸关的战斗都是靠基层党支部指挥下的连队来奋勇拼杀，这一切都源自基层党组织建设的卓有成效，充分表明党的战斗力的形成、党的组织的发展壮大、党内各项活动的顺利开展、党群关系的密切，都需要党的基层组织充分发挥战斗堡垒作用来实现。"基础不牢，地动山摇"，新时期党的建设要抓好基层党组织建设，勇于突破旧观念、旧模式，创造性地探索基层党组织活动的新方式，坚持民主集中制，增强基层党组织的整体合力。

井冈山斗争时期，党和红军之所以坚如磐石，关键在于保持了党同人民群众的血肉联系。一方面打土豪分田地帮助贫苦农民翻身，另一方面严格要求全军将士遵守"三大纪律，六项注意"，行军过境秋毫无犯，从而赢得了根据地群众的衷心拥护与信赖，结下了鱼水深情。一直以来，中国共产党都代表着广大人民群众的根本利益，不仅如此，还担任着中华民族的先锋队，发挥着引领中国进行社会主义建设的作用，这是中国共产党的重要性质，并以该性质为基础实现全心全意为人民服务的党的宗旨。当前，更应该清醒地认识到党的作风关系到人心向背和党的生死存亡，始终牢记党的根基在人民、血脉在人民，牢固树立群众观点，强化宗旨意识，自觉增进群众感情。顺应人民的需要，是党的一切工作和党的建设的根本。

三、为实现中国梦提供精神动力

井冈山精神是以毛泽东为代表的中国共产党人在开创井冈山革命根据地的艰苦斗争中，孕育和形成的具有原创性的革命精神，传承和发展了我们的民族精神，体现着时代要求，是中华文化在特定时期的升华。"坚定信念、艰苦奋斗，实事求是、敢闯新路，依靠群众、勇于胜利"的井冈山精神源于中华民族的优秀传统文化，是中国共产党优良传统和作风的集中体现，彰显着与时俱进的理论品质。党的十八大以后，习近平同志在多次讲话中提出并系统阐明实现中华民族伟大复兴中国梦的科学理念，阐明实现中国梦必须弘扬中国精神，凝聚中国力量，坚定不移地走中国道路。中国梦一方面揭示了中国近代历史发展的主题线索，另一方面展现了全国各族人民的美好愿望和宏伟蓝图。大国崛起于精神，在新的历史条件下，弘扬井冈山精神，在全面建设小康社会，实现中华民族伟大复兴的中国梦的征途中，具有重要的时代价值。

井冈山精神蕴含着丰富的内涵，坚定信念就是坚定共产主义远大理想，坚信中国革命必将胜利。井冈山斗争时期，面对来自革命阵营中的动摇情绪，毛泽东同志坚持真理，坚定"星星之火，可以燎原"的革命必胜信念和"山沟里的马克思主义"的信仰，开辟出中国革命的一片新天地。实现中华民族伟大复兴，是亿万中国人民的中国梦。中华民族绵延不断的五千年文明激发了中国人民的民族自豪感，改革开放四十年的伟大实践和中国特色社会主义道路的探索中取得的诸多成就激发了中国人民的自信心。新中国成立近七十年的实践证明，中国特色社会主义道路符合中国实际和人民的愿望，坚持道路自信、理论自信、制度自信，持守实现中国梦的坚定信念，必将实现中华民族的伟大复兴。

实事求是是中国共产党的思想路线，也是井冈山精神的核心内容。以毛泽东、朱德为代表的中国共产党人从中国革命的实际出发，成功开辟了井冈山革命根据地。新民主主义革命时期，中国共产党人以实事求是的思想路线为指引，将中国革命引向胜利。在实现中国梦的道路上，会面临诸多的挑战和问题，这就更需要实事求是地从中国实际出发，科学分析世界局势、国情和党情的新情况、新变化，清醒地认识中国发展的现实阶段，客观评估中国发展的现实条件和在全球所处的相对位置，不断总结人民群众在改革开放的实践中创造的新经验，有效解决现代化建设的新课题，既要让梦想照亮未来的道路，也要坚持实干兴邦的奋斗精神，推动中国梦的早日实现。

井冈山道路突破了苏联模式，为中国革命开辟了一条光明的胜利之路。敢闯新路是井冈山精神的特质，使马克思主义中国化，从中国的实际情况出发，不照搬照抄，走自己的道路，是对马克思主义的创造性运用与发展。井冈山精神在当代仍然具有时代的光芒，其中蕴含的中国革命道路的独创性启迪中国人民选择中国特色社会主义道路，这是实现中国梦的根本途径，中国特色社会主义道路不仅引领当代中国经济的迅速发展，促进了社会进步和推动了民族复兴，也为世界文明的发展提供了一种新的选择。中国道路与中国梦紧密相连，习近平总书记指出："实现中国梦必须走中国道路。这就是中国特色社会主义道路。……中华民族是具有非凡创造力的民族，我们创造了伟大的中华文明，我们也能够继续拓展和走好适合中国国情的发展道路。全国各族人民一定要增强对中国特色社会主义的理论自信、道路自信、制度自信，坚定不移沿着正确的中国道路奋勇前进。"在实现中国梦的征程中，会遇到阻力与压力，改革需要蹚过深水区，经济发展需要踏过地雷阵，这需要以开拓创新的精神寻找新方法和新路径。

人民群众是历史的创造者，人民群众是社会活动的主体。在社会历史发展的过程中，人民群众起决定作用。井冈山精神中蕴含的依靠群众的内涵，反映了在井冈山斗争时期，中国共产党人真心实意为群众谋利益，得到了广大群众的衷心拥护和支持。中国梦归根到底是人民的梦，必须紧紧依靠人民群众来实现。实现中国梦，要把握当今时代发展的脉搏，把握当代中国社会发展的内在要求，最大限度地调动各阶层的积极性、主动性和创造性，要把社会各方面的力量组织起来；实现中国梦，要把人民利益放在首位，维护好、发展好、实现好人民群众的利益，勇于开拓，善于凝聚共识和鼓舞人心。习近平总书记指出："实现中国梦必须凝聚中国力量。这就是中国各族人民大团结的力量。中国梦是民族的梦，也是每个中国人的梦。只要我们紧密团结，万众一心，为实现共同梦想而奋斗，实现梦想的力量就无比强大。"在实现中国梦的征

程中，始终保持同人民群众的血肉联系，党就一定能够站在时代前列，能够成为团结带领全国人民实现中国梦的坚强领导核心。

参考文献：

［1］中共中央党史研究室.中国共产党历史（1921-1949）［M］.北京：中共党史出版社，2011.

［2］刘孚威.井冈山精神：中国革命精神之源［M］.南昌：江西人民出版社，1999.

［3］刘孚威.论井冈山精神［M］.南昌：江西人民出版社，2014.

［4］李康平.江西红色资源开发与教育研究［M］.北京：中国社会科学出版社，2011.

［5］毛栋.红四军加强党的建设及其经验研究［D］.湖南师范大学，2013.

[阅读链接]

中国的红色政权为什么能够存在?

毛泽东

一九二八年十月五日

一、国内的政治状况

现在国民党新军阀的统治，依然是城市买办阶级和乡村豪绅阶级的统治，对外投降帝国主义，对内以新军阀代替旧军阀，对工农阶级的经济的剥削和政治的压迫比从前更加厉害。从广东出发的资产阶级民主革命，到半路被买办豪绅阶级篡夺了领导权，立即转向反革命路上，全国工农平民以至资产阶级，依然在反革命统治底下，没有得到丝毫政治上经济上的解放。

国民党新军阀蒋桂冯阎四派，在北京天津没有打下以前，有一个对张作霖的临时的团结。北京天津打下以后，这个团结立即解散，变为四派内部激烈斗争的局面，蒋桂两派且在酝酿战争中。中国内部各派军阀的矛盾和斗争，反映着帝国主义各国的矛盾和斗争。故只要各国帝国主义分裂中国的状况存在，各派军阀就无论如何不能妥协，所有妥协都是暂时的。今天的暂时的妥协，即酝酿着明天的更大的战争。

中国迫切需要一个资产阶级的民主革命，这个革命必须由无产阶级领导才能完成。从广东出发向长江发展的一九二六年到一九二七年的革命，因为无产阶级没有坚决地执行自己的领导权，被买办豪绅阶级夺取了领导，以反革命代替了革命。资产阶级民主革命乃遭遇到暂时的失败。中国无产阶级和农民在此次失败中，受到很大的打击，中国资产阶级（非买办豪绅阶级）也受了打击。但最近数个月来，工农阶级在共产党领导之下的有组织的城市罢工和农村暴动，在南北各地发展起来。军阀军队中的士兵因饥寒而酝酿着很大的不安。同时资产阶级在汪精卫、陈公博一派鼓动之下，亦在沿海沿江各地发展着颇大的改良主义运动。这种运动的发展是新的事实。

中国的民主革命的内容，依国际及中央的指示，包括推翻帝国主义及其工具军阀在中国的统治，完成民族革命，并实行土地革命，消灭豪绅阶级对农民的封建的剥削。这种革命的实际运动，在一九二八年五月济南惨案以后，是一天一天在发展的。

二、中国红色政权发生和存在的原因

一国之内，在四围白色政权的包围中，有一小块或若干小块红色政权的区域长期地存在，这是世界各国从来没有的事。这种奇事的发生，有其独特的原因。而其存在和发展，亦必有相当的条件。第一，它的发生不能在任何帝国主义的国家，也不能在任何帝国主义直接统治的殖民地，必然是在帝国主义间接统治的经济落后的半殖民地的中国。因为这种奇怪现象必定伴着另外一件奇怪现象，那就是白色政权之间的战争。帝国主义和国内买办豪绅阶级支持着的各派新旧军阀，从民国元年以来，相互间进行着继续不断的战争，这是半殖民地中国的特征之一。不但全世界帝国主义国家没有一国有这种现象，就是帝国主义直接统治的殖民地也没有一处有这种现象，仅仅帝国主义间接统治的中国这样的国家才有这种现象。这种现象产生的原因有两种，即地方的农业经济（不是统一的资本主义经济）和帝国主义划分势力范围的分裂剥削政策。因为有了白色政权间的长期的分裂和战争，便给了一种条件，使一小块或若干小块的共产党领导的红色区域，能够在四围白色政权包围的中间发生和坚持下来。湘赣边界的割据，就是这许多小块中间的一小块。有些同志在困难和危急的时候，往往怀疑这样的红色政权的存在，而发生悲观的情绪。这是没有找出这种红色政权所以发生和存在的正确的解释的缘故。我们只须知道中国白色政权的分裂和战争是继续不断的，则红色政权的发生、存在并且日益发展，便是无疑的了。第二，中国红色政权首先发生和能够长期地存在的地方，不是那种并未经过民主革命影响的地方，例如四川、贵州、云南及北方各省，而是在一九二六和一九二七两年资产阶级民主革命过程中工农兵士群众曾经大大地起来过的地方，例如湖南、广东、湖北、江西等省。这些省份的许多地方，曾经有过很广大的工会和农民协会的组织，有过工农阶级对地主豪绅阶级和资产阶级的许多经济的政治的斗争。所以广州产生过三天的城市民众政权，而海陆丰、湘东、湘南、湘赣边界、湖北的黄安等地都有过农民的割据。至于此刻的红军，也是由经过民主的政治训练和接受过工农群众影响的国民革命军中分化出来的。那些毫未经过民主的政治训练、毫未接受过工农影响的军队，例如阎锡山、张作霖的军队，此时便决然不能分化出可以造成红军的成分来。第三，小地方民众政权之能否长期地存在，则决定于全国革命形势是否向前发展这一个条件。全国革命形势是向前发展的，则小块红色区域的长期存在，不但没有疑义，而且必然地要作为取得全国政权的许多力量中间的一个力量。全国革命形势若不是继续地向前发展，而有一个比较长期的停顿，则小块红色区域的长期存在是不可能的。现在中国革命形势是跟着国内买办豪绅阶级和国际资产阶级的继续的分裂和战争，而继续地向前发展的。所以，不但小块红色区域的长期存在没有疑义，而且这些红色区域将继续发展，日渐接近于全国政权的取得。第四，相当力量的正式红军的存在，是红色政权存在的必要条件。若只有地方性质的赤卫队而没有正式的红军，则只能对付挨户团，而不能对付正式的白色军队。所以虽有很好的工农群众，若没有相当力量的正式武装，便决然不能造成割据局面，更不能造成长期的和日益发展的割据局面。所以"工农武装割据"的思想，是共产党和割据地方的工农群众必须充分具备的一个重要的思想。第五，红色政权的长期的存在并且发展，除了上述条件之外，还须有一个要紧的条件，就是共产党组织的有力量和它的政策的不错误。

三、湘赣边界的割据和八月的失败

军阀间的分裂和战争，削弱了白色政权的统治势力。因此，小地方红色政权得以乘时产生出来。但军阀之间的战争不是每天不停的。每当一省或几省之间的白色政权有一个暂时稳定的时候，那一省的统治阶级或几省的统治阶级必然联合起来用尽力量来消灭这个红色政权。在为建立和坚持红色政权所必须的各种条件尚不完备的地方，便有被敌人推倒的危险。本年四月以前乘时而起的许多红色政权，如广州、海陆丰、湘赣边界、湘南、醴陵、黄安各地，都先后受到白色政权的摧残，就是这个道理。四月以后湘赣边界的割据，正值南方统治势力暂时稳定的时候，湘赣两省派来"进剿"的军队，随时都有八九个团以上的兵力，多的到过十八个团。然而我们以不足四个团的兵力和敌人斗争四个月之久，使割据地区一天一天扩大，土地革命一天一天深入，民众政权的组织一天一天推广，红军和赤卫队一天一天壮大，原因就在于湘赣边界的共产党（地方的党和军队的党）的政策是正确的。当时党的特委和军委的政策是：坚

决地和敌人作斗争，创造罗霄山脉中段政权，反对逃跑主义；深入割据地区的土地革命；军队党帮助地方党的发展，正规军队帮助地方武装的发展；集中红军相机应付当前之敌，反对分兵，避免被敌人各个击破；割据地区的扩大采取波浪式的推进政策，反对冒进政策。因为这些策略的适当，加上地形之利于斗争，湘赣两省进攻军队之不尽一致，于是才有四月至七月四个月中的各次胜利。虽以数倍于我之敌，不但不能破坏此割据，并且不能阻止此割据的日益扩大，此割据对湘赣两省的影响则有日益加大之势。八月失败，完全在于一部分同志不明了当时正是统治阶级暂时稳定的时候，反而采取统治阶级政治破裂时候的战略，分兵冒进，致边界和湘南同归失败。湖南省委代表杜修经同志不察当时环境，不顾特委、军委及永新县委联席会议的决议，只知形式地执行湖南省委的命令，附和红军第二九团逃避斗争欲回家乡的意见，其错误实在非常之大。这种失败的形势，因为九月以后特委和军委采取了纠正错误的步骤，而挽救过来了。

四、湘赣边界的割据局面在湘鄂赣三省的地位

以宁冈为中心的湘赣边界工农武装割据，其意义决不限于边界数县，这种割据在湘鄂赣三省工农暴动夺取三省政权的过程中是有很大的意义的。使边界土地革命和民众政权的影响远及于湘赣两省的下游乃至于湖北；使红军从斗争中日益增加其数量和提高其质量，能在将来三省总的暴动中执行它的必要的使命；使各县地方武装即赤卫队和工农暴动队的数量增加质量提高起来，此时能够与挨户团和小量军队作战，将来能够保全边界政权；使地方工作人材逐渐减少依靠红军中工作人材的帮助，能完全自立，以边界的人材任边界的工作，进一步能够供给红军的工作人材和扩大割据区域的工作人材——这些都是边界党在湘鄂赣三省暴动发展中极其重要的任务。

五、经济问题

在白色势力的四面包围中，军民日用必需品和现金的缺乏，成了极大的问题。一年以来，边界政权割据的地区，因为敌人的严密封锁，食盐、布匹、药材等日用必需品，无时不在十分缺乏和十分昂贵之中，因此引起工农小资产阶级群众和红军士兵群众的生活的不安，有时真是到了极度。红军一面要打仗，一面又要筹饷。每天除粮食

外的五分钱伙食费都感到缺乏，营养不足，病的甚多，医院伤兵，其苦更甚。这种困难，在全国总政权没有取得以前当然是不能免的，但是这种困难的比较地获得解决，使生活比较地好一点，特别是红军的给养使之比较地充足一点，则是迫切地需要的。边界党如不能对经济问题有一个适当的办法，在敌人势力的稳定还有一个比较长的期间的条件下，割据将要遇到很大的困难。这个经济问题的相当的解决，实在值得每个党员注意。

六、军事根据地问题

边界党还有一个任务，就是大小五井和九陇两个军事根据地的巩固。永新、鄜县、宁冈、遂川四县交界的大小五井山区，和永新、宁冈、茶陵、莲花四县交界的九陇山区，这两个地形优越的地方，特别是既有民众拥护、地形又极险要的大小五井，不但在边界此时是重要的军事根据地，就是在湘鄂赣三省暴动发展的将来，亦将仍然是重要的军事根据地。巩固此根据地的方法：第一，修筑完备的工事；第二，储备充足的粮食；第三，建设较好的红军医院。把这三件事切实做好，是边界党应该努力的。

——选自《毛泽东选集》（第一卷），人民出版社，1991年版

井冈山的斗争

毛泽东

一九二八年十一月二十五日

湘赣边界的割据和八月失败

一国之内，在四围白色政权的包围中间，产生一小块或若干小块的红色政权区域，在目前的世界上只有中国有这种事。我们分析它发生的原因之一，在于中国有买办豪绅阶级间的不断的分裂和战争。只要买办豪绅阶级间的分裂和战争是继续的，则

工农武装割据的存在和发展也将是能够继续的。此外，工农武装割据的存在和发展，还需要具备下列的条件：（1）有很好的群众；（2）有很好的党；（3）有相当力量的红军；（4）有便利于作战的地势；（5）有足够给养的经济力。

在统治阶级政权的暂时稳定的时期和破裂的时期，割据地区对四围统治阶级必须采取不同的战略。在统治阶级内部发生破裂时期，例如两湖在李宗仁唐生智战争时期，广东在张发奎李济深战争时期，我们的战略可以比较地冒进，用军事发展割据的地方可以比较地广大。但是仍然需要注意建立中心区域的坚实基础，以备白色恐怖到来时有所恃而不恐。若在统治阶级政权比较稳定的时期，例如今年四月以后的南方各省，则我们的战略必须是逐渐地推进的。这时在军事上最忌分兵冒进，在地方工作方面（分配土地，建立政权，发展党，组织地方武装）最忌把人力分得四散，而不注意建立中心区域的坚实基础。各地许多小块红色区域的失败，不是客观上条件不具备，就是主观上策略有错误。至于策略之所以错误，全在未曾把统治阶级政权暂时稳定的时期和破裂的时期这两个不同的时期分别清楚。有些同志在统治阶级政权暂时稳定的时期，也主张分兵冒进，甚至主张只用赤卫队保卫大块地方，好像完全不知道敌人方面除了挨户团以外还有正式军队集中来打的一回事。在地方工作方面，则完全不注意建立中心区域的坚实的基础，不顾主观力量的可能，只图无限量的推广。如果遇到什么人在军事方面主张采取逐步推广的政策，在地方工作方面主张集中力量建立中心区域的坚实基础，以求自立于不败之地，则谥之曰"保守主义"。他们的这种错误意见，就是今年八月湘赣边界失败以及同时红军第四军在湘南失败的根本原因。

湘赣边界的工作，从去年十月做起。开头，各县完全没有了党的组织，地方武装只袁文才、王佐各六十枝坏枪在井冈山附近，永新、莲花、茶陵、酃县四县农民自卫军枪枝全数缴给了豪绅阶级，群众革命情绪已经被压下去了。到今年二月，宁冈、永新、茶陵、遂川都有了党的县委，酃县有了特别区委，莲花亦开始建立了党的组织，和万安县委发生了关系。地方武装，除酃县外，各县都有了少数。在宁冈、茶陵、遂川、永新，特别是遂川、永新二县，进行了很多次打倒豪绅、发动群众的游击暴动，成绩都还好。这个时期，土地革命还没有深入。政权机关称为工农兵政府。军中组织了士兵委员会。部队分开行动时，则组织行动委员会指挥之。这时党的高级指导机关，是秋收起义时湖南省委任命的前敌委员会（毛泽东任书记）。三月上旬，前委因湘南特委的要求而取消，改组为师委（何挺颖为书记），变成单管军中党的机关，对地方党不能过问。同时毛部又因湘南特委的要求调往湘南，遂使边界被敌占领者一个多月。三月底湘南失败，四月朱、毛两部及湘南农军退到宁冈，再开始边界的割据。

四月以后，湘赣边界的割据，正值南方统治势力暂时稳定的时候，湘赣两省派来"进剿"的反动军队，至少有八九个团，多的时候到过十八个团。然而我们以不足四个团的兵力，和敌人斗争了四个月之久，使割据地区一天一天扩大，土地革命一天一天深入，民众政权一天一天推广，红军和赤卫队一天一天扩大，原因就在于边界党（地方的党和军队的党）的政策是正确的。当时边界特委（毛泽东为书记）和军委（陈毅为书记）的政策是：坚决地和敌人作斗争，造成罗霄山脉中段政权，反对逃跑主义；深入割据地区的土地革命；军队的党帮助地方党的发展，军队的武装帮助地方武装的发展；对统治势力比较强大的湖南取守势，对统治势力比较薄弱的江西取攻势；用大力经营永新，创造群众的割据，布置长期斗争；集中红军相机迎击当前之敌，反对分兵，避免被敌人各个击破；割据地区的扩大采取波浪式的推进政策，反对冒进政策。因为这些策略的适当，加以边界地形的利于斗争，湘赣两省进攻军队的不尽一致，于是才有四月至七月四个月的各次军事胜利和群众割据的发展。虽以数倍于我之敌，不但不能破坏此割据，且亦不能阻止此割据的发展。此割据对湘赣两省的影响，则有日益扩大之势。八月失败，完全在于一部分同志不明了当时正是统治阶级暂时稳定时期，反而采取在统治阶级破裂时期的政策，分兵向湘南冒进，致使边界和湖南同归失败。湖南省委代表杜修经和省委派充边界特委书记的杨开明，乘力持异议的毛泽东、宛希先诸人远在永新的时候，不察当时的环境，不顾军委、特委、永新县委联席会议不同意湖南省委主张的决议，只知形式地执行湖南省委向湘南去的命令，附和红军第二十九团（成分是宜章农民）逃避斗争欲回家乡的情绪，因而招致边界和湖南两方面的失败。

原来七月中旬，湖南敌人第八军吴尚侵入宁冈，再进永新，求战不得（我军从间道出击不值），畏我群众，仓卒经莲花退回茶陵。这时红军大队正由宁冈进攻鄠县、茶陵，并在鄠县变计折赴湘南，而江西敌人第三军王均、金汉鼎部五个团，第六军胡文斗部六个团，又协力进攻永新。此时我军只有一个团在永新，在广大群众的掩护之下，用四面游击的方式，将此十一团敌军困在永新县城附近三十里内至二十五天之久。最后因敌人猛攻，才失去永新，随后又失去莲花、宁冈。这时江西敌人忽然发生内讧，胡文斗的第六军仓皇退去，随即和王均的第三军战于樟树。留下的赣军五个团，亦仓皇退至永新城内。设我大队不往湘南，击溃此敌，使割据地区推广至吉安、安福、萍乡，和平江、浏阳衔接起来，是完全有可能的。大队已不在，我一团兵复疲惫不堪，乃决留一部分会同袁、王两部守井冈山，而由我率兵一部往桂东方向迎还大队。此时大队已由湘南退向桂东，八月二十三日我们在桂东得到会合。

红军大队七月中刚到鄠县时，第二十九团官兵即因政治动摇，欲回湘南家乡，不受约束；第二十八团反对往湘南，欲往赣南，但也不愿回永新。杜修经导扬第二十九团的错误意见，军委亦未能加以阻止，大队遂于七月十七日由鄠县出发，向郴州前进。七月二十四日与敌范石生战于郴州，先胜后败，撤出战斗。第二十九团随即自由行动，跑向宜章家乡，结果一部在乐昌被土匪胡凤章消灭，一部散在郴宜各地，不知所终，当日收集的不过百人。幸主力第二十八团损失不大，于八月十八日占领桂东。二十三日，会合从井冈山来的部队，议决经崇义、上犹重回井冈山。当到崇义时，营长袁崇全率一步兵连一炮兵连叛变，虽然追回了这两个连，但牺牲了团长王尔琢。八月三十日敌湘赣两军各一部乘我军欲归未归之际，攻击井冈山。我守军不足一营，凭险抵抗，将敌击溃，保存了这个根据地。

此次失败的原因是：（1）一部官兵动摇思家，失掉战斗力；一部官兵不愿往湘南，缺乏积极性。（2）盛暑远征，兵力疲惫。（3）从鄠县冒进数百里，和边界失去联系，成了孤军。（4）湘南群众未起来，成了单纯的军事冒险。（5）敌情不明。（6）准备不好，官兵不了解作战的意义。

割据地区的现势

今年四月以来，红色区域逐渐推广。六月二十三日龙源口（永新宁冈交界）一战，第四次击破江西敌人之后，我区有宁冈、永新、莲花三个全县，吉安、安福各一小部，遂川北部，鄘县东南部，是为边界全盛时期。在红色区域，土地大部分配了，小部在分配中。区乡政权普遍建立。宁冈、永新、莲花、遂川都有县政府，并成立了边界政府。乡村普遍组织了工农暴动队，区县两级则有赤卫队。七月赣敌进攻，八月湘赣两敌会攻井冈山，边界各县的县城及平原地区尽为敌据。为虎作伥的保安队、挨户团横行无忌，白色恐怖布满城乡。党的组织和政权的组织大部塌台。富农和党内的投机分子纷纷反水。八月三十日井冈山一战，湘敌始退往鄘县，赣敌仍盘踞各县城及大部乡村。然而山区是敌人始终无法夺取的，这在宁冈有西北两区，在永新有北乡的天龙区、西乡的小江区、南乡的万年山区，在莲花有上西区，在遂川有井冈山区，在鄘县有青石冈和大院区。七、八两月，红军一个团配合各县赤卫队、暴动队大小数十战，仅失枪三十枝，最后退入山区。

我军经崇义、上犹向井冈山回军之际，赣南敌军独立第七师刘士毅部追至遂川。九月十三日，我军击败刘士毅，缴枪数百，占领遂川。九月二十六日回到井冈山。十月一日，与敌熊式辉部周浑元旅战于宁冈获胜，收复宁冈全县。此时湘敌驻桂东的阎仲儒部有一百二十六人投入我军，编为特务营，毕占云为营长。十一月九日，我军又击破周旅一个团于宁冈城和龙源口。翌日进占永新，随即退回宁冈。目前我区南自遂川井冈山南麓，北至莲花边界，包括宁冈全县，遂川、鄘县、永新各一部，成一南北狭长的整块。莲花的上西区，永新的天龙、万年山区，则和整块不甚连属。敌人企图以军事进攻和经济封锁消灭我们的根据地，我们正在准备打破敌人的进攻。

军事问题

边界的斗争，完全是军事的斗争，党和群众不得不一齐军事化。怎样对付敌人，怎样作战，成了日常生活的中心问题。所谓割据，必须是武装的。哪一处没有武装，或者武装不够，或者对付敌人的策略错了，地方就立即被敌人占去了。这种斗争，一天比一天激烈，问题也就非常地繁复和严重。

边界红军的来源：（一）潮汕叶贺旧部；（二）前武昌国民政府警卫团；（三）平浏的农民；（四）湘南的农民和水口山的工人；（五）许克祥、唐生智、白崇禧、朱培德、吴尚、熊式辉等部的俘虏兵；（六）边界各县的农民。但是叶贺旧部、警卫团和平浏农民，经过一年多的战斗，只剩下三分之一。湘南农民，伤亡也大。因此，前四项虽然至今还是红军第四军的骨干，但已远不如后二项多。后二项中又以敌军俘虏为多，设无此项补充，则兵员大成问题。虽然如此，兵的增加和枪的增加仍不相称，枪不容易损失，兵有伤、亡、病、逃，损失甚易。湖南省委答应送安源工人来此，亟盼实行。

红军成分，一部是工人、农民，一部是游民无产者。游民成分太多，当然不好。但因天天在战斗，伤亡又大，游民分子却有战斗力，能找到游民补充已属不易。在此种情形下，只有加紧政治训练的一法。

红军士兵大部分是由雇佣军队来的，但一到红军即变了性质。首先是红军废除了雇佣制，使士兵感觉不是为他人打仗，而是为自己为人民打仗。红军至今没有什么正规的薪饷制，只发粮食、油盐柴菜钱和少数的零用钱。红军官兵中的边界本地人都分得了土地，只是远籍人分配土地颇为困难。

经过政治教育，红军士兵都有了阶级觉悟，都有了分配土地、建立政权和武装工农等项常识，都知道是为了自己和工农阶级而作战。因此，他们能在艰苦的斗争中不出怨言。连、营、团都有了士兵会，代表士兵利益，并做政治工作和民众工作。

党代表制度，经验证明不能废除。特别是在连一级，因党的支部建设在连上，党代表更为重要。他要督促士兵委员会进行政治训练，指导民运工作，同时要担任党的支部书记。事实证明，哪一个连的党代表较好，哪一个连就较健全，而连长在政治上却不易有这样大的作用。因为下级干部死伤太多，敌军俘虏兵往往过来不久，就要当连排长；今年二三月间的俘虏兵，现在有当了营长的。从表面看，似乎既称红军，就可以不要党代表了，实在大谬不然。第二十八团在湘南曾经取消了党代表，后来又恢复了。改称指导员，则和国民党的指导员相混，为俘虏兵所厌恶。且易一名称，于制度的本质无关。故我们决定不改。党代表伤亡太多，除自办训练班训练补充外，希望中央和两省委派可充党代表的同志至少三十人来。

普通的兵要训练半年一年才能打仗，我们的兵，昨天入伍今天就要打仗，简直无所谓训练。军事技术太差，作战只靠勇敢。长时间的休息训练是不可能的，只有设法避开一些战斗，争取时间训练，看可能否。为着训练下级军官，现在办了一个百五十人的教导队，准备经常办下去。希望中央和两省委多派连排长以上的军官来。

湖南省委要我们注意士兵的物质生活，至少要比普通工农的生活好些。现在则相反，除粮食外，每天每人只有五分大洋的油盐柴菜钱，还是难乎为继。仅仅发油盐柴菜钱，每月也需现洋万元以上，全靠打土豪供给。现在全军五千人的冬衣，有了棉花，还缺少布。这样冷了，许多士兵还是穿两层单衣。好在苦惯了。而且什么人都是一样苦，从军长到伙夫，除粮食外一律吃五分钱的伙食。发零用钱，两角即一律两角，四角即一律四角。因此士兵也不怨恨什么人。

作战一次，就有一批伤兵。由于营养不足、受冻和其他原因，官兵病的很多。医院设在山上，用中西两法治疗，医生药品均缺。现在医院中共有八百多人。湖南省委答应办药，至今不见送到。仍祈中央和两省委送几个西医和一些碘片来。

红军的物质生活如此菲薄，战斗如此频繁，仍能维持不敝，除党的作用外，就是靠实行军队内的民主主义。官长不打士兵，官兵待遇平等，士兵有开会说话的自由，废除烦琐的礼节，经济公开。士兵管理伙食，仍能从每日五分的油盐柴菜钱中节余一点作零用，名曰"伙食尾子"，每人每日约得六七十文。这些办法，士兵很满意。尤其是新来的俘虏兵，他们感觉国民党军队和我们军队是两个世界。他们虽然感觉红军的物质生活不如白军，但是精神得到了解放。同样一个兵，昨天在敌军不勇敢，今天在红军很勇敢，就是民主主义的影响。红军像一个火炉，俘虏兵过来马上就熔化了。中国不但人民需要民主主义，军队也需要民主主义。军队内的民主主义制度，将是破坏封建雇佣军队的一个重要的武器。

党的组织，现分连支部、营委、团委、军委四级。连有支部，班有小组。红军所以艰难奋战而不溃散，"支部建在连上"是一个重要原因。两年前，我们在国民党军中的组织，完全没有抓住士兵，即在叶挺部也还是每团只有一个支部，故经不起严重的考验。现在红军中党员和非党约为一与三之比，即平均四个人中有一个党员。最近决定在战斗兵中发展党员数量，达到党员非党员各半的目的。现在连支部缺乏好的

书记，请中央从各地不能立足的活动分子中派遣多人来此充当。湘南来的工作人员，几乎尽数在军中做党的工作。可是八月间在湘南跑散了一些，所以现在不能调出人去。

地方武装有赤卫队和工农暴动队。暴动队以梭镖、鸟枪为武器，乡为单位，每乡一队，人数以乡的大小为比例。职务是镇压反革命，保卫乡政权，敌人来了帮助红军或赤卫队作战。暴动队始于永新，原是秘密的，夺取全县以后，公开了。这个制度现已推行于边界各县，名称未改。赤卫队的武器主要是五响枪，也有九响和单响枪。各县枪数：宁冈百四十，永新二百二十，莲花四十三，茶陵五十，酃县九十，遂川百三十，万安十，共六百八十三。大部是红军发给的，小部是自己从敌人夺取的。各县赤卫队大都经常地和豪绅的保安队、挨户团作战，战斗力日益增强。马日事变以前，各县有农民自卫军。枪数：攸县三百，茶陵三百，酃县六十，遂川五十，永新八十，莲花六十，宁冈（袁文才部）六十，井冈山（王佐部）六十，共九百七十。马日事变后，除袁、王两部无损失外，仅遂川保存六枝，莲花保存一枝，其余概被豪绅缴去。农民自卫军如此没有把握枪枝的能力，这是机会主义路线的结果。现在各县赤卫队的枪枝还是很不够，不如豪绅的枪多，红军必须继续在武器上给赤卫队以帮助。在不降低红军战斗力的条件之下，必须尽量帮助人民武装起来。我们业经规定红军每营用四连制，每连步枪七十五枝，加上特务连，机关枪连，迫击炮连，团部和三个营部，每团有步枪一千零七十五枝。作战缴获的枪，则尽量武装地方。赤卫队的指挥官，由各县派人进红军所办的教导队受训后充当。由红军派远地人到地方去当队长，必须逐渐减少。朱培德、吴尚亦在武装保安队和挨户团，边界各县豪绅武装的数量和战斗力，颇为可观。我们红色地方武装的扩大，更是刻不容缓。

红军以集中为原则，赤卫队以分散为原则。当此反动政权暂时稳定时期，敌人能集中大量军力来打红军，红军分散是不利的。我们的经验，分兵几乎没有一次不失败，集中兵力以击小于我或等于我或稍大于我之敌，则往往胜利。中央指示我们发展的游击区域，纵横数千里，失之太广，这大概是对我们力量估计过大的缘故。赤卫队则以分散为有利，现在各县赤卫队都采取分散作战办法。

对敌军的宣传，最有效的方法是释放俘虏和医治伤兵。敌军的士兵和营、连、排长被我们俘虏过来，即对他们进行宣传工作，分为愿留愿去两种，愿去的即发路费释放。这样就把敌人所谓"共匪见人就杀"的欺骗，立即打破。杨池生的《九师旬刊》，对于我们的这种办法有"毒矣哉"的惊叹。红军士兵们对于所捉俘虏的抚慰和欢送，十分热烈，在每次"欢送新弟兄大会"上，俘虏兵演说也回报我们以热烈的感激。医治敌方伤兵，效力也很大。聪明的敌人例如李文彬，近来也仿效我们的办法，不杀俘虏，医治被俘伤兵。不过，在再作战时，我们的人还是有拖枪回来的，这样的事已有过两回。此外，文字宣传，如写标语等，也尽力在做。每到一处，壁上写满了口号。惟缺绘图的技术人材，请中央和两省委送几个来。

军事根据地：第一个根据地是井冈山，介在宁冈、酃县、遂川、永新四县之交。北麓是宁冈的茅坪，南麓是遂川的黄坳，两地相距九十里。东麓是永新的拿山，西麓是酃县的水口，两地相距百八十里。四周从拿山起经龙源口（以上永新）、新城、茅坪、大陇（以上宁冈）、十都、水口、下村（以上酃县）、营盘圩、戴家埔、大汾、堆子前、黄坳、五斗江、车坳（以上遂川）到拿山，共计五百五十里。山上大井、小井、上井、中井、下井、茨坪、下庄、行洲、草坪、白银湖、罗浮各地，均有水田和村庄，为自来土匪、散军窟宅之所，现在作了我们的根据地。但人口不满两千，产谷不满万担，军粮全靠宁冈、永新、遂川三县输送。山上要隘，都筑了工事。医院、被服厂、军械处、各团留守处，均在这里。现在正从宁冈搬运粮食上山。若有充足的给养，敌人是打不进来的。第二个根据地是宁冈、永新、莲花、茶陵四县交界的九陇山，重要性不及井冈山，为四县地方武装的最后根据地，也筑了工事。在四围白色政权中间的红色割据，利用山险是必要的。

土地问题

边界土地状况：大体说来，土地的百分之六十以上在地主手里，百分之四十以下在农民手里。江西方面，遂川的土地最集中，约百分之八十是地主的。永新次之，约百分之七十是地主的。万安、宁冈、莲花自耕农较多，但地主的土地仍占比较的多数，约百分之六十，农民只占百分之四十。湖南方面，茶陵、酃县两县均有约百分之

七十的土地在地主手中。

中间阶级问题：在上述土地状况之下，没收一切土地重新分配，是能得到大多数人拥护的。但农村中略分为三种阶级，即大、中地主阶级，小地主、富农的中间阶级，中农、贫农阶级。富农往往与小地主利害联在一起。富农土地在土地总额中占少数，但与小地主土地合计，则数量颇大。这种情形，恐全国亦差不多。边界对于土地是采取全部没收、彻底分配的政策；故在红色区域，豪绅阶级和中间阶级，同被打击。政策是如此，实际执行时却大受中间阶级的阻碍。当革命初期，中间阶级表面上投降贫农阶级，实际则利用他们从前的社会地位及家族主义，恐吓贫农，延宕分田的时间。到无可延宕时，即隐瞒土地实数，或自据肥田，把瘠田让人。此时期内，贫农因长期地被摧残及感觉革命胜利无保障，往往接受中间阶级的意见，不敢积极行动。必待进至革命高涨，如得了全县甚至几县政权，反动军队几次战败，红军的威力几次表现之后，农村中才有对于中间阶级的积极行动。如永新南乡，是中间阶级最多的地方，延宕分田及隐瞒土地也最厉害。到六月二十三日龙源口红军大胜之后，区政府又处理了几个延宕分田的人，才实际地分下去。但是无论哪一县，封建的家族组织十分普遍，多是一姓一个村子，或一姓几个村子，非有一个比较长的时间，村子内阶级分化不能完成，家族主义不能战胜。

白色恐怖下中间阶级的反水：中间阶级在革命高涨时受到打击，白色恐怖一来，马上反水。引导反动军队大烧永新、宁冈革命农民的房子的，就是两县的小地主和富农。他们依照反动派的指示，烧屋、捉人，十分勇敢。红军再度到宁冈新城、古城、砻市一带时，有数千农民听信反动派的共产党将要杀死他们的宣传，跟了反动派跑到永新。经过我们"不杀反水农民"、"欢迎反水农民回来割禾"的宣传之后，才有一些农民慢慢地跑回来。

全国革命低潮时，割据地区最困难的问题，就在拿不住中间阶级。中间阶级之所以反叛，受到革命的过重打击是主因。然若全国在革命高涨中，贫农阶级有所恃而增加勇气，中间阶级亦有所惧而不敢乱为。当李宗仁唐生智战争向湖南发展时，茶陵的小地主向农民求和，有送猪肉给农民过年的（这时红军已退出茶陵向遂川去了）。

李唐战争结束，就不见有这等事了。现在全国是反革命高涨时期，被打击的中间阶级在白色区域内几乎完全附属于豪绅阶级去了，贫农阶级成了孤军。此问题实在严重得很。

日常生活压迫，影响中间阶级反水：红区白区对抗，成为两个敌国。因为敌人的严密封锁和我们对小资产阶级的处理失当这两个原因，两区几乎完全断绝贸易，食盐、布匹、药材等项日常必需品的缺乏和昂贵，木材、茶油等农产品不能输出，农民断绝进款，影响及于一般人民。贫农阶级比较尚能忍受此苦痛，中等阶级到忍不住时，就投降豪绅阶级。中国豪绅军阀的分裂和战争若不是继续进行的，全国革命形势若不是向前发展的，则小块地区的红色割据，在经济上将受到极大的压迫，割据的长期存在将成问题。因为这种经济压迫，不但中等阶级忍不住，工人、贫农和红军亦恐将有耐不住之时。永新、宁冈两县没有盐吃，布匹、药材完全断绝，其他更不必说。现在盐已有卖，但极贵。布匹、药材仍然没有。宁冈及永新西部、遂川北部（以上均目前割据地）出产最多的木材和茶油，仍然运不出去。

土地分配的标准：以乡为分配土地的单位。山多田少地方，如永新之小江区，以三四乡为一个单位去分配的也有，但极少。所有乡村中男女老幼，一律平分。现依中央办法，改以劳动力为标准，能劳动的比不能劳动的多分一倍。

向自耕农让步问题：尚未详细讨论。自耕农中之富农，自己提出要求，欲以生产力为标准，即人工和资本（农具等）多的多分田。富农觉得平均分和按劳动力分两种方法都于他们不利。他们的意思，在人工方面，他们愿意多努力，加上资本的力量，他们可以多得收获。若照普通人一样分了，蔑视了（闲置了）他们的特别努力和多余的资本，他们是不愿意的。此间仍照中央办法执行。但此问题，仍当讨论，候得结论再作报告。

土地税：宁冈收的是百分之二十，比中央办法多收半成，已在征收中，不好变更，明年再减。此外，遂川、酃县、永新各一部在割据区域内，都是山地，农民太苦，不好收税。政府和赤卫队用费，靠向白色区域打土豪。至于红军给养，米暂可从宁冈土地税取得，钱亦完全靠打土豪。十月在遂川游击，筹得万余元，可用一时，用完再讲。

政权问题

县、区、乡各级民众政权是普遍地组织了，但是名不副实。许多地方无所谓工农兵代表会。乡、区两级乃至县一级，政府的执行委员会，都是用一种群众会选举的。一哄而集的群众会，不能讨论问题，不能使群众得到政治训练，又最便于知识分子或投机分子的操纵。一些地方有了代表会，亦仅认为是对执行委员会的临时选举机关；选举完毕，大权揽于委员会，代表会再不谈起。名副其实的工农兵代表会组织，不是没有，只是少极了。所以如此，就是因为缺乏对于代表会这个新的政治制度的宣传和教育。封建时代独裁专断的恶习惯深中于群众乃至一般党员的头脑中，一时扫除不净，遇事贪图便利，不喜欢麻烦的民主制度。民主集中主义的制度，一定要在革命斗争中显出了它的效力，使群众了解它是最能发动群众力量和最利于斗争的，方能普遍地真实地应用于群众组织。我们正在制订详细的各级代表会组织法（依据中央的大纲），把以前的错误逐渐纠正。红军中的各级士兵代表会议，现亦正在使之经常建立起来，纠正从前只有士兵委员会而无士兵代表会的错误。

现在民众普遍知道的"工农兵政府"，是指委员会，因为他们尚不认识代表会的权力，以为委员会才是真正的权力机关。没有代表大会作依靠的执行委员会，其处理事情，往往脱离群众的意见，对没收及分配土地的犹豫妥协，对经费的滥用和贪污，对白色势力的畏避或斗争不坚决，到处发现。委员会也很少开全体会，遇事由常委处决。区乡两级政府则常委会也少开，遇事由主席、秘书、财务或赤卫队长（暴动队长）各自处理决定，这四个人是经常驻会的。所以，民主集中主义，在政府工作中也用得不习惯。

初期的政府委员会中，特别是乡政府一级，小地主富农争着要干。他们挂起红带子，装得很热心，用骗术钻入了政府委员会，把持一切，使贫农委员只作配角。只有在斗争中揭破了他们的假面，贫农阶级起来之后，方能去掉他们。这种现象虽不普遍，但在很多地方都发现了。

党在群众中有极大的威权，政府的威权却差得多。这是由于许多事情为图省便，党在那里直接做了，把政权机关搁置一边。这种情形是很多的。政权机关里的党团组织有些地方没有，有些地方有了也用得不完满。以后党要执行领导政府的任务；党的主张办法，除宣传外，执行的时候必须通过政府的组织。国民党直接向政府下命令的错误办法，是要避免的。

党的组织问题

与机会主义斗争的经过：马日事变前后，边界各县的党，可以说是被机会主义操纵的。当反革命到来时，很少坚决的斗争。去年十月，红军（工农革命军第一军第一师第一团）到达边界各县时，只剩下若干避难藏匿的党员，党的组织全部被敌人破坏了。十一月到今年四月，为重新建党时期，五月以后为大发展时期。一年以来，党内机会主义现象仍然到处发现：一部分党员无斗争决心，敌来躲入深山，叫做"打埋伏"；一部分党员富有积极性，却又流于盲目的暴动。这些都是小资产阶级思想的表现。这种情形，经过长期的斗争锻炼和党内教育，逐渐减少了。同时，在红军中，这种小资产阶级的思想，也是存在的。敌人来了，主张拼一下，否则就要逃跑。这两种思想，往往在讨论作战时由一个人说出来。经过了长时间党内的斗争和客观事实的教训，例如拼一下遭了损伤，逃跑遭了失败，才逐渐地改变过来。

地方主义：边界的经济，是农业经济，有些地方还停留在杵臼时代（山地大都用杵臼舂米，平地方有许多石碓）。社会组织是普遍地以一姓为单位的家族组织。党在村落中的组织，因居住关系，许多是一姓的党员为一个支部，支部会议简直同时就是家族会议。在这种情形下，"斗争的布尔什维克党"的建设，真是难得很。说共产党不分国界省界的话，他们不大懂，不分县界、区界、乡界的话，他们也是不大懂得的。各县之间地方主义很重，一县内的各区乃至各乡之间也有很深的地方主义。这种地方主义的改变，说道理，至多发生几分效力，多半要靠白色势力的非地方主义的压迫。例如反革命的两省"会剿"，使人民在斗争中有了共同的利害，才可以逐渐地打破他们的地方主义。经过了许多这样的教训，地方主义是减少了。

土客籍问题：边界各县还有一件特别的事，就是土客籍的界限。土籍的本地人和数百年前从北方移来的客籍人之间存在着很大的界限，历史上的仇怨非常深，有时发生很激烈的斗争。这种客籍人从闽粤边起，沿湘、赣两省边界，直至鄂南，大概有几百万人。客籍占领山地，为占领平地的土籍所压迫，素无政治权利。前年和去年的国民革命，客籍表示欢迎，以为出头有日。不料革命失败，客籍被土籍压迫如故。我们的区域内，宁冈、遂川、酃县、茶陵，都有土客籍问题，而以宁冈的问题为最严重。前年至去年，宁冈的土籍革命派和客籍结合，在共产党领导之下，推翻了土籍豪绅的政权，掌握了全县。去年六月，江西朱培德政府反革命，九月，豪绅带领朱培德军队"进剿"宁冈，重新挑起土客籍人民之间斗争。这种土客籍的界限，在道理上讲不应引到被剥削的工农阶级内部来，尤其不应引到共产党内部来。然而在事实上，因为多年遗留下来的习惯，这种界限依然存在。例如边界八月失败，土籍豪绅带领反动军队回宁冈，宣传客籍将要杀土籍，土籍农民大部分反水，挂起白带子，带领白军烧屋搜山。十月、十一月红军打败白军，土籍农民跟着反动派逃走，客籍农民又去没收土籍农民的财物。这种情况，反映到党内来，时常发生无谓的斗争。我们的办法是一面宣传"不杀反水农民"，"反水农民回来一样得田地"，使他们脱离豪绅的影响，安心回家；一面由县政府责令客籍农民将没收的财物退还原主，并出布告保护土籍农民。在党内，加紧教育，务使两部分党员团结一致。

投机分子的反水：革命高涨时（六月），许多投机分子乘公开征收党员的机会混入党内，边界党员数量一时增到一万以上。支部和区委的负责人多属新党员，不能有好的党内教育。白色恐怖一到，投机分子反水，带领反动派捉拿同志，白区党的组织大半塌台。九月以后，厉行洗党，对于党员成分加以严格的限制。永新、宁冈两县的党组织全部解散，重新登记。党员数量大为减少，战斗力反而增加。过去党的组织全部公开，九月以后，建设秘密的组织，准备在反动派来了也能活动。同时多方伸入白区，在敌人营垒中去活动。但在附近各城市中还没有党的基础。其原因一因城市中敌人势力较大，二因我军在占领这些城市时太损害了资产阶级的利益，致使党员在那里难于立足。现在纠正错误，力求在城市中建设我们的组织，但成效尚不多见。

党的领导机关：支部干事会改称委员会。支部上为区委，区委上为县委。区委县委之间因特别情况有组织特别区委的，如永新的北乡特区及东南特区。边区共有宁冈、永新、莲花、遂川、酃县五个县委。茶陵原有县委，因工作做不进去，去冬今春建设的许多组织大部被白色势力打塌了，半年以来只能在靠近宁冈永新一带的山地工作，因此将县委改为特别区委。攸县、安仁均须越过茶陵，派人去过，无功而返。万安县委一月间曾和我们在遂川开过一次联席会议，大半年被白色势力隔断，九月红军游击到万安，才又接一次头。有八十个革命农民跟随到井冈山，组织万安赤卫队。安福没有党的组织。吉安邻接永新，吉安县委仅和我们接过两次头，一点帮助不给，奇怪得很。桂东的沙田一带，三月八月两度分配土地，建设了党的组织，属于以龙溪十二洞为中心的湘南特委管辖。各县县委之上为湘赣边界特委。五月二十日，边界党的第一次代表大会在宁冈茅坪开会，选举第一届特委会委员二十三人，毛泽东为书记。七月湖南省委派杨开明来，杨代理书记。九月杨病，谭震林代理书记。八月红军大队往湘南，白色势力高压边界，我们曾在永新开过一次紧急会议。十月红军返至宁冈，乃在茅坪召集边界党的第二次代表大会。十月四日起开会三天，通过了《政治问题和边界党的任务》等决议，选举了谭震林、朱德、陈毅、龙超清、朱昌偕、刘天干、盘圆珠、谭思聪、谭兵、李却非、朱亦岳、袁文才、王佐农、陈正人、毛泽东、宛希先、王佐、杨开明、何挺颖等十九人为第二届特委会的委员。五人为常委，谭震林（工人）为书记，陈正人（知识分子）为副书记。十一月十四日红军第六次全军大会，选举二十三人组织军委，五人为常委，朱德为书记。特委及军委统辖于前委。前委是十一月六日重新组织的，依中央的指定，以毛泽东、朱德、地方党部书记（谭震林）、一工人同志（宋乔生）、一农民同志（毛科文）五人组成，毛泽东为书记。前委暂设秘书处、宣传科、组织科和职工运动委员会、军事委员会。前委管理地方党。特委仍有存在的必要，因为前委有时要随军行动。我们感觉无产阶级思想领导的问题，是一个非常重要的问题。边界各县的党，几乎完全是农民成分的党，若不给以无产阶级的思想领导，其趋向是会要错误的。除应积极注意各县城和大市镇的职工运动外，并应在政权机关中增加工人的代表。党的各级领导机关也应增加工人和贫农的成分。

革命性质问题

我们完全同意共产国际关于中国问题的决议。中国现时确定还是处在资产阶级民权革命的阶段。中国彻底的民权主义革命的纲领，包括对外推翻帝国主义，求得彻底的民族解放；对内肃清买办阶级的在城市的势力，完成土地革命，消灭乡村的封建关系，推翻军阀政府。必定要经过这样的民权主义革命，方能造成过渡到社会主义的真正基础。我们一年来转战各地，深感全国革命潮流的低落。一方面有少数小块地方的红色政权，一方面全国人民还没有普通的民权，工人农民以至民权派的资产阶级，一概没有言论集会的权利，加入共产党是最大的犯罪。红军每到一地，群众冷冷清清，经过宣传之后，才慢慢地起来。和敌军打仗，不论哪一军都要硬仗，没有什么敌军内部的倒戈或暴动。马日事变后招募"暴徒"最多的第六军，也是这样。我们深深感觉寂寞，我们时刻盼望这种寂寞生活的终了。要转入到沸热的全国高涨的革命中去，则包括城市小资产阶级在内的政治的经济的民权主义斗争的发动，是必经的道路。

对小资产阶级的政策，我们在今年二月以前，是比较地执行得好的。三月湘南特委的代表到宁冈，批评我们太右，烧杀太少，没有执行所谓"使小资产变成无产，然后强迫他们革命"的政策，于是改变原来前委的领导人，政策一变。四月全军到边界后，烧杀虽仍不多，但对城市中等商人的没收和乡村小地主富农的派款，是做得十分厉害的。湘南特委提出的"一切工厂归工人"的口号，也宣传得很普遍。这种打击小资产阶级的过左的政策，把小资产阶级大部驱到豪绅一边，使他们挂起白带子反对我们。近来逐渐改变这种政策，情形渐渐好些。在遂川特别收到了好的效果，县城和市镇上的商人不畏避我们了，颇有说红军的好话的。草林圩上逢圩（日中为市，三天一次），到圩两万人，为从来所未有。这件事，证明我们的政策是正确的了。豪绅对人民的税捐很重，遂川靖卫团在黄坳到草林七十里路上要抽五道税，无论什么农产都不能免。我们打掉靖卫团，取消这些税，获得了农民和中小商人全体的拥护。

中央要我们发布一个包括小资产阶级利益的政纲，我们则提议请中央制订一个整个民权革命的政纲，包括工人利益、土地革命和民族解放，使各地有所遵循。

以农业为主要经济的中国的革命，以军事发展暴动，是一种特征。我们建议中央，用大力做军事运动。

割据地区问题

广东北部沿湖南江西两省边界至湖北南部，都属罗霄山脉区域。整个的罗霄山脉我们都走遍了；各部分比较起来，以宁冈为中心的罗霄山脉的中段，最利于我们的军事割据。北段地势不如中段可进可守，又太迫近了大的政治都会，如果没有迅速夺取长沙或武汉的计划，则以大部兵力放在浏阳、醴陵、萍乡、铜鼓一带是很危险的。南段地势较北段好，但群众基础不如中段，政治上及于湘赣两省的影响也小些，不如中段一举一动可以影响两省的下游。中段的长处：（1）有经营了一年多的群众基础。（2）党的组织有相当的基础。（3）经过一年多的时间，创造了富有斗争经验的地方武装，这是十分难得的；这个地方武装的力量，加上红军第四军的力量，是任凭什么敌人也不能消灭的。（4）有很好的军事根据地——井冈山，地方武装的根据地则各县都有。（5）影响两省，且能影响两省的下游，比较湘南赣南等处只影响一省，且在一省的上游和僻地者，政治意义大不相同。中段的缺点，是因割据已久，"围剿"军多，经济问题，特别是现金问题，十分困难。

湖南省委对于此间的行动计划，六七月间数星期内，曾三变其主张。第一次袁德生来，赞成罗霄山脉中段政权计划。第二次杜修经、杨开明来，主张红军毫不犹豫地向湘南发展，只留二百枝枪会同赤卫队保卫边界，并说这是"绝对正确"的方针。第三次袁德生又来，相隔不过十天，这次信上除骂了我们一大篇外，却主张红军向湘东去，又说是"绝对正确"的方针，而且又要我们"毫不犹豫"。我们接受了这样硬性的指示，不从则迹近违抗，从则明知失败，真是不好处。当第二次信到时，军委、特委、永新县委举行联席会议，认为往湘南危险，决定不执行省委的意见。数天之后，却由杜修经杨开明坚持省委意见，利用第二十九团的乡土观念，把红军拉去攻郴州，致边界和红军一齐失败。红军数量上约损失一半；边界则被焚之屋、被杀之人不可胜数，各县相继失陷，至今未能完全恢复。至于往湘东，在湘鄂赣三省豪绅政权尚未分裂之前，亦决不宜用红军的主力去。设七月无去湘南一举，则不但可免边界的八月失败，且可乘国民党第六军和王均战于江西樟树之际，击破永新敌军，席卷吉安、安福，前锋可达萍乡，而与北段之红第五军取得联络。即在这种时候，也应以宁冈为大本营，去湘东的只能是游击部队。因豪绅间战争未起，湘边鄷县、茶陵、攸县尚有大敌，主力北向，必为所乘。中央要我们考虑往湘东或往湘南，实行起来都很危险，湘东之议虽未实现，湘南则已有证验。这种痛苦的经验，是值得我们时时记着的。

现在是豪绅阶级统治还没有破裂的时期，环边界而"进剿"的敌军，尚有十余团之多。但若我们于现金问题能继续找得出路（粮食衣服已不成大问题），则凭借边界的基础，对付此数敌人，甚至更多的敌人，均有办法。为边界计，红军若走，则像八月那样的蹂躏，立可重来。赤卫队虽不至完全消灭，党和群众的基础将受到极大的摧残，除山头割据可以保存一些外，平地均将转入秘密状态，如八九月间一样。红军不走，以现在的基础可以逐渐向四周发展，前途的希望是很大的。为红军计，欲求扩大，只有在有群众基础的井冈山四周即宁冈、永新、鄷县、遂川四县，利用湘赣两敌利害不一致，四面防守，无法集中的情况，和敌人作长期的斗争。利用正确的战术，不战则已，战则必胜，必有俘获，如此可以逐渐扩大红军。以四月至七月那时边界群众的准备，红军大队若无湘南之行，则八月间红军的扩大是没有疑义的。虽然犯了一次错误，红军已卷土重来此地利人和之边界，前途希望还是不恶。红军必须在边界这等地方，下斗争的决心，有耐战的勇气，才能增加武器，练出好兵。边界的红旗子，业已打了一年，虽然一方面引起了湘鄂赣三省乃至全国豪绅阶级的痛恨，另一方面却渐渐引起了附近省份工农士兵群众的希望。以士兵论，因军阀们把向边界"剿匪"当做一件大事，"剿匪经年，耗费百万"（鲁涤平），"人称二万，枪号五千"（王均），如此等类的话，逐渐引起敌军士兵和无出路的下级官长对我们注意，自拔来归的将日益增多，红军扩充，又是一条来路。并且边界红旗子始终不倒，不但表示了共产党的力量，而且表示了统治阶级的破产，在全国政治上有重大的意义。所以我们始终认为罗霄山脉中段政权的创造和扩大，是十分必要和十分正确的。

——选自《毛泽东选集》（第一卷），人民出版社，1991年版

星星之火,可以燎原

毛泽东

一九三〇年一月五日

在对于时局的估量和伴随而来的我们的行动问题上,我们党内有一部分同志还缺少正确的认识。他们虽然相信革命高潮不可避免地要到来,却不相信革命高潮有迅速到来的可能。因此他们不赞成争取江西的计划,而只赞成在福建、广东、江西之间的三个边界区域的流动游击,同时也没有在游击区域建立红色政权的深刻的观念,因此也就没有用这种红色政权的巩固和扩大去促进全国革命高潮的深刻的观念。他们似乎认为在距离革命高潮尚远的时期做这种建立政权的艰苦工作为徒劳,而希望用比较轻便的流动游击方式去扩大政治影响,等到全国各地争取群众的工作做好了,或做到某个地步了,然后再来一个全国武装起义,那时把红军的力量加上去,就成为全国范围的大革命。他们这种全国范围的、包括一切地方的、先争取群众后建立政权的理论,是于中国革命的实情不适合的。他们的这种理论的来源,主要是没有把中国是一个许多帝国主义国家互相争夺的半殖民地这件事认清楚。如果认清了中国是一个许多帝国主义国家互相争夺的半殖民地,则一,就会明白全世界何以只有中国有这种统治阶级内部互相长期混战的怪事,而且何以混战一天激烈一天,一天扩大一天,何以始终没有一个统一的政权。二,就会明白农民问题的严重性,因之,也就会明白农村起义何以有现在这样的全国规模的发展。三,就会明白工农民主政权这个口号的正确。四,就会明白相应于全世界只有中国有统治阶级内部长期混战的一件怪事而产生出来的另一件怪事,即红军和游击队的存在和发展,以及伴随着红军和游击队而来的,成长于四围白色政权中的小块红色区域的存在和发展(中国以外无此怪事)。五,也就会明白红军、游击队和红色区域的建立和发展,是半殖民地中国在无产阶级领导之下的农民斗争的最高形式,和半殖民地农民斗争发展的必然结果;并且无疑义地是促进全国革命高潮的最重要因素。六,也就会明白单纯的流动游击政策,不能完成促进全国革命高潮的任务,而朱德毛泽东式、方志敏式之有根据地的,有计划地建设政权的,深入土地革命的，扩大人民武装的路线是经由乡赤卫队、区赤卫大队、县赤卫总队、地方红军直至正规红军这样一套办法的，政权发展是波浪式地向前扩大的，等等的政策，无疑义地是正确的。必须这样，才能树立全国革命群众的信仰，如苏联之于全世界然。必须这样，才能给反动统治阶级以甚大的困难，动摇其基础而促进其内部的分解。也必须这样，才能真正地创造红军，成为将来大革命的主要工具。总而言之，必须这样，才能促进革命的高潮。

犯着革命急性病的同志们不切当地看大了革命的主观力量，而看小了反革命力量。这种估量，多半是从主观主义出发。其结果，无疑地是要走上盲动主义的道路。另一方面，如果把革命的主观力量看小了，把反革命力量看大了，这也是一种不切当的估量，又必然要产生另一方面的坏结果。因此，在判断中国政治形势的时候，需要认识下面的这些要点：

（一）现在中国革命的主观力量虽然弱，但是立足于中国落后的脆弱的社会经济组织之上的反动统治阶级的一切组织（政权、武装、党派等）也是弱的。这样就可以解释现在西欧各国的革命的主观力量虽然比现在中国的革命的主观力量也许要强些，但因为它们的反动统治阶级的力量比中国的反动统治阶级的力量更要强大许多倍，所以仍然不能即时爆发革命。现时中国革命的主观力量虽然弱，但是因为反革命力量也是相对地弱的，所以中国革命的走向高潮，一定会比西欧快。

（二）一九二七年革命失败以后，革命的主观力量确实大为削弱了。剩下的一点小小的力量，若仅依据某些现象来看，自然要使同志们（作这样看法的同志们）发生悲观的念头。但若从实质上看，便大大不然。这里用得着中国的一句老话："星星之火，可以燎原。"这就是说，现在虽只有一点小小的力量，但是它的发展会是很快的。它在中国的环境里不仅是具备了发展的可能性，简直是具备了发展的必然性，这在五卅运动及其以后的大革命运动已经得了充分的证明。我们看事情必须要看它的实质，而把它的现象只看作入门的向导，一进了门就要抓住它的实质，这才是可靠的科学的分析方法。

（三）对反革命力量的估量也是这样，决不可只看它的现象，要去看它的实质。

当湘赣边界割据的初期，有些同志真正相信了当时湖南省委的不正确的估量，把阶级敌人看得一钱不值；到现在还传为笑谈的所谓"十分动摇"、"恐慌万状"两句话，就是那时（一九二八年五月至六月）湖南省委估量湖南的统治者鲁涤平的形容词。在这种估量之下，就必然要产生政治上的盲动主义。但是到了同年十一月至去年二月（蒋桂战争尚未爆发之前）约四个月期间内，敌人的第三次"会剿"临到了井冈山的时候，一部分同志又有"红旗到底打得多久"的疑问提出来了。

其实，那时英、美、日在中国的斗争已到十分露骨的地步，蒋桂冯混战的形势业已形成，实质上是反革命潮流开始下落，革命潮流开始复兴的时候。但是在那个时候，不但红军和地方党内有一种悲观的思想，就是中央那时也不免为那种表面上的情况所迷惑，而发生了悲观的论调。中央二月来信就是代表那时候党内悲观分析的证据。

（四）现时的客观情况，还是容易给只观察当前表面现象不观察实质的同志们以迷惑。特别是我们在红军中工作的人，一遇到败仗，或四面被围，或强敌跟追的时候，往往不自觉地把这种一时的特殊的小的环境，一般化扩大化起来，仿佛全国全世界的形势概属未可乐观，革命胜利的前途未免渺茫得很。所以有这种抓住表面抛弃实质的观察，是因为他们对于一般情况的实质并没有科学地加以分析。如问中国革命高潮是否快要到来，只有详细地去察看引起革命高潮的各种矛盾是否真正向前发展了，才能作决定。既然国际上帝国主义相互之间、帝国主义和殖民地之间、帝国主义和它们本国的无产阶级之间的矛盾是发展了，帝国主义争夺中国的需要就更迫切了。帝国主义争夺中国一迫切，帝国主义和整个中国的矛盾，帝国主义者相互间的矛盾，就同时在中国境内发展起来，因此就造成中国各派反动统治者之间的一天天扩大、一天天激烈的混战，中国各派反动统治者之间的矛盾，就日益发展起来。伴随各派反动统治者之间的矛盾——军阀混战而来的，是赋税的加重，这样就会促令广大的负担赋税者和反动统治者之间的矛盾日益发展。伴随着帝国主义和中国民族工业的矛盾而来的，是中国民族工业得不到帝国主义的让步的事实，这就发展了中国资产阶级和中国工人阶级之间的矛盾，中国资本家从拼命压榨工人找出路，中国工人则给以抵抗。

伴随着帝国主义的商品侵略、中国商业资本的剥蚀和政府的赋税加重等项情况，便使地主阶级和农民的矛盾更加深刻化，即地租和高利贷的剥削更加重了，农民则更加仇恨地主。因为外货的压迫、广大工农群众购买力的枯竭和政府赋税的加重，使得国货商人和独立生产者日益走上破产的道路。因为反动政府在粮饷不足的条件之下无限制地增加军队，并因此而使战争一天多于一天，使得士兵群众经常处在困苦的环境之中。因为国家的赋税加重，地主的租息加重和战祸的日广一日，造成了普遍于全国的灾荒和匪祸，使得广大的农民和城市贫民走上求生不得的道路。因为无钱开学，许多在学学生有失学之忧；因为生产落后，许多毕业学生无就业之望。如果我们认识了以上这些矛盾，就知道中国是处在怎样一种皇皇不可终日的局面之下，处在怎样一种混乱状态之下。就知道反帝反军阀反地主的革命高潮，是怎样不可避免，而且是很快会要到来。中国是全国都布满了干柴，很快就会燃成烈火。"星火燎原"的话，正是时局发展的适当的描写。只要看一看许多地方工人罢工、农民暴动、士兵哗变、学生罢课的发展，就知道这个"星星之火"，距"燎原"的时期，毫无疑义地是不远了。

上面的话的大意，在去年四月五日前委给中央的信中，就已经有了。那封信上说：

"中央此信（去年二月七日）对客观形势和主观力量的估量，都太悲观了。国民党三次'进剿'井冈山，表示了反革命的最高潮。然至此为止，往后便是反革命潮流逐渐低落，革命潮流逐渐升涨。党的战斗力组织力虽然弱到如中央所云，但在反革命潮流逐渐低落的形势之下，恢复一定很快，党内干部分子的消极态度也会迅速消灭。群众是一定归向我们的。屠杀主义固然是为渊驱鱼，改良主义也再不能号召群众了。群众对国民党的幻想一定很快地消灭。在将来的形势之下，什么党派都是不能和共产党争群众的。党的六次大会所指示的政治路线和组织路线是对的：革命的现时阶段是民权主义而不是社会主义，党（按：应加'在大城市中'五个字）的目前任务是争取群众而不是马上举行暴动。但是革命的发展将是很快的，武装暴动的宣传和准备应该采取积极的态度。在大混乱的现局之下，只有积极的口号积极的态度才能领导群众。党的战斗力的恢复也一定要在这种积极态度之下才有可能。……无产阶级领导是革命胜利的唯一关键。党的无产阶级基础的建立，中心区域产业支部的创造，是目前党在组织方面的重要任务；但是在同时，农村斗争的发展，小区域红色政权的建立，红军的创造和扩大，尤其是帮助城市斗争、促进革命潮流高涨的主要条件。所以，抛弃城市斗争，是错误的；但是畏惧农民势力的发展，以为将超过工人的势力而不利于革命，如果党员中有这种意见，我们以为也是错误的。因为半殖民地中国的革命，只有农民斗争得不到工人的领导而失败，没有农民斗争的发展超过工人的势力而不利革命本身的。"

这封信对红军的行动策略问题有如下的答复：

"中央要我们将队伍分得很小，散向农村中，朱、毛离开队伍，隐匿大的目标，目的在于保存红军和发动群众。这是一种不切实际的想法。以连或营为单位，单独行动，分散在农村中，用游击的战术发动群众，避免目标，我们从一九二七年冬天就计划过，而且多次实行过，但是都失败了。因为：（一）主力红军多不是本地人，和地方赤卫队来历不同。（二）分小则领导不健全，恶劣环境应付不来，容易失败。（三）容易被敌人各个击破。（四）愈是恶劣环境，队伍愈须集中，领导者愈须坚决奋斗，方能团结内部，应付敌人。只有在好的环境里才好分兵游击，领导者也不如在恶劣环境时的刻不能离。"

这一段话的缺点是：所举不能分兵的理由，都是消极的，这是很不够的。兵力集中的积极的理由是：集中了才能消灭大一点的敌人，才能占领城镇。消灭了大一点的敌人，占领了城镇，才能发动大范围的群众，建立几个县联在一块的政权。这样才能耸动远近的视听（所谓扩大政治影响），才能于促进革命高潮发生实际的效力。例如我们前年干的湘赣边界政权，去年干的闽西政权，都是这种兵力集中政策的结果。这是一般的原则。至于说到也有分兵的时候没有呢？也是有的。前委给中央的信上说了红军的游击战术，那里面包括了近距离的分兵：

"我们三年来从斗争中所得的战术，真是和古今中外的战术都不同。用我们的战术，群众斗争的发动是一天比一天扩大的，任何强大的敌人是奈何我们不得的。我们的战术就是游击的战术。大要说来是：'分兵以发动群众，集中以应付敌人。''敌进我退，敌驻我扰，敌疲我打，敌退我追。''固定区域的割据，用波浪式的推进政策。强敌跟追，用盘旋式的打圈子政策。''很短的时间，很好的方法，发动很大的群众。'这种战术正如打网，要随时打开，又要随时收拢。打开以争取群众，收拢以应付敌人。三年以来，都是用的这种战术。"

这里所谓"打开"，就是指近距离的分兵。例如湘赣边界第一次打下永新时，二十九团和三十一团在永新境内的分兵。又如第三次打下永新时，二十八团往安福边境，二十九团往莲花，三十一团往吉安边界的分兵。又如去年四月至五月在赣南各县的分兵，七月在闽西各县的分兵。至于远距离的分兵，则要在好一点的环境和在比较健全的领导机关两个条件之下才有可能。因为分兵的目的，是为了更能争取群众，更能深入土地革命和建立政权，更能扩大红军和地方武装。若不能达到这些目的，或者反因分兵而遭受失败，削弱了红军的力量，例如前年八月湘赣边界分兵打郴州那样，则不如不分为好。如果具备了上述两个条件，那就无疑地应该分兵，因为在这两个条件下，分散比集中更有利。

中央二月来信的精神是不好的，这封信给了四军党内一部分同志以不良影响。中央那时还有一个通告，谓蒋桂战争不一定会爆发。但从此以后，中央的估量和指示，大体上说来就都是对的了。对于那个估量不适当的通告，中央已发了一个通告去更正。对于红军的这一封信，虽然没有更正，但是后来的指示，就没有那些悲观的论调了，对于红军行动的主张也和我们的主张一致了。但是中央那个信给一部分同志的不良影响是仍然存在的。因此，我觉得就在现时仍有对此问题加以解释的必要。

关于一年争取江西的计划，也是去年四月前委向中央提出的，后来又在于都有一次决定。当时指出的理由，见之于给中央信上的，如下：

"蒋桂部队在九江一带彼此逼近，大战爆发即在眼前。群众斗争的恢复，加上反动统治内部矛盾的扩大，使革命高潮可能快要到来。在这种局面之下来布置工作，我们觉得南方数省中广东湖南两省买办地主的军力太大，湖南则更因党的盲动主义的错误，党内党外群众几乎尽失。闽赣浙三省则另成一种形势。第一，三省敌人军力最弱。浙江只有蒋伯诚的少数省防军。福建五部虽有十四团，但郭旅已被击破；陈卢两部均土匪军，战斗力甚低；陆战队两旅在沿海从前并未打过仗，战斗力必不大；只有张贞比较能打，但据福建省委分析，张亦只有两个团战力较强。且福建现在完全是混乱状态，不统一。江西朱培德、熊式辉两部共有十六团，比闽浙军力为强，然比起湖南来就差得多。第二，三省的盲动主义错误比较少。除浙江情况我们不大明了外，江西福建两省党和群众的基础，都比湖南好些。以江西论，赣北之德安、修水、铜鼓尚有相当基础；赣西宁冈、永新、莲花、遂川，党和赤卫队的势力是依然存在的；赣南的希望更大，吉安、永丰、兴国等县的红军第二第四团有日益发展之势；方志敏的红军并未消灭。这样就造成了向南昌包围的形势。我们建议中央，在国民党军阀长期战争期间，我们要和蒋桂两派争取江西，同时兼及闽西、浙西。在三省扩大红军的数量，造成群众的割据，以一年为期完成此计划。"

上面争取江西的话，不对的是规定一年为期。至于争取江西，除开江西的本身条件之外，还包含有全国革命高潮快要到来的条件。因为如果不相信革命高潮快要到来，便决不能得到一年争取江西的结论。那个建议的缺点就是不该规定为一年，因此，影响到革命高潮快要到来的所谓"快要"，也不免伴上了一些急躁性。至于江西的主观客观条件是很值得注意的。除主观条件如给中央信上所说外，客观条件现在可以明白指出的有三点：一是江西的经济主要是封建的经济，商业资产阶级势力较小，而地主的武装在南方各省中又比哪一省都弱。二是江西没有本省的军队，向来都是外省军队来此驻防。外来军队"剿共""剿匪"，情形不熟，又远非本省军队那样关系切身，往往不很热心。三是距离帝国主义的影响比较远一点，不比广东接近香港，差不多什么都受英国的支配。我们懂得了这三点，就可以解释为什么江西的农村起义比哪一省都要普遍，红军游击队比哪一省都要多了。

所谓革命高潮快要到来的"快要"二字作何解释，这点是许多同志的共同的问题。马克思主义者不是算命先生，未来的发展和变化，只应该也只能说出个大的方向，不应该也不可能机械地规定时日。但我所说的中国革命高潮快要到来，决不是如有些人所谓"有到来之可能"那样完全没有行动意义的、可望而不可即的一种空的东西。它是站在海岸遥望海中已经看得见桅杆尖头了的一只航船，它是立于高山之巅远看东方已见光芒四射喷薄欲出的一轮朝日，它是躁动于母腹中的快要成熟了的一个婴儿。

——选自《毛泽东选集》（第一卷），人民出版社，1991年版

第四章　苏区精神

苏区是苏维埃区域的简称。"苏维埃"一词是俄语的译音，原意为"会议"或者"代表会议"。它曾经是俄国工人代表会议的简称，开始只是工人罢工的组织方式，后来逐渐演变为革命起义机关，1917年，最终演变为与俄国立宪会议相抗衡的自治政府性质的权力机关。随着苏联共产党在革命斗争的节节胜利，苏维埃从罢工组织，逐渐演变为革命起义机关，直至成为苏联权力机关的称谓。苏维埃的出现是人类社会发展史上具有划时代意义的大事，是全世界无产阶级革命事业的一座里程碑。苏区精神是中国共产党在创建、保卫和发展苏区的革命实践中形成的，它集中体现了中国共产党人、中国工农红军和苏区群众的精神面貌，是苏区军民世界观、人生观和价值观的生动写照。

第一节　共和国摇篮的形成

1931年11月7日，中国共产党创建的第一个全国性红色政权——中华苏维埃共和国临时中央政府在江西中央苏区成立，定都于瑞金，瑞金成为全国苏区的政治、经济、军事和文化中心，中国共产党人在此进行了安邦治国的伟大实践。

一、中央苏区的形成与发展

土地革命一开始，中国共产党最初确立的革命战略重点是两湖和广东，随着红四军在赣南和闽西农村根据地的开辟，战略重点逐步转移到江西，从而奠定了中国革命前进的根基。赣西南和闽西苏维埃政权的建立是中央苏区初步形成的重要阶段，而中华苏维埃共和国临时中央政府的成立则是中央苏区正式形成的标志。

大革命失败后，中国共产党在八七会议上确立了土地革命和武装推翻国民党反动统治的总方针。由于受共产国际和苏联共产党革命斗争的影响，中国共产党在指导思想上形成了中国革命首先在一省或几省首先胜利的思路。1928年1月，中共中央在《中央关于中国政治现状与最近各省工作方针议决案》中，把中国分成四个不同的区域：广东两湖；河南陕西等省；直鲁等省；江浙。在四个革命区域中，"夺取一省或几省政权的客观条件，究竟是哪几省最具备呢？——是两湖和广东，其次是河南等省。其他地域之中，则必须加倍的努力，尤其是上海"。因为"两湖之中，尤其是湖南的情形，最明显的是豪绅、地主及其军阀统治，处于最动摇最削弱的地位，农民群众的力量和斗争经验，很大很多。湖北则经济破产与湖南仿佛，农民自发的暴动蔓延全省——尤其是湖北、江西边境暴动的屡胜屡败已经有很久的时期……，广东则海陆丰苏维埃政府存在已及三月，各地农民暴动此起彼伏已经延长到一年之久，广州暴动失败之后，广州工人虽然受着很大的摧残，但是共产党及赤色工会的基础，始终是全国之冠"。①随着当时农村暴动和地方苏维埃政府的建立，湖南、湖北和江西三省成为中国革命的主要区域，而湖南是整个苏维埃革命的中心。然而，随着赣西和赣南暴动的发展及苏维埃政权的建立，中共中央的认识发生了较大的转变，并提出在广州起义失败后，湖南成为继广州起义后发展最有胜利机会的省份。由于湖南、湖北和江西在地域上的联系，同样具有革命运动的历史和基础，因此，三省应该成为革命的中心区域。随着江西、湖北、河南等省农村革命斗争的发展，中共中央对中国革命的中心区

---

① 中央档案馆编.中共中央文件选集（1928）（第4册）［M］.北京：中共中央党校出版社，1989:96-98

域认识也随之改变。1928年3月6日，中共中央发布的《中央通告第三十六号——关于政治局势与斗争策略的决定》指出，从一般形势来看，现在有两个革命的中心区域：一个是广东，一个是湖南、湖北、江西及河南南部。后一个中心区域暂时以湖南为中心，最终让武汉成为全国革命的中心。

　　1929年1月，为了粉碎蒋介石对井冈山的"会剿"，毛泽东、朱德决定，留下彭德怀指挥部分红军，继续在井冈山坚持斗争，他们率领红四军主力从井冈山出发，转战赣南、闽西地区，牵引敌人。在红四军到来之前，赣南和闽西等地已经是有着良好群众基础的红色游击区。1927年11月到次年3月，李文林、古柏等领导赣西南地区武装起义，开创了东固、桥头等革命根据地。1928年3月和6月，邓子恢、张鼎丞等领导闽西地区武装起义，创建了永定溪南革命根据地。1929年1月14日，红四军主力360余人从茨坪出发，当晚歼灭遂川大汾的国民党守军一个营，突破了封锁线。接着，经上犹、崇义县境继续南行，击溃沿途的地主武装，23日占领了大余县城后遭到国民党李文彬第二十一旅3个团的猛攻，红四军仓促应战而失利，损失不小。为了避免硬拼和争取主动，红四军采用盘旋式打圈子的做法撤离大余县城，沿赣粤边境向东。转到三南后又遭到国民党刘士毅旅的堵截，红四军连连失利，处在从井冈山下山以来的最大困境之中。全军损失约200支枪600人，部队早已断粮，一时部队士气低落，埋怨情绪日增。面对这种情况，前委于2月3日在寻乌罗福嶂召开扩大会议，决定：全军向吉安东固前进，设法与江西红军独立第二团联系，再寻机西渡赣江打回井冈山；对部队进行整编，将团的建制改为纵队建制；确定应对最困难局面的办法；为减少层次，决定军委暂停办公，由前委直接领导军内各级党委。2月9日，红四军主力达到瑞金大柏地。刘士毅旅第二十九和三十团也追踪到此。前委经过分析认为此战必打，以振军威，将红四军分成三路形成"口袋阵"，以主要兵力埋伏在瑞金通往宁都的道路两侧的高山密林中，少部分兵力引诱刘士毅旅进入埋伏圈。第二天，敌人进入"口袋阵"底部，东、西两侧埋伏兵力迂回出击，扎住袋口发起猛攻，最终将其全部消灭，俘虏正、副团长以下800余人，缴枪800余支，刘士毅率残部退到赣州。大柏地战斗是红四军主力下井冈山以来的第一次大胜仗。由此，红四军摆脱了被动局面，扭转了自下井冈山转战赣南一个多月来的失败情绪，重振了部队雄风，扩大了红军影响。17日，部队抵达东固，同红军二、四团会合，18日举行会师大会。红四军官兵在东固得到了离开井冈山以来最好的、为期七天的休整和补给。2月25日，红四军离开东固，向闽赣边境敌人力量薄弱的地区寻找落脚点，进入了闽西。3月14日，在邓子恢、张鼎丞等领导的闽西地方党组织和革命武装力量配合下，红四军在长岭寨歼敌2000多人，缴枪500余支，占领了长汀县城。在红四军前委的帮助下，中共长汀县委成立，这是朱、毛红军帮助地方在闽西创建的第一个红色政权。3月20日，红四军前委在长汀召开前委扩大会议，对红四军下一步该如何行动进行研究。经讨论，"前敌委员会决定四军、五军及江西红军第二第四两团之行动，在国民党混战的初期，以赣南、闽西二十余县为范围从游击战术，从发动群众以至于公开苏维埃政权割据，由此割据区域，以与湘赣边界之割据区域相连接。"[1]这次前委扩大会议作出的关于以赣南、闽西二十余县为范围建立新的割据区域的决定，是具有重要意义的战略决策。它清晰地勾画了创建赣南、闽西苏区的蓝图，使处于逆境中的红四军明确了行动方向，是毛泽东同志从"工农武装割据"向"农村包围城市"理论迈出的重要一步。

1929年4月，红四军回师赣南到达瑞金，与先期到达瑞金的红五军会合。到7月份，在赣南、闽西先后建立了于都、兴国、宁都等七个县级苏维埃政府。1930年3月，以邓子恢为主席的闽西苏维埃政府成立。闽西苏维埃政府的成立，推动了闽西各项工作的深入进行，促进了闽西苏区的巩固和发展，为中央苏区的形成奠定了坚实的基础。1930年6月10日，红五军和红八军合编为工农红军第三军团，共有17 000人，由彭德怀担任军团总指挥。6月19日，红四军前委和闽西特委在南阳和长汀相继召开联席会议。会议根据中共中央指示，决定将红四军、红六军、红十二军整编为红军第一路军（不久改称红一军团），朱德任总指挥，毛泽东任政治委员，全军共1万多人。随后，赣南、赣西南、闽西的地方武装红二十军、二十一军、二十二军、三十五军先后编入红一军团，共计2万余人。红一军团的成立，使赣南、闽西地区的红军进入集

① 中央档案馆编.中共中央文件选集（第3册）［M］.北京：中共中央党校出版社，1989:250

中组织、统一指挥的新阶段。8月23日，红一、三军团在浏阳永和市会合，两军团前委联席会议决定把两个军团合编为中国工农红军第一方面军，由朱德任总司令，毛泽东任总政治委员，彭德怀任副总司令，朱云卿任总参谋长，杨岳彬任总政治部主任。红一方面军共有兵力3万多人。红一方面军的成立，使红军的兵力更加集中，指挥更加统一，不仅建立和完善了红军的组织指挥系统，而且大大增强了红军的战斗力，为红军实现从游击战为主向运动战为主的转变，歼灭更加强大的敌人创造了条件，同时更加有力地推动和保障中央苏区土地革命的深入开展和红色区域的巩固发展。10月7日，以曾山为主席的江西省苏维埃政府在吉安正式宣布成立。江西省苏维埃政府的成立，使江西红色区域的革命斗争有了统一的领导机关，赣西南苏区由此完全连成一片，拥有31个县的广阔地域。

闽西苏维埃政府和江西省苏维埃政府的成立，为中央苏区的形成构建了基本框架，中央苏区由此初步形成。与此同时，鄂豫皖苏区、湘鄂西苏区、赣东北苏区、湘鄂赣苏区、左右江苏区、琼崖苏区以及东江、闽东、通海如泰等苏区相继建立，并开展了土地革命。到1930年夏，全国已经建立了大小十几块农村根据地，红军发展到7万人，连同地方武装共约10万人，建立了若干个比较大的苏维埃政权。这些红色区域遍布赣、闽、湘、鄂、粤、皖、桂等省，已开始形成星火燎原之势。

二、中华苏维埃共和国的成立

从1927年9月27日斯大林提出中国统治"移植"苏维埃的指示以后，中国的苏维埃运动加快了步伐，开始进入实施阶段。共产国际执委会在1929年10月26日致信中共中央，要求中国共产党"现在已经可以并且应当准备群众，去实行革命的推翻地主资产阶级联盟的政权，而建立苏维埃形式的工农独裁"，要求中共在"凡是群众农民革命斗争生长和扩大的地方，都要去创造苏维埃区域"。根据共产国际的指示，为加强对全国各苏区斗争的领导，沟通全国各苏区之间的联系，更好地在斗争中相互配合，1930年1月30日，中共中央政治局决定召开全国苏维埃区域代表大会，并报告共产国际远东局。经过紧张筹备，1930年5月20日，全国苏维埃区域代表大会在上海英租界卡德路和爱文义路交叉处的俄式洋房秘密开幕。在5月23日的最后一天会议上，大会主席团作出一项重要决议：在1930年11月7日召开第一次全国苏维埃代表大会（简称"一苏大会"），成立中华苏维埃共和国临时中央政府，以集中革命的智慧力量，统一全国各苏区的政权和法令。这表明中国共产党已经将建立全国性的中央苏维埃政权列入重要议事日程。大会主席团决定，邀请中共中央、少共中央、全国总工会、铁路总工会、海员总工会、革命互济总会、上海总工联、赣西南苏区、赣东北苏区等全国45个单位派代表组成中华苏维埃第一次全国代表大会中央准备委员会（简称"苏准会"）。全国苏代会的召开，对于沟通全国苏维埃区域和红军之间的联系，统一苏维埃的政策法令，动员全国人民投入土地革命、建设苏维埃政权的斗争，起到重要作用。

1930年9月12日，"苏准会"第一次全体会议在上海召开，讨论通过了"苏准会"临时常委会工作报告、政治宣言、第一次全国工农兵代表大会选举条例及议事日程；讨论通过了《中华苏维埃共和国国家根本法大纲草案》（中共中央提出）、《劳动保护法》（全国苏代会通过）、《土地暂行法》（全国苏代会通过）等文件。由于"一苏大会"的准备工作尚未就绪，"苏准会"决定：原定于1930年11月7日在上海召开的中华工农兵苏维埃第一次全国代表大会，推迟到1930年12月11日广州暴动三周年纪念日召开，开会地点移至朱、毛红军活动的江西苏区。"苏准会"成立后不久，中共中央于1930年9月25日在《红旗日报》发布《加紧准备全国苏维埃代表大会工作的通知》，要求各地积极做好召开"一苏大会"的准备工作。"苏准会"第一次全体大会通过的根本法大纲草案等文件，也陆续在《红旗日报》发表。9月26日，"苏准会"又制定并颁布了《中国工农兵会议（苏维埃）第一次全国代表大会苏维埃区域选举暂行条例》。正当"一苏大会"筹备工作紧锣密鼓地进行之际，蒋介石对江西中央苏区发动了第一次大规模军事"围剿"。鉴于形势变化，1930年10月18日，"苏准会"召集上海12个革命团体代表开会，决定将第一次全国苏维埃代表大会推迟到1931年2月7日（二七惨案纪念日）举行。10月24日，中共中央政治局向全国各苏区发出指示，要求各苏区必须在1930年11月前将各县苏维埃政府完全建立起来，各特区在12月1日前

召开苏维埃代表大会，推选出席"一苏大会"的代表。但是，赣西南苏区出席"苏准会"的代表萧道德会后滞留上海，直到1931年3月才回到中央苏区，导致中央苏区对中共中央的决定一无所知，没有着手准备"一苏大会"的召开，而是全力应付第一次反"围剿"斗争，原定开会时间只能延期。

由于召开"一苏大会"的时间一再推迟，引起共产国际领导人的不满。1931年2月20日，共产国际执委会东方书记处马季亚尔就"成立中国中央苏维埃政府问题"，致电远东局转中共中央，明确指示会议召开的要求。中共中央政治局得到共产国际的电报指示后立即召开两次会议贯彻共产国际的指示。中央政治局责成时任苏区中央局常委、组织部长的任弼时和王稼祥、顾作霖等三人到江西中央苏区，筹备"一苏大会"的召开。1931年4月中旬，任弼时等三人到达中央苏区与项英、毛泽东等会合时，正值国民党20万大军向中央苏区发动第二次"围剿"，苏区中央局的当务之急是领导苏区军民粉碎国民党的进攻，筹备召开"一苏大会"无暇顾及，只能延期。1931年6月1日，第二次反"围剿"结束后的第二天，苏区中央局在永丰县龙冈发表《苏区中央局为第一次全国苏维埃代表大会宣告》，宣布于8月1日召集全国苏维埃代表大会。不料，宣告发表没有几天，蒋介石开始发动对中央苏区的第三次军事"围剿"，为了对付敌人的"围剿"，"一苏大会"最终确定在1931年11月7日召开。1931年7月1日到9月15日，毛泽东、朱德领导中央苏区军民取得了第三次反"围剿"的胜利，赣南、闽西已连成一片，中央苏区政局稳定，具备了召开"一苏大会"的条件。

1931年11月7日，中华工农兵苏维埃第一次全国代表大会在江西瑞金叶坪村隆重举行，这是苏维埃中国的"开国大典"。上午，为庆祝"一苏大会"隆重召开，中国工农红军第一次正式举行阅兵典礼。红军第三军、第四军、第七军、第十二军和红三军团各派出一个建制营，红军中央军事政治学校学员和瑞金县赤卫队，都接受了检阅。下午，"一苏大会"开幕式在叶坪谢氏宗祠举行，出席大会的正式代表和列席代表共有610余人。大会推举毛泽东、项英、任弼时、朱德等37人为大会主席团成员。大会历时14天，听取了毛泽东代表苏区中央局向大会作的政治问题报告、项英作的劳动法草案报告、张鼎丞作的土地问题报告、朱德作的红军问题报告、周以栗作的经济政策问题报告、王稼祥作的少数民族问题报告、邓发作的工农检察问题报告、任弼时作的苏维埃宪法问题报告。大会还通过了苏维埃宪法大纲、土地法、劳动法及红军问题、经济政策、工农检察问题等决议案。

大会通过的《宪法大纲》规定中华苏维埃共和国的性质是"工人和农民的民主专政的国家"，它的"全部政权是属于工人、农民、红军兵士及一切劳苦民众的"，这个专政的目的，"是消灭一切封建残余，赶走帝国主义列强在华势力，统一中国，有系统的限制资本主义的发展，进行苏维埃的经济建设，提高无产阶级的团结力与觉悟程度，团结广大的贫苦群众在它的周围，同中农巩固的联合，以转变到无产阶级的专政"。中华苏维埃的政权组织形式是民主集中制的工农兵代表大会制度，"中华苏维埃共和国之最高政权为全国工农兵苏维埃代表大会"。大纲还规定了中华苏维埃共和国外交政策的基本原则，宣布中华民族的完全自主与独立，不承认帝国主义在华一切特权，宣布一切不平等条约无效，不允许帝国主义军队驻扎在苏维埃区域，无条件收回租借地。还宣布，中华苏维埃政权与世界无产阶级和被压迫民族站在一条革命战线上，苏联是它巩固的联盟。11月19日，大会选举毛泽东、项英、周恩来、朱德等63人为中央执行委员，组成中央执行委员会，作为全国苏维埃代表大会闭幕后的最高政权机关。11月20日，大会举行闭幕式。"一苏大会"结束后，临时中央政府9部1局除教育部在洋溪村办公、国家政治保卫局在庙背村办公外，其余8个部全在"一苏大会"会堂办公，每个部仅分配一个小房间，各部除部长外只有少数几个工作人员。尽管办公条件差，但工作效率高。

中央苏区是中华苏维埃运动的大本营，是中华苏维埃共和国中央政府的所在地。中央苏区广阔的地域为中华苏维埃共和国的建立构建了最好的活动平台，中央苏区在赣南、闽西红色割据区域的基础上开辟而来，也为中华苏维埃共和国的创建奠定了可靠的党群基础。同时中央苏区集中了全国最强的红军部队并开展了经济文化等各方面建设，为中华苏维埃共和国提供了强大的军事支持和物质支持。中华苏维埃共和国的诞生和苏维埃临时中央政府的成立具有重要的历史意义。

一是为中国革命树起了一面旗帜。1927年蒋介石发动"四一二"反革命政变进而导致大革命失败后，中国共产党深入广大农村，开展武装斗争，发动土地革命，为建立一个工农民主专政的苏维埃共和国不断探索前行。经过四年多的浴血奋战，迎来了中华苏维埃共和国的诞生。从此，工农劳苦大众真正开始翻身做主人，参与国家政权的管理。在这面旗帜下，全国劳苦大众的革命斗志无不受到极大地鼓舞，大家看到了新中国的曙光。

二是对全国红军和苏维埃运动实行统一领导和指挥。从党的八七会议到党的六大，中国的红军和苏维埃区域处于大发展时期，形势非常好。但是各地建立的红军和苏维埃区域分散在各个山头，各自为政，互相之间很少联系、沟通，斗争中难以相互配合。苏维埃临时中央政府和中央革命军事委员会的成立，极为有利于党对全国红军和苏维埃运动实行统一领导、统一指挥，有利于全国各苏区政令的统一和实施。

三是推动了全国主要苏区根据地的经济发展和社会进步。中华苏维埃共和国临时中央政府成立后，领导全国各主要苏区军民开展了大规模的政权、军事、法制、经济、文化等各方面的建设，颁布了一系列的法律、法规和经济文化政策，苏区建设对根据地的经济发展和社会进步起到重要的作用。

中华苏维埃共和国的建立和存在，在中国革命史上有着重要的历史地位。它是中国社会历史发展的一大飞跃，是新中国成立的一次伟大预演，是中国共产党领导和管理国家政权、学会治国安民和实施"局部执政"的一次有效尝试，为党培养了一大批治国的栋梁之材，在实践中丰富了毛泽东思想，所孕育的苏区精神成为中国共产党革命精神的重要组成部分。

三、中华苏维埃共和国的执政实践

中华苏维埃共和国是中国共产党领导创建的中国第一个国家形态的工农民主专政的红色政权，在法制建设、民主政治建设、武装斗争、经济建设、文化教育、干部队伍建设等方面开展了大量有益探索，创造了很多光辉实践，为新中国成立后在全国范围内执掌政权积累了丰富的经验。

1. 中央苏区的政权建设

1931年11月上旬，第一次苏维埃全国代表大会通过的《中华苏维埃共和国宪法大纲》规定："中国苏维埃政权所建立的是工人和农民的民主专政的国家。"这个规定表明了苏维埃的政权性质。一方面是对多数人实行最宽泛的民主，"苏维埃政权是属于工人农民兵士及一切劳苦大众的。在苏维埃政权下，所有的工人农民红军兵士及一切劳苦民众都有权选派代表掌握政权的管理"。另一方面，是对少数人实行专政，"只有军阀、官僚、地方、豪绅、资本家、富农、僧侣及一切剥削人的人和反革命分子，是没有选派代表参加政权和政治上的自由的权利的"。"中国苏维埃，这是无产阶级和农民民主专政的一种形式，这是一种新型的革命国家，他的全部活动与实践，同国民党、同中国以前历届政府根本不同"。

1928年11月，中共中央在告全体同志书中宣布："苏维埃政权，是彻底的民权制度，是一切生产者直接管理政权的最好的方式。他的形势虽然很便利于无产阶级的独裁，但是在中国目前的阶段，还应该建立工农民权独裁，而不能马上建立无产阶级的独裁，就是工农联合的政权而不是单纯无产阶级独裁的政权。"中国苏维埃的目的，"是在消灭一切封建残余，赶走帝国主义列强在华的势力，统一中国，有系统地限制资本主义的发展，进行国家的经济建设，提高无产阶级的团结力和觉悟程度，团结广大的贫农群众在他的周围，以转变到无产阶级专政"。1930年5月，根据党的路线、方针和政策，全国苏维埃区域代表大会通过的《政治决议案》，提出了苏维埃的十大政纲：（1）取消帝国主义一切特权，没收帝国主义在华一切财产；（2）消灭军阀制度与官僚制度；（3）颁布劳动保护法令；（4）颁布土地法令；（5）实现国内少数民族自决；（6）革命群众的言论结社罢工的自由；（7）取消苛捐杂税；（8）设立农民银行，消灭高利贷资本；（9）建立水利，改良农业；（10）联合苏联，援助殖民地革命。在全国苏维埃区域代表大会的政纲的基础上，各地工农兵政府颁布了一些更为具体的政纲：1930年7月《湖南省工农兵苏维埃革命政纲》共25条；1930年10月《江西省工农兵苏维埃政府布告——宣布本府成立及政纲》共13条；1931年3月《赣东北特区苏维埃政府施政大纲》共27条。中国苏维埃政权的施政纲领，具有鲜明的阶级性和革命性，同时也深刻地体现了苏维埃制度的民主性。

从1931年11月中华苏维埃共和国宣告成立开始，中国共产党在机构设置、职能划分和运行机制上仿效苏联的国家政权形态，建立起比较完备的苏维埃临时中央政权机构，在各苏区推行统一的政治法律制度、经济文化政策和军事领导，在组织形式上具备了现代国家的基本条件和主要元素，形成了与国民党政权相对立的苏维埃国家政权。

根据《中华苏维埃共和国宪法大纲》规定的民主原则和选举制度，各级苏维埃的组成通过逐级选举的方式，从乡开始，自下而上地选出代表，组成上一级的苏维埃，直到全国苏维埃代表大会。最高苏维埃——全国苏维埃代表大会及其常设机构对所有的政策进行决议，由上到下贯彻实施，由此构成一个既具有广泛民主，又带有相对集中性质的政权体系。1931年1月，根据《中华苏维埃共和国宪法草案》的规定，创建了完整的苏维埃国家政权机构，由全国苏维埃代表大会及其执行委员、人民委员会、最高法院四部分组成，1934年2月，第二次全国苏维埃代表大会后根据《中华苏维埃共和国中央苏维埃组织法》的规定，增设了中央执行委员会主席团和审计委员，共同构成苏维埃国家机关。全国苏维埃代表大会是中华苏维埃共和国的最高政权机关，其职能是听取并讨论中央执行委员会的报告，制定和修改宪法及其他法律，决定全国的大政方针，改选中央执行委员会。这样，全国苏维埃代表大会把国家的立法工作和行政工作结合起来，具有鲜明的"议行合一"的特点。

中央执行委员会是全国苏维埃代表大会闭幕期间的最高行政机关，其职责是颁布各种法律和命令，并施行于中华苏维埃共和国的全境；审核和批准一切关于全国政治上经济上的政策和国家机关的变迁；选举中央执行委员会主席团；选任人民委员会及其主席；有权停止执行和变更中央执行委员会主席团、人民委员会及其他机关的法令和决议。人民委员会、最高法院、审计委员是中央执行委员会下属行政机关，分别独立承担中华苏维埃共和国的行政、司法和审计监督职责，在苏维埃中央政府内部，发挥着权力制衡和相互监督的作用。

中华苏维埃共和国的地方政权机关是先于中央政府而建立的，在创建中体现了自下而上的发展过程，这是中国苏维埃政权的一个特点。另外，受政治、军事环境的影响，相隔较远的各苏区政权具有相对独立的政权系统和较大的行政自主权，比如地处西北、形成较晚的川陕苏区是一个相对独立的行政区域。为了进行广泛、高效的社会动员，苏维埃基层政权采取的是一种组织化的手段。这种手段的核心就是动员每个村民参加到政权当中来，参加的方式和途径就是选举，是贫雇农通过全体大会的民主选举，这种最广泛的选举也是苏维埃制度和苏维埃民主的基础。苏维埃的基层政权为中国乡村政权带来了一个崭新的形式，从形式上实现了乡村统治的精英专制到贫民专政的转变。苏维埃政权是中国第一个真正能在乡村的层面上，进行广泛动员、有效管理的政权组织，打破此前数千年封建官僚政府的有效控制力量只能达到县级，而县以下由士绅阶层依靠宗族势力实际维系的政治格局。

苏区时期政权建设的主要特点是：坚持中国共产党的领导；实行工农兵代表会议制度和"议行合一"的原则；民主集中制。苏维埃政府采取了集体领导的管理体制，体现了前所未有的民主特征。在基层村镇中，农民有权选举自己的苏维埃领导人，第一次享有参与社会管理的权力。苏维埃政权的建立和发展，在中国共产党领导的政权建设史上具有重要的地位和意义。它是我党领导人民大众建立新的政权——人民代表大会制度的最初尝试。中国第一个工农民主专政的国家政权的诞生，为全国劳苦大众树立了一面光辉的旗帜，推动了全国工农群众的革命斗争，为之后党领导的政权建设积累了宝贵经验。

2. 中央苏区的经济建设

在残酷的战争条件下，发展苏维埃经济是头等大事，也是巩固苏维埃国家政权的物质基础。苏区的经济政策、工农业生产、商业贸易和财政金融等，既是苏区发展壮大的成果和标志，也是苏区建设和发展的基础与条件。

苏区大多处于经济落后的偏远农村地区，以农业生产为主要经济支柱，经济基础薄弱。随着各苏区的逐渐形成和扩大，国民党的军事"围剿"和经济封锁日益加强，使得作为苏区经济支柱的农业生产缺乏相对稳定的发展环境。同时，反"围剿"作战基本上都在苏区内部进行，连年战争使经济遭到严重的削弱与破坏。从苏区经济建设的客观环境和现实需要来看，党和苏维埃政府尽了最大努力。苏区群众为了支援革命战争，把家里最后一尺布、最后一口粮都奉献给苏维埃政府和红军。

1931年11月，"一苏大会"通过的《中华苏维埃共和国宪法大纲》明确宣布取消一切反革命统治时代的苛捐杂税，征收统一的累进所得税；确定采取一切有利于工农群众的经济政策，主张没收地主阶级的土地，分配给贫农、中农，并以实现土地国有为目的；提出不承认帝国主义在华政治上经济上的一切特权，否认反革命政府的一切外债，把帝国主义手中的银行、海关、铁路、航业、矿山、工厂等一律收归国有。

"一苏大会"还通过并且颁布了中共中央和共产国际远东局共同制定的《中华苏维埃共和国土地法令》《中华苏维埃共和国劳动法》和《中华苏维埃共和国关于经济政策的决定》等法律法规，这些体现了苏维埃共和国经济政策的基本形成，各苏区的经济建设从此都是在这些原则和政策的框架下进行的。1933年2月26日，为发展苏区的国民经济以适应革命战争的需要，中央人民委员会第36次会议议决呈请中央执行委员会批准设立各级国民经济部，并委任财政部部长邓子恢兼任中央国民经济部部长。中央国民经济人民委员部（简称国民经济部）是中华苏维埃中央政府的经济管理机关。1933年4月，中央国民经济部正式成立，下设计划局、调查统计局、粮食调剂局、合作社指导委员会、国有企业管理局、对外贸易局、运输管理局和总务处等机构。中央财政人民委员部（简称财政部）是苏区财政金融工作的领导和管理机构，它在1931年11月中华苏维埃共和国临时中央政府成立后就随即成立，确立了自上而下的财政管理系统。在苏区财政极其困难的条件下，积极筹措资金，增加收入，同时分配有限的财力和物力，保证了革命战争的供给和苏维埃政府的支出。1932年2月，成立了中华苏维埃共和国国家银行，它是财政金融建设的重要部门，隶属中央政府财政人民委员会。除办理抵押、贷款、存款、票据买卖贴现、汇兑、发行钞票、代理国家金库外，还承担发行"革命战争公债"和"经济建设公债"的任务，成为苏区经济建设的重要支柱，为支援革命战争、活跃苏区经济作出了贡献。

为了广泛动员群众开展较大规模的经济建设，苏维埃中央政府先后召开南部十七县和北部十一县的经济建设大会，掀起蓬勃的群众性生产建设运动，取得令人瞩目的成绩，有力地支援了革命战争。

农业建设方面。发展农业成为苏维埃经济建设的第一要务，苏维埃政府采取了一系列促进农业生产的措施。一是大力推广耕种面积，优先发展粮食作物，使荒地变为耕地；二是注重发展经济作物，鼓励农副产品和园艺农作物的生产，努力克服苏区日常生活用品奇缺的困难；三是大兴水利，推广先进技术，建立犁牛合作社，为农业生产的发展创造条件；四是组织广大群众开展劳动竞赛，进行检查评比，对优胜者奖励耕牛、农具、种子等。

工业建设方面。在积极发展农业的同时，苏维埃政府也大力发展工业生产。先是兴办了一些诸如兵工厂、被服厂等生产军事物资的工业等。随着中央苏区的发展壮大和国民党加紧对苏区的经济封锁和军事"围剿"，苏区开始大力发展民用工业和手工业生产，建起了织袜厂、纺织厂、造纸厂、钨矿、化工厂、盐井等。

商业贸易方面。为了反对国民党的经济封锁，苏维埃政府非常重视商业贸易的发展。中央苏区的商业主要有国营商业、合作社商业和私营商业三大类。国营商业主要是苏维埃政府统管下的各级对外贸易局和粮食调剂局经营的业务。1933年4月，成立中央国民经济部对外贸易总局，负责出口苏区生产的粮食、钨砂、生铁、竹木等，换回苏区急需的食盐、布匹、西药等。合作社商业主要是促进苏区境内的商品流通，抵制投机商操纵市场，维护群众利益。对私营商业，苏维埃政府采取了保护和鼓励发展的政策。

工商税收管理方面。为了增加税收，苏维埃政府颁布了《中华苏维埃共和国暂行税则》，制定了《农业税暂行税则》《商业所得税征收细则》《土地税征收细则》等各项税收规章制度。为鼓励私人资本投资，发展工商业，1932年1月，苏维埃中央政府颁发了《工商业投资暂行条例的决议》，允许私人资本在中华苏维埃共和国境内自由投资经营工商业。同时，苏维埃政府还统一了税收政策；规定以前剥削农民的田赋、契税及一切田亩捐一概取消；对红军及其家属，苏维埃学校教员以及满二年以上的工人一律免征土地税。

财政金融方面。为了确保苏区政权的正常运行，成立了中央财政人民委员部，通

过采取自上而下建立统一税收、建立统一收支和预决算制度、建立国库制度及统一会计制度等措施，出色地完成了统一财政的工作。

可见，苏区经济具有典型的战时经济的特点，针对红军和苏维埃工作人员定额配给制，军事化的组织动员，武装保卫秋收等经济运动的开展，都是苏区经济的重要特征。同时苏区经济具有鲜明的集体经济的特点，是中国共产党领导下的集体经济的开端。

3. 中央苏区的军事建设

苏区的军事建设是在中国共产党的统一领导下开展的，中共中央的军事领导机构经历了由最初的中央军事部，到中央军委，再到中革军委的变化。其间，中共中央对全国各苏区军事建设的指导，经历了一个逐步调整、加强、完善的过程。

1925年10月，中共中央就成立了"军事运动委员会"，不久改为军事部。1928年6月，周恩来在党的六大的军事委员会第一次会议上报告说："我们没有军事机构，没有做系统的军事工作，这是个错误。"[①]1931年11月25日，中华苏维埃共和国临时中央政府革命军事委员会正式成立，这是中国工农红军最高权力的指挥机关，管理红军的组织与给养以及教育训练，并指挥红军作战行动。从此，中央革命军事委员会成为中华苏维埃共和国最高军事领导机关，负责统一红军编制，制订各种军事条例、命令，健全军事规章制度及开展战时政治工作等。

在苏区时期，中国共产党在极其困难的环境下，卓有成效地进行了人民军队的建设。首先，逐步形成了武装斗争的策略和建设新型军队的原则。以毛泽东为代表的共产党人，对党领导的武装斗争和人民军队建设的实践进行系统总结，形成了一系列理论原则。一是明确"党指挥枪"的原则，把革命军队真正置于中国共产党的领导之下。"三湾改编"第一次把建党与建军的原则有机地结合起来了。在井冈山斗争中，这一原则得到进一步的完善。1929年12月，《古田会议决议》从思想上、政治上、组织上确保了党对军队的领导原则和制度。党对全国各苏区红军的绝对领导是苏维埃运

---

① 中共中央党史研究室第一研究部.共产国际、联共（布）与中国革命档案资料丛书（第7卷）[M].北京：中共党史出版社，2002:503

动兴起和发展的基本保障，也是各苏区红军的基本特征。二是明确人民军队是执行革命政治任务的武装集团。《古田会议决议》阐明了人民军队的任务，指出："中国的红军是一个执行革命任务的武装集团"，"红军绝不是单纯地打仗的，它除了打仗消灭敌人军事力量之外，还要负担宣传群众、组织群众、武装群众、帮助群众建立革命政权以至于建立共产党的组织等项重大的任务"，进一步明确了人民军队的任务和性质。三是实行新型的军民关系和军队内部的民主平等关系，强调军队全心全意为人民服务的宗旨。在中央苏区的革命实践中，中国共产党系统地解决了如何把以农民为主要成分的军队，建设成为一支具有无产阶级性质的、有严格纪律的、同人民群众密切联系的新型人民军队的重大问题。1930年9月，红一方面军总政治部印发的《红军士兵章程》已正式明确了"三大纪律、八项注意"，表明红军是人民的军队，必须服从铁的纪律。其次，将正规红军和地方武装建设相结合。苏区的武装力量实行主力红军、地方红军和赤卫队游击队相结合的模式。除了正规红军外，地方武装是苏区革命武装的重要组成部分。苏区各县普遍组织了游击队、赤卫队、少先队等，为创建和保卫苏维埃政权发挥了重要作用。地方武装成为红军主力部队的重要来源，1933年5月，在"创造一百万铁的红军"号召下，兴国模范师和瑞金模范师全体将士报名参加中央红军奔赴反"围剿"的前线，极大地增加了红军的战斗力。再者，巩固和发展了中央苏区。从1930年10月开始，蒋介石调集重兵对中央苏区及南方其他苏区发动大规模的军事"围剿"，重点"围剿"中央苏区和红一方面军。在毛泽东、朱德、周恩来等指挥下，红一方面军指战员和苏区广大群众协同作战，取得了第一至四次反"围剿"战争的胜利，巩固和扩大了中央苏区。

4. 中央苏区的文化建设

随着苏维埃区域的巩固和扩大，一大批革命知识分子来到了苏区，把左翼文化运动的思想和作品带进了苏区。同时，这些知识分子深入苏区民众当中，创造性地利用苏区传统的文化形式，和苏区民众一起进行文化建设，创造出苏区的"新文化"。中央苏区的文化事业伴随着革命活动的开展得到较大发展，达到了在战争年代中以极直观、极有效的形式在短时期内取得了为革命服务的效果。

1929年12月，红四军第九次代表大会通过的《古田会议决议》对文化建设提出了明确的方向、具体要求和实施办法，确立了文化宣传工作在党的革命事业中的重要地位，提出了开展文化宣传工作的原则和方法，从政治上、思想上、组织上给无产阶级文艺宣传工作提出了一条正确的路线。古田会议提出："红军宣传工作的任务，就是扩大政治影响争取广大群众。由这个宣传任务之实现，才可以达到组织群众、武装群众、建立政权、消灭反动势力、促进革命高潮等红军的总任务。所以红军的宣传工作，是红军第一个重大工作。若忽视这个工作，就是放弃了红军的势力。"1931年9月23日，湘鄂赣省工农兵苏维埃第一次代表大会通过的《文化问题决议案》是湘鄂赣省开展文化建设的指导方针，不仅明确了文化建设的性质、任务，而且从根本上清理了苏维埃文化与封建文化、帝国主义文化的本质界限，确立了苏区文化事业向着新民主主义道路前进的正确方向。中华苏维埃共和国临时中央政府成立后，苏区文化建设逐步走上正轨。从中央到地方都建立了文化教育工作领导机构，中央设有教育人民委员部，各省设有文化部、教育部，各县设有文化教育科（委员会），各区、乡设有文化教育委员会，具体负责组织领导工作，指导和推动苏维埃文化教育事业的发展。1933年8月16日，中共中央通过了创办苏维埃大学的决定。毛泽东任校长，沙可夫任副校长。该校专门培养苏区急需的经济、政治和文教等方面的地方干部，学员需要在机关团体或党团工作半年以上，具有革命经验。大学下设特别班和普通班，设有土地、国民经济、财政、工农检察、教育、内务、劳动、司法等8个班，课程包括理论、实际问题研究和实习三部分，修业期限为三年。1934年1月，"二苏大会"以后，省、县文化委员会配备了一定数量的巡视员，负责对学校工作的具体指导。苏区先后设立了师范学校、初级中学、列宁学校和夜校，举办了各类干部学校和训练班，形成了多层次、多规格的教育结构，并组织编辑委员会，编写各科教材，改革旧教育，苏区教育事业迅速向前发展。1934年2月初，瞿秋白从上海来到中央苏区，接任中央政府教育人民委员（教育部长）兼苏维埃大学校长，领导中央苏区的文化教育工作。

教育是文化的传播手段和方式，是文化建设的重要组成部分，在苏区文化建设中占有显要的地位。苏维埃政府根据贫苦农民的需要，采取尽可能的办法提高工农的文化水平，在政治上与物质条件上给群众以一切可能的帮助。义务教育方面，苏维埃以法律形式确立实行"完全免费的普及教育"。1931年，苏维埃政府规定："一切工农劳苦群众及其子弟，有享受国家免费教育之权。"1933年10月，苏维埃中央政府通过的《目前教育工作的任务决议案》明确规定："苏维埃教育制度的基本原则是为着实现对一切男女儿童免费的义务教育到十七岁止。"经过几年的努力，苏区的教育事业发展成为一个比较系统的体系，苏区的教育活动大致分为针对少年儿童的学校义务教育，针对成人的以扫盲识字为主的社会教育和针对党政军群工作人员的干部教育。苏区小学通常称为"列宁小学"，相当于初级小学，在苏区的各区、乡普遍建立过。列宁小学学制最初为六年，1933年改为五年，初小三年，高小二年。列宁小学一般每村一所，小学的规模大小不一，少则十几人，多则一二百人，甚至上千人。招收的学生多数是男女儿童，只要是贫雇农和中农的子女就接受，小的六七岁，大的十二三岁。1934年1月，毛泽东在第二次苏维埃代表大会上报告，根据江西、福建和广东三省的统计，在2931个乡中，有小学3052所，学生89 710人，学龄儿童多数进入了列宁小学学习。社会教育方面，针对苏区人民90%以上是文盲的实际情况，首先掀起了扫盲识字运动。群众的识字标准必须达到"普遍的能作报告，能看各种文件，最低限度也要能看标语和路条"。扫盲识字的对象，主要是不能脱产学习的广大工农群众，还有不能进学校的部分青少年，通过各种政治活动和文化娱乐，提高广大群众的文化和政治水平。识字运动主要采用普遍办夜校和识字班的形式。夜校学员大多数是16岁以上的劳动群众，参加识字班的多数是年龄较大、无法进夜校的人员。识字班利用一切机会，采取各种办法进行学习，如设立识字牌、"读书团"和设置阅报室等。干部教育方面，采取开办干部学校与干部培训两种教育方式。中央苏区创办了培养党的干部的马克思共产主义学校，培养苏维埃政府干部的苏维埃大学，培养军事指挥人才的如红军大学、中国工农红军中央军事政治学校、彭杨步兵学校和公略步兵学校等红军军官学校，培养农业建设干部的中央农业学校，专门培养俱乐部和剧社文艺骨干的高尔基戏剧学校，培养文化教员和教育干部的列宁师范学校，等等。

中央苏区以报刊为主体的新闻事业蓬勃发展，各地的党、团、政府、军队及群

团，分别出版了党报、政府机关报、军报、团报、工人报等，共203种。中央苏区影响最大的苏维埃中央政府机关报《红色中华》发行4万—5万份，中国共产主义青年团苏区中央局机关报《青年实话》发行2.8万份，中共苏区中央局机关报《斗争》发行2.7万份，中国工农红军总政治部机关报《红星》发行1.73万份。此外，《战斗》、《火光》《猛进》《苏区工人》《少年先锋》《红色江西》《省委通讯》等，发行量都达到4000—7000份。这些报刊对教育组织群众、支援红军战争、巩固和建设苏区发挥了重要作用。苏维埃政府十分重视新闻出版工作，1931年11月，组建了中央出版局和中央印刷局，各苏区把出版马列经典著作和介绍马克思主义的通俗读物放在出版事业的首位。

1932年，在瑞金成立的中央工农剧社是苏区最为活跃的剧团之一，这是人民军队历史上第一个戏剧团体。在苏区各地成立工农剧社的分社，红军各部队也相应地建立自己的剧团。苏区的戏剧运动，一方面深深扎根在革命斗争的现实土壤中，始终注意从民众中吸取营养，把革命的内容同群众熟悉的艺术形式完美地结合在一起，另一方面又是一个开放的体系，众多的阶层参与其中，使其呈现出多元互补的新格局。

随着中央苏区政治、军事、经济、文教事业的发展和革命根据地的扩大，群众性的体育事业也生机勃勃。1933年5月30日至6月3日，临时中央政府在瑞金举行了中华苏维埃共和国第一次体育运动盛会，也称"五卅"运动会。毛泽东以临时中央政府主席的名义为运动会题词："锻炼工农阶级铁的筋骨，战胜一切敌人。"毛泽东的题词成为当时中央苏区体育工作的总方针。苏区体育运动虽然历史不长，但是它与一切旧式的体育有本质的区别，将当时的体育运动与军事斗争紧密结合在一起。运动的目的是为了增强军事斗争的体能和技能，运动的项目尽量把军事体育和与之接近的民间体育相对接；因地制宜、因陋就简地选用当地的传统体育为补充；领导带头、军民互动，同场竞技；等等。中央苏区体育运动以自己鲜明的特点，写下了在无产阶级领导下，以工农劳苦大众为主体的人民体育运动的新篇章。

苏区的文化建设是中国共产党领导中国人民进行社会主义文化建设的最初尝试。中国共产党人成功地将马列主义文化教育的基本理论与各苏区的实际结合起来，制定出总体上适应当时历史条件的方针政策和中心任务，正确地处理了文化与政治、文化与革命战争、文化与经济等各项工作的关系，坚持了正确的文化方向，全面推进了苏维埃的文化教育事业。

中国共产党治国安邦、局部执政的伟大尝试和预演，始于中央苏区，始于瑞金。从1931年11月7日中华苏维埃共和国临时中央政府诞生，标志着全国各革命根据地已联合成一种国家形态的红色政权出现在中国现代政治舞台上，到1934年10月中旬红一方面军（中央红军）主力长征，中国共产党在瑞金为标志的中央苏区"局部执政"近三年之久。苏区执政尽管时间不长，统辖的范围不是很大，却为中国共产党领导、管理国家政权创造、探索、积累了许多宝贵的历史经验。中国共产党苏区执政，不仅为培养、造就大批党和国家的栋梁之材提供了实验基地，而且丰富了毛泽东思想的理论框架，所形成的苏区精神和优良作风，是中国革命精神的重要组成部分。

第二节　苏区精神的形成与内涵

苏区精神的孕育和产生的过程，忠实地记录了以毛泽东为代表的中国共产党人对国家前途命运的艰苦探寻和对社会理想、人生价值的深层思考。苏区精神是井冈山精神在苏区时期的深化和发展，是长征精神、延安精神形成的先河和源泉，具有承前启后的作用。中国共产党在苏区执政过程中，尤为突出的是培养了广为称道的"苏区干部好作风"。"苏区干部好作风"是苏区精神的显著特征，是全党全国人民需要传承的宝贵精神财富。

一、苏区精神的形成条件

苏区精神的孕育和产生，不仅鲜明地刻上了特定历史时期的烙印，而且是对历史实践的深刻总结，与众多思想文化有着千丝万缕的联系。揭示苏区精神形成的社会历史条件，探求苏区精神与各种思想文化之间的历史继承性，有助于在新的历史条件下更好地弘扬苏区精神。

1. 苏区所处的历史地理环境是苏区精神形成的基础条件

苏区主要分布在中国的广大南方地区，尽管苏区之间存在着一定的空间距离，但是它们基本上都分布在广大的农村地区，而且多是山峦起伏、林木茂密的山区，河流湖泊交错。赣南苏区基本被群山环抱，东临武夷山、南接大庾岭和九连山，西部是罗霄山脉，东北方是雩山山脉，山地总面积达8600多平方公里，丘陵面积有2 4000多平方公里。闽西苏区的形成也得益于武夷山脉的天然屏障。这些独特的自然地理环境，一方面给红军的生存和发展提供了有利的天然保护，有助于开展游击战争；另一方面，封闭落后的山区由于交通运输的不便不利于红军给养的输送，因为敌人的封锁而导致生活用品奇缺，严重影响了红军战斗力。面对恶劣的自然环境，广大干部群众以极大的革命热情与强大的敌人做斗争，与恶劣的自然环境抗争。除了严酷的自然环境，苏区都是农村地区，原来不仅有军阀施压，还有土豪劣绅的压迫，广大农民被任意摆布。瑞金在红军到来之前，农村政权被地主豪绅把持，建立的"廉义社"组织把持公堂、诉讼，与官府勾结，无恶不作。为了维护这种政治统治，地主阶级还成立专门的武装组织。赣南和闽西地区就有赖世琮、赖世璜、萧家碧、郭凤鸣、钟绍葵等比较著名的私人武装，他们拥有良好的装备，不仅欺压百姓，还对红军构成一定的威胁。苏区所在的农村是近代中国农村的真实写照。1929年《中共闽西第一次代表大会决议案——土地问题决议案》记载："据六县调查土地的结果，土地百分之八十五至九十为地主阶级所有，农民所有田地不到百分之十五。地主利用农民竞耕土地，剥夺永佃权，逐步增高地租，索取押租金，建立铁租制度，同时还有田信鸡等附带的剥削，至乡村中豪绅强霸占强买田产之事尚有所闻。"可见，进行土地革命的任务极为迫切。在封建军阀、帝国主义和地主豪绅势力相互勾结的黑暗统治之下，赣南、闽西地区政治腐败，混战连年，社会经济衰退，工农业濒临破产，人民群众陷入悲惨的生活境遇。正是这种悲惨的生活境遇和对美好生活的向往，人民群众有着强烈的革命意识，渴求通过革命改变自己的命运，因而能够自觉地投入到革命事业中去，并展现出革命者应有的精神面貌。

2. 中华民族优秀传统文化和革命文化是苏区精神形成的思想基础

任何精神的形成都有很强的历史继承性。中华民族在漫长的历史发展中形成了自己优秀的文化传统,成为生生不息的精神血脉,成为苏区精神形成的原始基因。凭着艰苦奋斗、自强不息的进取精神,中华民族创造了让世界瞩目的物质文明和精神文明;凭着天下为公、勇于奉献的集体主义传统,无数富有家国情怀和救国救民思想的仁人志士舍生取义,勇于担当;民为邦本、本固邦宁的民本思想突出了人民群众在历史长河中和社会历史舞台上的作用和地位,揭示了人民是国家的根本和基础;知行统一、经世致用的思维方式成为中国人揭示和观察世界的依据和尺度,当近代中国面临前所未有的危机时,志士仁人将它运用到了社会改造和民族救亡的伟大实践中。这些中华民族优秀的文化传统在苏区得到了继承和发扬,成为苏区精神的文化渊源。

苏区精神的培育与马克思主义密不可分,中国革命道路的开辟和中国特色革命理论的形成离不开马克思主义的指导。五四运动后,赣西南和闽西一些在外求学的进步青年,通过各种方式和途径,开始传播马克思主义。如吉安第七师范青年成立了吉安青年学会,出版了《吉安青年》;曾天宇、张春熙在万安创办了《万安青年》;寻乌县的知识分子创办了《寻乌青年》;邓子恢、陈少微在龙岩创办了《岩声报》;上杭的青年读书会创办了《幻灯》,这些团体的成立和报刊的出版,通过讲解革命道理提高了工农的认识,唤醒群众起来革命。随着马克思主义在这些地区的传播,不仅为赣西南和闽西的革命斗争提供了正确的理论指导,也为中国共产党成立做好了思想和组织上的准备,为苏区精神的形成奠定了扎实的理论基础。

苏区精神产生于革命战争年代,是中国共产党人的优良传统和优良作风,更是对井冈山精神的继承和发展。毛泽东同志将井冈山斗争的革命实践和马克思主义普遍原理结合起来,形成了"工农武装割据"革命思想,开辟了武装夺取政权、农村包围城市的中国特色革命道路,井冈山道路的开辟铸就了井冈山精神,成为中国革命精神的源头,奠定了中国革命精神的基础。苏区精神继承了井冈山精神的优秀基因,从中汲取了养分。

3. 各苏区的创建及革命斗争实践是苏区精神形成的根基

八七会议明确了土地革命和武装斗争的革命方针，为此中国共产党人先后成功地创建了中央苏区、鄂豫皖苏区、湘鄂西苏区、川陕苏区、湘鄂川黔苏区、湘鄂赣苏区、湘赣苏区、闽浙赣苏区、海陆丰苏区、左右江苏区、琼崖苏区、陕甘苏区等十几块大大小小红色区域，成为苏区精神形成的空间依托。苏区的创建是中国共产党人智慧、力量和意志品质不断彰显的过程，也是苏区精神凝聚的过程。

五次反"围剿"胜与败的斗争实践证明王明"左"倾思想对中国革命所产生的危害，毛泽东思想是指导中国革命走向胜利的法宝。在革命的斗争实践中，磨炼了中国共产党人和苏区军民的革命斗志，为苏区精神的培育提供了实践土壤。中华苏维埃共和国的成立，标志着党领导下的各苏区终于成为一个统一的政治实体，推动了苏维埃区域的经济发展和社会进步，在局部执政的过程中，积累了宝贵的治国理政的经验，培养了一批治国人才，为苏区精神的形成提供了实践基础。

二、苏区精神的内涵

2011年11月4日，习近平同志在纪念中央革命根据地创建暨中华苏维埃共和国成立80周年座谈会上的讲话中，对苏区精神内涵进行了科学概括，即坚定信念、求真务实、一心为民、清正廉洁、艰苦奋斗、争创一流、无私奉献等。他对苏区精神给予高度评价："这一精神既蕴涵了中国共产党人革命精神的共性，又显示了苏区时期的特色与个性，是中国共产党人政治本色和精神特质的集中体现，是中华民族精神新的升华，也是我们今天正在建设的社会主义核心价值体系的重要来源。"[①]精神内涵的概括以忠于史实为基础，着眼于全国苏区斗争历史的全局，把握苏区精神最重要、最本质的主流形态，抓住影响时代的亮点进行了提炼。

1. 坚定信念

中国共产党人以共产主义为终极奋斗理想，并为此在艰难的环境下为中国革命事

---

① 习近平.在纪念中央革命根据地创建暨中华苏维埃共和国成立80周年座谈会上的讲话［N］.人民日报，2011-11-05

业走向胜利而奋斗。苏区时期，正是因为有着理想信念的指引，党的事业不断走出低谷，革命力量不断得到发展壮大，坚定信念是中国共产党人坚持斗争的精神支撑。身为黄埔军校少校中队长的陈奇涵面对巨大的物质利诱，不为所动，听从内心的召唤走上了革命道路。在苏区，他和战士一样穿草鞋、盖稻草、吃糙米，为的就是要实现共产主义的理想信念。毛泽东于1930年1月在中央苏区针对中央"二月来信"和林彪等人的悲观思潮，给林彪写了一封长达八千字的党内通讯，提出了"星星之火，可以燎原"的著名论断。这一论断不仅提出了红军初创时期建立革命根据地武装夺取政权的战略构想，而且揭示了中国革命胜利发展的必然趋势和客观规律。毛泽东以马克思主义者的远见和诗人的气质，指出了中国革命的前景犹如站在海岸遥望海中已经看得见桅杆尖头了的"一只航船"，是立于高山之巅远看东方已见光芒四射喷薄欲出的"一轮朝阳"。一年零四个月后，中华苏维埃共和国临时中央政府在瑞金宣告成立，毛泽东的预见和判断不仅坚定了中央苏区时期全党同志和全军将士的信念，而且引领中国革命走向全国胜利和建立新中国。

革命群众也以编歌谣等喜闻乐见的形式表达对革命的坚定信念，如："树大不怕狂风吹，堤高不怕大水冲，工农有了共产党，坚决革命没二心。"艺术剧社的同志用戏剧的形式激发群众的革命信念，戏剧《年关斗争》就是讲述贫农张三在受尽地主杨克明的残酷剥削后，在党的启发和领导下最终走上革命道路的故事。这些让群众明白只有坚持革命斗争，只有革命取得最后胜利，才能改变被剥削奴役的命运。不论身份如何，参加革命心中就要有坚定的革命信念，这是克服艰难险阻的思想基础。每个人只有心中树立了坚定的理想信念和持久的精神品质，才会自觉投入革命并坚持始终。理想信念是精神要素的升华和集中反映，对其他精神要素具有统领和导向作用。坚定信念是苏区精神的首义，也是苏区精神的灵魂所在。

2. 求真务实

求真务实从理论层面上说，表现的是一种追求真理的科学精神，提倡不迷信权威、不崇拜经验，强调在理论上要敢于质疑和创新；从实践层面上，它表现为一种力求实效的工作作风，要求人们必须从实际出发，而不是从本本出发，也不是从领导意志出发。可以说，求真务实是科学精神和实践精神的高度统一。苏区精神中最本质的内容是思想路线问题。中国共产党"思想路线"的理论概括和基本思想是毛泽东在中央苏区提出的，1929年6月14日，在红四军"七大"前夕，毛泽东针对党和红军初创时期出现的重大原则问题争论和各种非无产阶级思想，在给林彪的信中明确提出："近日的问题只是历史的结穴，历史上一种错误的思想路线上的最后挣扎。"这是毛泽东首次提出"思想路线"的概念。同年12月，毛泽东在古田会议上进一步提出："红军第四军的共产党内存在着各种非无产阶级的思想，这对于执行党的正确路线，妨碍极大"，因此必须"对党员作正确路线的教育"。当时党内先后受到坚持"城市中心论"的立三路线和唯苏联经验、马克思主义文本以及共产国际至上的王明"左"倾错误思想的干扰，这给革命事业造成了巨大损失，其根源就是教条主义。这些错误路线一度在党内有部分信众，但以毛泽东为代表的广大革命同志并没有盲从，而是展开了激烈的斗争，进行了坚决的抵制。1930年5月，毛泽东在《反对本本主义》一文中，更加鲜明地提出："马克思主义的'本本'是要学习的，但是必须同我国的实际情况相结合。我们需要'本本'，但是一定要纠正脱离实际情况的本本主义。"并批评某些同志的想法"完全不是共产党人从斗争中创造新局面的思想路线"。该文列出了本本主义的种种表现并分析其产生的原因，指出了存在的各种危害和揭示了克服方法等，提出了"没有调查，没有发言权""调查就是解决问题"等著名论断，首次明确了"思想路线"这一概念，是马克思主义中国化的光辉著作。它标志着我们党思想路线的基本形成，为后来党内教条主义错误的彻底清算和延安时期实事求是思想路线的最终确立奠定了理论基础。为了践行这一思想路线，毛泽东在苏区进行了大量的实际调查，发表了《兴国调查》《长冈乡调查》《才溪乡调查》《寻乌调查》等。其中，寻乌调查是规模最大、时间最长，也是最具有影响力的一次调查，并形成了八万多字的《寻乌调查》报告，为当时刚到赣南、闽西的红四军制定政策、斗争策略和开展各项工作提供了依据。他在《关于农村调查》中说："我作了寻乌调查，才弄清了富农与地主的问题，提出解决富农问题的办法，不仅要抽多补少，而且要抽肥补瘦，这样才使富农、中农、贫农、雇农都过下去。"通过一系列的调查，毛泽东很好地诠释了求真务实的精髓，转变了不少同志的思想和作风。

此外，周恩来、朱德、彭德怀、陈云、邓小平也曾深入基层、深入群众，用自己的实际行动支持在"赣南会议"和"宁都会议"受到排挤的毛泽东，以抵制王明教条主义思想路线。邓小平为此受到牵连，被称为"江西罗明路线"的代表，跌入人生政治生涯的第一次低谷，但是邓小平并没有放弃革命信念和向教条主义低头，依然展现出共产党人热爱真理、追求真理的崇高风范。苏区时期是中国革命道路摸索阶段和党内教条主义思想盛行的特定时期，此时形成求真务实的科学态度和工作作风，体现了我们党的高度理论自觉和实践自觉，成为苏区广大党员精神面貌的鲜明特征，标志着党的思想路线的初步形成，成为苏区精神的特有内涵。

3. 一心为民

全心全意为人民群众谋利益是中国共产党的根本宗旨和执着追求。这一理念在中央苏区时期就已经明确了，毛泽东提出"真心实意为群众谋利益"的思想就是"全心全意为人民服务"宗旨的原型。在"全苏二大"总结中央苏区经验时，毛泽东郑重提出：要深刻地注意群众生活的问题，从土地、劳动问题，到柴米油盐问题。妇女群众要学习犁耙，找什么人去教她们呢？小孩子要求读书，小学办起了没有呢？对面的木桥太小会跌倒行人，要不要修理一下呢？许多人生疮害病，想个什么办法呢？一切这些群众生活上的问题，都应该把它提到自己的议事日程上。毛泽东强调指出："要使广大群众认识我们是代表他们利益的，是和他们呼吸相通的。""真心实意地为群众谋利益，解决群众的生产和生活问题，盐的问题，米的问题，房子的问题，衣的问题，生小孩的问题，解决群众的一切问题。我们是这样做了么，广大群众就必定拥护我们，把革命当作他们的生命，把革命当作他们无上光荣的旗帜。"毛泽东在他的讲话中阐述了执政为民的思想。要为群众谋利益，心中必须要先有群众，毛泽东在苏区反复告诫党员干部："因为革命战争是群众的战争，只有动员群众才能进行战争，只有依靠群众才能进行战争。"毛泽东不仅从理论上阐述为民谋利的重要性和必要性，而且用自己的实际行动践行自己的理论。他不仅亲自参与起草《土地法》《劳动法》等各种事关民权、民生的法律文件，保障和维护人民的权益，还通过兴办教育不断满足人民群众的精神文化需求。瑞金沙洲坝的"红井"是当年毛泽东为解决当地群众饮水难的问题，带领工作人员和红军战士开挖的，当地群众感激万分，在水井旁刻下了"吃水不忘挖井人，时刻想念毛主席"的石碑，表达了对党的感激和对毛主席的怀念。在毛泽东的带领下，苏区各级干部也纷纷关心群众生活。在毛泽东所做的《长冈乡调查》和《才溪乡调查》中，生动地记载了这些情况：长冈乡贫苦农民马荣海的房子被火烧了一间半，乡政府就发动群众捐工捐料，三天就帮他盖起来了。榔木乡有三四个过去当乞丐的人，到1933年夏天还穷到没饭吃，乡政府和互济会捐米捐钱救济他们。红军家属生病有困难，长冈乡政府从消费合作社中借出本钱，组织几个群众运销粮食，赚了一些钱接济他们。车岭脑村农民刘长秀因丈夫和儿子当红军，家中缺少劳动力导致缺粮，村代表主任万必才知道后立即背了一斗米去救济。一桩桩、一件件的暖心关怀，帮助群众渡过了难关，也赢得了民心。广大群众真切地感受到共产党的亲民、爱民之举，才坚定了跟党走的决心，真心拥护苏维埃。

一心为民的执政理念，充分体现了无产阶级的先进阶级属性和中国共产党人大公无私、心系天下的道德情操，从根本上决定了我们党密切联系群众的工作路线，为延安时期全心全意为人民服务根本宗旨的最终确定奠定了基础。

4. 清正廉洁

苏区的党员干部密切联系群众，艰苦奋斗，勤政廉洁，一身正气，铸就了血浓于水的党群关系。在一定的政权组织结构中，领导干部的品行是反映社会道德水准和风气的重要风向标，他们的精神面貌是整个社会群体精神面貌的集中体现。"苏区干部好作风，自带干粮去办公，日着草鞋闹革命，夜走山路打灯笼。"这首脍炙人口的山歌，是当年苏区干部优良作风的真实写照。为了使苏区干部清正廉洁、克己奉公，苏维埃中央政府规定："每个革命的民众都有揭发苏维埃工作人员的错误缺点之权"，"如果发现了贪污腐化消极怠工以及官僚主义的分子"，"苏维埃则立即惩办他们绝不姑息"。清正廉洁是衡量苏区领导干部精神面貌的重要尺度。中华苏维埃共和国临时中央政府成立初期，也不同程度地滋生形形色色的消极腐败现象，如贪污、浪费、官僚主义、以权谋私等，对新生的红色政权产生了极大的危害。由于苏区处在敌人包围之中，既有军事"围剿"，又有经济封锁，任何腐败行为都有可能导致生存危机。党始终对腐败现象保持着高度警惕，把廉政建设放在党的建设和政权建设的突出位置，并创造了廉政建设的奇迹。苏维埃党政机构先后成立了各种廉政组织，如党组织内部设有监察委员会、各级苏维埃政府内部设立专门负责廉政建设的工农监察部；在群众组织中也成立了专门的机构，如共青团组织中设有"轻骑队"，这些机构为反腐败工作提供了有力的组织保障，在党的政权建设史上具有开创性意义。

此外，苏区还通过重视思想教育，提高干部觉悟；建立健全苏维埃民主制度和党内外监督制度；建立统一的财政管理制度；精简机构，统一编制；运用新闻媒体，发挥舆论的监督和导向作用；加大法制建设，严惩腐败等行之有效的措施，使苏区的反腐败工作取得了巨大成就。中央苏区先后查处了中央总务厅基建工程处主任左祥云贪污犯罪案；胜利县委书记钟圣琼、县苏维埃主席钟铁青贪污案；瑞金县财政部唐仁达贪污案；于都县苏维埃主席熊仙璧、县苏维埃军事部长刘士祥等贪污案，这些案件的查处彰显了党反腐败的决心，维护了党和苏维埃政府的形象，也教育了广大党员干部，赢得了人民的拥护。与这些腐败分子形成鲜明对比的是苏区一大批清正廉洁的党员干部。毛泽东到基层调研照章缴纳食宿费至今是一段佳话。当年的伙食账本还保留在瑞金的纪念馆，上面清楚记载："十八号，主席毛泽东住四（人）还大洋一元八角。（经手人）：陈奇寒（涵）。"附近老表得知毛主席身体不好送来一些土鸡和鸡蛋慰问，毛泽东都让工作人员按照市价付钱，反映出毛泽东清正廉洁的品质。周恩来身为红军总政委也从不搞特殊，在福建建宁前线跟战士一样，睡的是门板，盖的是稻草，枕的是砖头，吃的是无盐菜。一次警卫员卢正标在他的菜里加了点盐，周恩来发现后，严肃对他进行了批评：'同志们对我的关心爱护，我从心里感激！可是我不要特殊照顾。"江西省苏维埃政府主席刘启耀带头从家里背米去办公，红军长征后，他参加领导的游击队也被敌人打散了，与组织失去联系后就隐蔽在山区，讨饭度日。可是他的身上藏着一包作为党的活动经费的金条。不管多么困难，他始终没有动过，后来他如数上交给公家，他被人称为"腰缠金条的乞丐"。正是这些领导者不搞特权、不谋私利的高尚品德，极大感化和教育了一大批党员干部，让他们懂得了人民公仆的

真正含义。

1934年4月到9月，苏维埃中央审计委员会对中央政府各部进行监察审计后，在审计报告中宣布："只有苏维埃是空前的真正的廉洁政府。"

5. 艰苦奋斗

艰苦奋斗是中华民族的传统美德，也是中国共产党人的政治本色。苏区时期，广大党员干部和革命群众靠着艰苦奋斗的优良传统磨砺革命意志和陶冶革命情操。当时担任少共中央局宣传部长的刘英回忆说：吃菜，就是晒下的笋干，还有莴笋叶子，没有油，也没有盐；粮食规定一人一个蒲包，每个人几两，写上牌子，你一包我一包，都写着名字，非常艰苦。随着战事的深入，敌人调整了对苏区的策略，实施军事"围剿"和经济封锁相结合的双重策略。中央苏区是敌人进攻的重点，情况也最为艰难。随着第五次"围剿"的来临，苏区的面积不断缩小，粮食严重缺乏。1933年12月，苏维埃中央决定成立粮食人民部，专门处理粮食问题，收集粮食被提到"国内战争中一个残酷的阶级斗争"的高度。苏区不仅缺少粮食，还缺医少药。频繁的战事导致大量的伤兵被抬到后方，但敌人的严密封锁导致器械医药奇缺。最初药品主要靠地下党组织帮助解决一部分，再从战场上敌人那里缴获一部分，后来这些渠道都不可行。医护人员只能靠土办法，用猪油代替凡士林，用白开水代替食盐清洗伤口，用锯木头的锯子代替手术刀等。随着战争的持久进行，红军枪械、弹药不仅严重匮乏，而且质量低劣，严重削弱了红军的战斗力。面对困难，广大指战员没有退缩。在恶劣的环境面前，革命力量和革命事业不断向前发展。

为了渡过危机困难，党领导苏区人民自力更生进行自救：开展土地革命，发展农业生产；创建根据地的军需工业；开辟红色圩场，开展对外贸易；开展群众性的熬制硝盐运动等。正是在艰苦奋斗的精神感召下，苏区人民粉碎了敌人一次次"围剿"，壮大了革命力量。

6. 争创一流

在中央苏区的政权建设、经济建设、文化教育、扩红运动、推销公债、拥军优属、粮食动员等各项工作中，广大苏区干部努力拼搏、开拓创新，模范带头地创造了

"第一等的工作"，受到了毛泽东和苏维埃中央政府的表彰。

1934年1月27日，毛泽东在"全苏二大"热情洋溢地说："兴国的同志们创造了第一等的工作，值得我们称赞他们为模范工作者。同样，赣东北的同志们也有很好的创造，他们同样是模范工作者。"在争创一流的进取精神引导下，苏区工作取得了骄人的业绩，涌现出一大批典型。赣东北苏区是全国苏区的重要组成部分，在政权建设过程中，他们进行了大胆尝试摸索，探索出许多切实可行的制度，如先后建立了党员干部定期学习、定期考核制度，干部参加劳动制度，特别是在农忙季节以生产协会的形式把机关干部都组织起来参加生产，建立了巡视制度以及干部基层调研制度等。这些制度促使广大苏区干部奋发有为，形成了人人争当先进、个个敢争先的工作氛围。凭着这样的工作干劲，他们创造了一流的工作业绩，先后受到了苏维埃政府最高的赞誉，毛泽东称之为"方志敏式"的革命根据地，并授予了"苏维埃模范省"的光荣称号。兴国县是苏区的模范县，全县的人口仅有23万人，1930年兴国就组织成立了三个独立团，人数达到2万；1932年"扩红运动"中，兴国党员干部积极组织动员，组成了一支五千多人的"兴国模范师"。"兴国模范师"的组建，极大地推动了中央苏区的"扩红运动"，先后受到中央政府、苏区中央局的嘉奖，被称为"扩大红军的先驱"，"这一英伟的壮举，是革命历史上一页灿烂的记录"。兴国的干部不仅善于军事动员，在苏区建设的各项工作中也走在前列。为了解决青壮年劳动力上前线导致劳动力缺乏的困难，兴国县委和苏维埃政府先后采取了组织耕田队、劳动互助组、犁牛合作社等互帮互助模式，有力地保证了农业生产的顺利进行。兴国县因此被称为"春耕模范县"，还获得中央政府授予的"布尔什维克的粮食动员县""推销公债模范县""消费合作社模范县""教育工作模范县"等称号。这反映出兴国县的工作业绩是多方面、全方位的，并形成了兴国干部"十带头"的好风尚，即政治学习带头，军事训练带头，执行勤务带头，参军参战带头，遵纪守法带头，购买公债带头，节省粮食带头，优待红军家属带头，慰问捐献带头，发展生产带头。毛泽东对兴国同志们的工作给予高度评价，还特地为兴国题写了"模范兴国"的锦旗，以肯定和鼓励他们的工作。长冈乡和才溪乡分别属于江西兴国县和福建上杭县，毛泽东多次深入这两个乡进行调查研究，并将调查结果写入二苏大会报告。在《关心群众生活，注意工作方法》一文中，毛泽东写道："江西的长冈乡，福建的才溪乡，扩大红军多得很呀！长冈乡青年壮年男子百个人中有八十个当红军去了，才溪乡百个人中有八十八个当红军去了。公债也销得很多，长冈乡全乡一千五百人，销了五千四百块钱公债。其他工作也得到了很大的成绩。"正是由于苏区各级党员干部争创一流的工作干劲和热情，才呈现出热火朝天的革命场面。

7. 无私奉献

在苏区斗争的岁月里，广大军民无私奉献、不怕牺牲，涌现出许多感人的事迹。相信群众、依靠群众的群众路线是我党取得胜利的法宝。苏区广大群众以自己的实际行动支援革命事业，在红军粮食短缺的紧急关头，捐助粮食的动员令一经发出，苏区人民就踊跃为红军捐粮。不到一个月，洛口县收到群众捐助的大米64351斤，谷子11424斤。于都县农民刘惠贵，为了报答党和红军让自己分得了田地，除留下自家口粮外，其余十几担粮食全部捐出来了。在敌人封锁最严的1934年，中央苏区的人民为了保证前线粮食需要，共节省出几十万担谷子。同时，还捐出了大批的棉被、棉衣、斗笠等军需物资，有力支援了前线作战。

为了解决革命战争和经济建设的资金问题，很多苏区都向群众发行公债。中央苏区的次数最多、数量最大，1932—1933年，中央苏区先后发行了60万和120万的短期革命战争公债，一次300万的经济建设公债。其中兴国县先后三次完成了5.56万、13万、42万，长汀县群众购买了20万，上杭县的群众购买了15万，连城县的群众购买2万。闽浙赣苏区的认购公债运动也非常成功，先后几次都超额完成任务。虽然是认购，但有风险，这些公债成为群众的无偿捐助。

为了保卫来之不易的革命成果和苏维埃政权，苏区人民不仅捐钱捐物，还直接参军上前线。为了扩大红军队伍，各苏区先后开展了多次"扩红运动"。仅1933年2月，中央苏区中央局提出"在全国各苏区，创造一百万铁的红军"的口号后，兴国县有5161人参加红军，瑞金县有4200人参加，胜利县有2895人参加，博生县有1700人参加，石城县有1860人参加，仅江西赣南苏区的几个县就扩大红军达2万人。据资料统计，当时赣南苏区总人口约240万，青壮年50万，先后有33万人参加红军，支前的60余万，牺牲人数达20余万，其中有名有姓的烈士多达10.8万。其中，23万人的兴国县，参加红军就有8.5万人，烈士2.3万人，瑞金、于都、宁都等县的烈士都在1.6万以上。闽西有10万儿女参加红军，有2.8万人参加长征，湘江战役中担任殿后掩护任务的红三十四师5000余人未能过江，几乎全部壮烈牺牲。长征途中，每前进一公里就有一个兴国战士倒下。此外，群众还自发参加各种前线运输队、担架队、救护队、洗衣队、慰劳队、向导队等外围辅助工作。苏区人民倾其所有地支援战争，为中国革命做出的巨大牺牲，在全国是罕见的，这种用鲜血铸就的无私奉献精神是苏区人民大局观、集体观的集中体现。

第三节　苏区精神的时代价值

随着历史方位的变化，中国共产党已经从领导人民为实现中华民族的独立和人民的解放的革命党成长为一个具有近七十年执政经验的政党，如今正带领中国人民为实现伟大的中国梦而不懈奋斗。在新的历史条件下，苏区精神回应时代、融入时代，依然具有时代价值。

一、苏区精神为我党巩固和加强执政建设提供了宝贵资源

中国共产党在土地革命战争时期孕育形成的以"坚定信念、求真务实、一心为民、清正廉洁、艰苦奋斗、争创一流、无私奉献"为主要内涵的苏区精神不仅丰富和发展了中华民族精神，而且是中国革命精神链条中的重要一环。由于中国共产党治国安邦、局部执政的伟大预演开始于红都瑞金，中国共产党的执政文化由此与苏区精神的内涵紧密相连。弘扬苏区精神，开发和利用其时代价值，将有助于进一步加强和完善中国共产党的执政文化，不断巩固党的执政地位和提高执政能力。

首先，苏区精神是中国共产党执政文化的奠基石。文化是一个国家执政党赖以执政的基础之一，中国共产党的执政文化起源于根据地建设实践。中华苏维埃共和国是

中国共产党建立的第一个具有国家形态的苏维埃政权，是中华人民共和国的雏形。与之相伴生的苏区精神承继和发展了中华民族的优秀精神血脉，而在执政实践中所实施的执政方略奠定了中国共产党执政文化的基础。

1931年11月7日，在瑞金宣告成立的中华苏维埃共和国临时中央政府，为中国共产党在苏区执政提供了政权载体，标志着具有国家形态的红色政权开始出现在历史舞台上，意味着中国共产党作为执掌苏维埃国家政权的执政党开始了执政实践。

中国共产党能够实现在苏区的局部执政源于对当时国情和中国革命特点的清醒认识和对革命道路的积极探索。大革命失败后，中国共产党发动南昌起义开始了创建人民军队和独立领导武装斗争的历史新阶段，并且走出了一条"农村包围城市，武装夺取政权"的井冈山道路。如果说，对中国革命特点和道路的探索奠定了中共在苏区执政的坚实基础，那么工农红军力量的壮大和全国十几个农村革命根据地的存在与发展，为中国共产党在苏区的执政提供了依靠。据统计，"至1930年夏，全国成立的正式红军有15个军，共70000余人。建立起大小十四五块农村革命根据地"。中华苏维埃共和国成立前夕，全国主力红军发展到15万人左右，全国苏维埃区域面积扩大到十五六万平方公里，拥有人口1000多万。全国各地红军力量的壮大和革命根据地的发展，为中国共产党在苏区的执政提供了可靠的保证。

中国共产党的执政文化是在根据地建设和执政实践中逐步构建起来的，苏区精神的孕育集中反映了苏区的建设与发展实践，集中反映了中国共产党的政治思想、执政理念、价值取向，为中国共产党执政文化的培育提供了重要的历史资源。

苏维埃政权初创时期，受几千年封建专制主义思想的影响，苏区民众和部分党员干部的头脑中还存在着等级尊卑、家长作风、个人主义等封建思想。为树立新生政权的良好形象以领导革命斗争，中国共产党以宪法为依据初步构建了执政组织体系；开创了苏区的政治、经济、文教卫生、军事、体育等各项事业，逐步形成了较为完整的苏维埃政权建设理论并积累了丰富的经验；针对如何在落后的农村建设党组织以保持中国共产党的先进性这一党建新课题，以毛泽东为代表的中国共产党人在苏区执政实践中从思想、组织和作风等方面的建设进行了理论与实践的探索。正如毛泽东在《共产党人》发刊词中所说："党开辟了人民政权的道路，因此也就学会了治国安民的艺术。党创造了坚强的武装部队，因此也就学会了战争的艺术。"苏区执政所积累的治国经验和执政能力的锻炼为新中国的政治、经济、文化等诸方面的建设进行了预演，确立了执政的文化导向，瑞金也由此被称为"人民共和国的摇篮"。

其次，苏区精神诠释了立党为公、执政为民的中国共产党执政价值观。执政价值观是执政文化的核心内容。"任何执政党在其执政过程中都要为自己所代表的阶级做出最富有价值意义的选择，都要在实践过程中不断规范自己的行为，调整自己的目标，提出自己特有的执政理念、执政使命、执政方略、执政方式等，形成区别于其他执政党的执政文化。"立党为公、执政为民是马克思主义政党的根本属性，也成为中国共产党执政文化的根本价值取向。中国共产党在组织领导中华苏维埃共和国建设和苏区局部执政的伟大实践中，真正践行了立党为公、执政为民的执政价值观，成为党执政史上勤政为民的光辉典范。

坚定的革命意志是将革命进行到底以取得胜利的力量源泉，理想信念是一个政党和一个民族不可或缺的精神支柱，中央苏区的创建是中国共产党人以坚定信念开辟中国革命道路的典型例证。从1929年初到1930年1月，由于没有建立起巩固的根据地，毛泽东、朱德率红四军在赣南、闽西反复转战，导致红四军官兵中产生了"红旗到底能打多久"的悲观情绪，加之中央"二月来信"对革命形势的悲观估计，毛泽东为此写了《星星之火，可以燎原》，阐述了以农村包围城市的理论，指出："中国是全国都布满了干柴，很快就会燃成烈火。'星火燎原'的话，正是时局发展的适当的描写。""这个'星星之火'，距'燎原'的时期，毫无疑义地是不远了。"[①]正是革命必定胜利的坚定信念，点燃了苏区军民胜利的希望之火，鼓舞了全党同志的斗志，终于迎来了1931年11月中华苏维埃共和国的成立。正是凭着"星星之火，可以燎原"的坚定信念，实现了工作重心从城市到农村的转移，经过苏区执政的考验，中国共产党不仅加深了对中国革命规律的认识，而且紧紧依靠群众摸索出一条符合中国国情

① 毛泽东选集（第1卷）[M].北京：人民出版社，1991:99

的执政道路。执政党对道路的探索和选择，与一个国家长期形成的文化传统、政治演进、发展水平和人民诉求紧密相连。执政道路关系到执政党的命脉，关系到国家前途和人民幸福。如今中国共产党同样需要坚定的信念，坚定道路自信，不断探索中国特色社会主义道路，只有沿着这条实现全体人民共同富裕的中国道路前行，才能实现中华民族伟大复兴的中国梦。

实现人民当家做主的国家政权，才能真正把为人民谋利益放在至高无上的位置。苏维埃政权能否做到执政于民，在于由谁来掌握和行使苏维埃的权力。中国共产党在苏区的执政实践中充分彰显了一心为民的执政理念，为此得到了群众的衷心拥护和无私支持，形成了密切的党群关系，奠定了扎实的执政基础。中华苏维埃共和国刚成立就在《宪法大纲》中明确指出："苏维埃全部政权是属于工人农民红军兵士及一切劳苦民众的。在苏维埃政权下，所有工人农民红军兵士及一切劳苦民众都有权选派代表掌握政权的管理。"由此明确了政权性质，并且形成了通过一系列的法律法规来确保民众享有民主权利的制度框架，通过吸纳民众参与政权的管理，保证了占人口绝大多数的工人、农民、士兵和其他劳苦群众成为苏维埃国家的主人，享有最广泛的民主和自由。中国共产党不仅让民众享受基本民主权利，还高度重视和人民群众的密切联系，毛泽东在第二次全国苏维埃代表大会上指出："真心实意为群众谋利益，解决群众的生产和生活的问题，盐的问题，米的问题，房子的问题，衣的问题，生小孩的问题，解决群众的一切问题。我们是这样做了么，广大群众就必定拥护我们，把革命当作他们的生命，把革命当作他们无上光荣的旗帜。"①这是党的文献中最早关于执政为民思想的表述。

苏区广大党员干部牢记一心为民的宗旨，时时处处关心群众的生活，"一切群众的实际生活问题，都是我们应当注意的问题"，只要这些问题解决了，"群众就会真正围绕在我们周围，热烈地拥护我们"。②沙洲坝的"红井"是解决群众生活实际困

---

① 毛泽东选集（第1卷）［M］.北京：人民出版社，1991:138
② 毛泽东选集（第1卷）［M］.北京：人民出版社，1991:137

难、一心为民的最好写照。苏区干部真心实意为群众谋利益，使苏区百姓生活发生了极大改善，"过去大多数农民每年很少吃肉的时候，现在吃肉的时候多起来了。过去农民衣服着得很烂，现在一般改良，有些好了一倍，有些竟好了两倍。"①中国共产党的执政地位既是历史的选择，也是人民群众的选择。任何政权只有在人民的拥护下才能真正地强大，人民群众是执政党最坚实的执政基础。中国共产党在苏区的执政实践启示我们，时刻牢记和维护人民群众的根本利益，是解决党群关系的前提和基础。只有坚定地相信和依靠群众，真正做到权为民所用，党的执政基础才牢不可破。

执政主体是执政党执政行为的实施者和政治角色的承担者，加强执政主体建设是执政文化建设的关键。中国共产党领导革命事业取得胜利，不仅靠正确的政治路线，还要有一支优秀的干部队伍。面对残酷的战争环境，广大苏区干部不仅牢记党的宗旨，而且以身作则、吃苦务实，以创造"第一等的工作"为奋斗目标，以高度的革命事业心和责任感，培育了深受苏区群众赞誉的苏区干部好作风。

苏区干部好作风是苏区精神在干部群体中的外在体现。当时苏区各地被浓厚的争创一流、争当先进的气氛所包围，出现一大批在各方面创造了第一等工作的先进模范。"机关工作人员和红军官兵，每人每天只有五分钱的菜金，经常吃粗糙的红米饭和缺油少盐的南瓜汤，有时还用野菜充饥。大家穿的都是粗布衣和草鞋。冬天，棉衣棉被不够用，很多同志就多穿几件单衣御寒，晚上铺盖稻草睡觉。然而同志们对革命的前途却充满信心。……到处洋溢着团结向上和革命乐观主义的情趣。"广大干部处处做出表率，自觉发挥先进模范作用。闽西福音医院院长傅连暲放弃优厚的生活待遇参加革命，将医院所有器械药品和多年的积蓄，全部搬到瑞金献给苏维埃政府，创办中央红色医院，成为苏区干部无私奉献的典范。实践证明，政治路线确定之后，干部是决定性因素。只有强有力的执政主体才能使党的执政方略更加完善、执政方式更加科学。广大党员干部只有不断提高自身素质和执政为民的意识，才能在群众中赢得良好的执政形象，成为坚不可摧的执政主体。

① 江西省档案馆、中共江西省委党校党史教研室.中央革命根据地史料选编（下）［M］.江西人民出版社，1982:322

　　再者，苏区精神培育了求真务实、廉洁奉公的中国共产党执政作风。执政作风是执政文化的精神标志，是中国共产党执政的行为养成。中国共产党在领导苏区的革命实践中，不仅逐渐明确了执政为民的思想，而且培育了求真务实、廉洁奉公的执政作风。尽管执政时间不长，却显示出中国共产党执政的政治优势和组织优势。

　　一部中国革命史就是中国共产党人求真务实、励精图治的奋斗史，求真务实体现了马克思主义中国化的科学精神和严谨态度。毛泽东针对当时党内盛行将马克思主义教条化、将苏联经验神圣化的错误倾向，在中央苏区首次提出"思想路线"的概念，并对中国农村社会的农民问题及农民的土地问题作了深刻的考察，完成了《寻乌调查》《兴国调查》《长冈乡调查》《才溪乡调查》等著名的农村调查报告，提出了"没有调查就没有发言权"的论断，全面总结了土地革命中的经验和教训，为制定正确的政策提供了依据，也开创了我们党实事求是、求真务实、注重调查研究的一代新风。1930年5月，毛泽东在《反对本本主义》中提出："马克思主义的'本本'是要学习的，但是必须同我国的实际情况相结合。我们需要'本本'，但是一定要纠正脱离实际情况的本本主义。"[①]以毛泽东为代表的中国共产党人在实践中研究中国革命的基本问题，在理论上也将马克思主义基本原理同中国革命的具体实践相结合，逐步确立了实事求是、一切从实际出发的思想路线，孕育了马克思主义中国化的重大理论成果——毛泽东思想，"这个时期，党在理论上的第一次历史性飞跃开始起步。从这个意义上说，中央苏区可视为毛泽东思想的主要发祥地。"理论成果的孕育为党的执政文化提供了明确的定位，奠定了执政的文化导向。

　　清正廉洁是苏区精神的本质特征，为了确保苏维埃新生政权清正廉洁，中国共产党开展了反腐倡廉运动。1932年5月9日，叶坪村苏维埃主席谢步升因贪污腐化被执行枪决，对全体党员干部既起到震慑作用又起到教育作用。1933年12月中央政府制定和颁布的《关于惩治贪污浪费行为的第二十六号训令》明确规定"凡贪污公款在五百元以上者，处以死刑"，对贪污行为做出了极为严厉的惩罚，为苏区干部廉洁自律提

---

　①　毛泽东选集（第1卷）[M].北京：人民出版社，1991:138

供了法制保障。此外，建立了从党内到党外、从专门监督到群众监督和舆论监督相结合的较为完整的监督体系，一系列的检察监督机制保证了苏区各级干部秉公用权，廉洁从政。苏区干部在艰苦环境中以克服困难为荣，艰苦奋斗，以苦为乐。赣东北省苏维埃政府主席方志敏虽然经手数百万元款项，但自己从未谋取私利，一直过着清贫、朴素的生活。江西省苏维埃政府主席刘启耀带头从家里背米去省机关吃，不要公家伙食费。为了节省开支和费用，党和苏维埃政府号召"节省每一个铜板为着战争和革命事业"。当时从中央主席到地方工作人员，除少量的技术人员外，大家都没有薪饷，只有少数伙食尾子。党中央机关和领导干部率先节衣缩食，身体力行。正如毛泽东所说："根本的是我们提倡艰苦奋斗，艰苦奋斗是我们的政治本色。"[①]苏区处处闪耀着廉洁光芒，为新生的苏维埃政权赢得了群众的信赖。

历史证明，任何外力打不倒共产党，如果党内存在腐败和骄奢之风，就会不打自倒。习近平同志在中国共产党第十八届中央纪委第二次会议上的讲话中指出："党风廉政建设和反腐败斗争，是党的建设的重大任务。为政清廉才能取信于民，秉公用权才能赢得人心。"在新的历史时期，我们更加需要弘扬苏区精神，不断强化干部的宗旨意识，加强顶层设计，建立完善的预防惩治腐败体系，强化制度建设，自觉接受人民群众的监督，防止和克服腐败的危险因素，建设一个清正廉明、取信于民的执政党。

二、苏区精神为培育和弘扬社会主义核心价值体系建设提供了理论与教育资源

苏区精神继承了中华民族优秀文化传统的同时，吸收了马克思主义的精华，是中国革命和战争年代的核心价值所在。社会主义核心价值体系建设在继承了中华民族精神的基础上，又有所创新，体现了鲜明的时代特点。党的十八大指出："社会主义核心价值体系是兴国之魂，决定着中国特色社会主义发展方向。"社会主义核心价值体

---

① 毛泽东文集（第7卷）［M］.北京：人民出版社，1999:162

系既是一个科学的理论体系，又是一个内涵丰富的价值体系。苏区精神与社会主义核心价值体系之间有内在联系，苏区精神体现了中华民族共同的价值追求和价值理想，与马克思主义指导思想、中国特色社会主义共同理想、从爱国主义为核心的民族精神和以改革创新为核心的时代精神、以社会主义荣辱观为内容的社会主义核心价值体系有着内在统一性。

首先，苏区精神体现的坚定信念和共同理想是社会主义核心价值体系的主题。坚信中国革命必然胜利，坚信社会主义和共产主义一定会实现的坚定理想信念是苏区精神的灵魂。坚定的信念产生了巨大的精神力量，中国共产党领导苏区军民在极其艰苦的环境下进行了长期艰苦卓绝的斗争。苏区精神所体现的坚定信念和共同理想是社会主义核心价值体系建设的主题。随着改革开放和现代化进程，中国已融入全球化浪潮，文化的全球化一方面使中西方文化间的交流、开放、互动和融合加强，另一方面使中西方文化之间产生了前所未有的碰撞和冲突，人们的价值取向、思想观念呈现出多样化的特点和趋势，以拜金主义、享乐主义、极端个人主义等为实质内容的资本主义不良思潮进入中国，造成部分人道德滑坡、信仰缺失，种种现象表明树立一个足以有效维系和凝聚各个方面智慧和力量的共同理想和信念的紧迫性和必要性。苏区的斗争历史启迪着我们：共同的理想信念是夺取革命胜利的强大精神支柱和取之不尽、用之不竭的力量源泉，在建设社会主义核心价值体系的过程中，弘扬苏区精神，就要弘扬革命先辈对崇高理想和革命事业必胜的坚定信念，坚定走中国特色社会主义道路的信心。

其次，苏区精神所体现的民族精神和时代精神是社会主义核心价值体系的精髓。执政为民、立党为公的思想是苏区精神的重要内容，这是苏区精神对中华民族精神的丰富和发展，体现了新民主主义时期的民族精神和时代精神。毛泽东曾说：每个共产党员要像和尚叨念"阿弥陀佛"一样时刻叨念争取群众，对群众的从土地搭配、劳动互助到柴米油盐问题，从妇女生孩子到学生读书问题，从修桥补路到防病治病问题等，都应当提到政府的议事日程上来。"要使广大群众认识到我们是代表他们的利益的，是和他们呼吸相通的"。"从斗争中创造新局面"，"创造第一等的工作"集中体现了苏区军民的创业精神和开拓性理念。从苏维埃共和国临时中央政府的成立，到一整套法律法规的制定，党政军群各种机构的创设，土地革命和经济文化建设的开展等，都是中国共产党人和苏区军民开拓创新、努力拼搏的结果。实践创新是理论创新的基础和源泉，这一时期中国共产党的"农村包围城市"革命道路的理论、党建理论、土地革命的理论、根据地建设理论等，正是在实践的基础上创造性提出的，成功地解决了中国革命中的一系列重大问题。"立党为公、执政为民"的爱国主义精神和"从斗争创造新局面""创造第一等工作"的锐意进取、开拓创新的时代精神，是社会主义核心价值体系的精髓。民族精神和时代精神为社会主义核心价值体系提供了价值目标，具有凝聚人心和引领社会前进的功能。苏区的革命和建设实践说明：一个国家，一个民族，一个政党，一支军队，只要有了民族精神的引领，就能战胜前进道路上的任何艰难险阻，就能立于不败之地。将苏区精神与时代新风貌结合起来，升华成新的民族精神、时代精神，可以不断增强民族的自尊心、自信心，增强民族凝聚力和向心力。

再次，苏区精神所体现的党的优良作风是社会主义核心价值体系建设的基础。中央苏区大力倡导和培养广大干部密切联系群众，勤政为民的良好作风，造就了苏区干部好作风，成为中国共产党执政的优良传统和宝贵经验。苏区提倡的精简、廉洁、高效的工作作风，在当今依然值得学习和提倡。尽管现在物质生活有了极大的改善，但是全党仍然要始终坚持和发扬与人民同甘共苦的优良传统，发扬克己奉公、甘于奉献的革命精神，加强党的廉政建设，增强全体党员干部抵御腐败的能力。苏区所提倡的廉政民主、执政为民、密切联系群众为新时期全体社会成员判断行为得失、做出道德选择、确定价值取向，提供了基本的价值准则和行为规范。

三、苏区精神为中国特色社会主义事业的建设与发展提供了精神动力

发展社会主义民主，切实保障广大人民群众的政治权利，始终是中国共产党人的政治主张和奋斗目标。苏区时期中国共产党人开始大规模在政权内推行民主政治，在中国民主政治建设进程中写下了光辉的一页，它是社会主义民主政治建设的源头和预

演，当今我国的社会主义民主政治建设仍然可以从中得到借鉴。

首先，实行党内民主和建立健全社会主义法制是中国特色社会主义民主政治建设的关键。历史和实践证明，离开了中国共产党的领导就不可能有中国革命的胜利，更不可能有中国特色社会主义事业的开启。推进中国特色社会主义民主政治首先要解决好党内的民主。尽管苏区时期的斗争环境恶劣，但是党的各级领导机关和领导成员都尽可能实行选举制，必要时采取委派制，这是党内民主的重要方面。1931年11月通过的《党的建设问题决议案》明确规定：一般的情形，以后地方党委会和红军各级的党务委员会的产生，非在特别情况下，均须由党大会或代表会议产生，经上级党部批准。集体领导和分工负责制是民主集中制原则在党的领导机关工作中的运用，也是防止个人专权的有效措施。当前发展中国特色社会主义民主政治，关键在于党内有健全的民主集中制和民主生活，坚持和完善党内民主对于发展社会主义民主政治具有示范作用。

纵观人类政治文明的发展进程，尤其是近现代人类政治文明的发展，法制始终是推进民主政治发展的重要内容和有力保障。在苏区时期的革命斗争中，建立了中华苏维埃共和国，这是我们党建立的第一个工农民主专政的国家政权。在新生的政权中实现最广泛的民主，最重要的一点就是进行苏维埃法制建设，用法治的形式来实现和维护人民的民主权利。中国共产党人在当时艰苦的环境下进行了大量卓有成效的法制建设，开创了我国法制治理国家政权的先河。当时的法制建设几乎涵盖了苏区所有事务，既有根本大法《中华苏维埃共和国宪法大纲》，也有《苏维埃组织法》《中华苏维埃共和国的选举细则》《苏维埃暂行选举法》等。透过宪法大纲，可以看到中国共产党人的法治探索和努力。发扬法治的苏区精神，可以实现社会主义法制对推进中国特色社会主义民主政治发展的保障作用。通过树立和维护社会主义宪法和法律的权威，在全社会营造出尚法、学法、懂法、用法的良好氛围；通过不断完善社会主义法治体系，加强社会主义法制教育，维护法治权威，增强人们的法制观念。

其次，苏区精神推进社会主义市场经济更快更好地发展。求真务实的作风是苏区精神的本质特征之一。为了培育这一优良的作风，以毛泽东为代表的共产党人为此付出了巨大的努力。离开了求真务实的作风就不会有中国特色革命道路与中国特色革命理论的创建，随着革命斗争的不断发展，这一作风成为毛泽东实事求是思想的思想源头。尽管现在时代变了，但求真务实的本质没有变，它的本质可以运用到新的事业和实践。在社会主义市场经济中弘扬求真务实的苏区精神，要求经营者和管理者严格按照市场经济的发展规律组织生产、搞好经营、抓好管理，不断增强自身适应市场和驾驭市场的能力。艰苦奋斗的创业精神和进取意识是苏区精神的重要内容，当年中国共产党人就是凭着敢闯敢试的精神，开辟了中国特色的革命道路和创建了中国特色的革命理论。在社会主义经济建设中弘扬苏区精神，意味着我们要敢于走他人没走的路。当面对社会主义市场经济更深层次的改革的诸多问题，更需要发扬开拓创新的精神，迎难而上，破解社会主义市场经济的难题，有所作为。

参考文献

[1]余伯流，何友良.中国苏区史[M].南昌：江西人民出版社，2011.

[2]孙弘安.中央苏区历史大讲坛[M].南京：南京大学出版社，2012.

[3]李康平.江西红色文化资源开发与教育研究[M].北京：中国社会科学出版社，2011.

[4]舒醒.执政文化视域下苏区精神的价值[J].社会科学战线，2015，（6）.

[5]熊标.苏区精神论[D].南昌大学，2014.

[6]邓海平.苏区精神论纲[D].湖南师范大学，2008.

[阅读链接]

反对本本主义

毛泽东

一九三〇年五月

一　没有调查，没有发言权

你对于某个问题没有调查，就停止你对于某个问题的发言权。这不太野蛮了吗？一点也不野蛮，你对那个问题的现实情况和历史情况既然没有调查，不知底里，对于那个问题的发言便一定是瞎说一顿。瞎说一顿之不能解决问题是大家明了的，那末，停止你的发言权有什么不公道呢？许多的同志都成天地闭着眼睛在那里瞎说，这是共产党员的耻辱，岂有共产党员而可以闭着眼睛瞎说一顿的吗？

要不得！

要不得！

注重调查！

反对瞎说！

二　调查就是解决问题

你对于那个问题不能解决吗？那末，你就去调查那个问题的现状和它的历史吧！你完完全全调查明白了，你对那个问题就有解决的办法了。一切结论产生于调查情况的末尾，而不是在它的先头。只有蠢人，才是他一个人，或者邀集一堆人，不作调查，而只是冥思苦索地"想办法"，"打主意"。须知这是一定不能想出什么好办法，打出什么好主意的。换一句话说，他一定要产生错办法和错主意。

许多巡视员，许多游击队的领导者，许多新接任的工作干部，喜欢一到就宣布政见，看到一点表面，一个枝节，就指手画脚地说这也不对，那也错误。这种纯主观地"瞎说一顿"，实在是最可恶没有的。他一定要弄坏事情，一定要失掉群众，一定不能解决问题。

许多做领导工作的人，遇到困难问题，只是叹气，不能解决。他恼火，请求调动工作，理由是"才力小，干不下"。这是懦夫讲的话。迈开你的两脚，到你的工作范围的各部分各地方去走走。学个孔夫子的"每事问"，任凭什么才力小也能解决问题，因为你未出门时脑子是空的，归来时脑子已经不是空的了，已经载来了解决问题的各种必要材料，问题就是这样子解决了。一定要出门吗？也不一定，可以召集那些明了情况的人来开个调查会，把你所谓困难问题的"来源"找到手，"现状"弄明白，你的这个困难问题也就容易解决了。

调查就像"十月怀胎"，解决问题就像"一朝分娩"。调查就是解决问题。

三　反对本本主义

以为上了书的就是对的，文化落后的中国农民至今还存着这种心理。不谓共产党内讨论问题，也还有人开口闭口"拿本本来"。我们说上级领导机关的指示是正确的，决不单是因为它出于"上级领导机关"，而是因为它的内容是适合于斗争中客观和主观情势的，是斗争所需要的。不根据实际情况进行讨论和审察，一味盲目执行，这种单纯建立在"上级"观念上的形式主义的态度是很不对的。为什么党的策略路线总是不能深入群众，就是这种形式主义在那里作怪。盲目地表面上完全无异议地执行上级的指示，这不是真正在执行上级的指示，这是反对上级指示或者对上级指示怠工的最妙方法。

本本主义的社会科学研究法也同样是最危险的，甚至可能走上反革命的道路，中国有许多专门从书本上讨生活的从事社会科学研究的共产党员，不是一批一批地成了反革命吗？就是明显的证据。我们说马克思主义是对的，决不是因为马克思这个人是什么"先哲"，而是因为他的理论，在我们的实践中，在我们的斗争中，证明了是对的。我们的斗争需要马克思主义。我们欢迎这个理论，丝毫不存什么"先哲"一类的形式的甚至神秘的念头在里面。读过马克思主义"本本"的许多人，成了革命叛徒，那些不识字的工人常常能够很好地掌握马克思主义，马克思主义的"本本"是要学习的，但是必须同我国的实际情况相结合。我们需要"本本"，但是一定要纠正脱离实际情况的本本主义。

怎样纠正这种本本主义？只有向实际情况作调查。

四　离开实际调查就要产生唯心的阶级估量和唯心的工作指导，那末，它的结果，不是机会主义，便是盲动主义

你不相信这个结论吗？事实要强迫你信。你试试离开实际调查去估量政治形势，去指导斗争工作，是不是空洞的唯心的呢？这种空洞的唯心的政治估量和工作指导，是不是要产生机会主义错误，或者盲动主义错误呢？一定要弄出错误。这并不是他在行动之前不留心计划，而是他于计划之前不留心了解社会实际情况，这是红军游击队里时常遇见的。那些李逵式的官长，看见弟兄们犯事，就懵懵懂懂地乱处置一顿。结果，犯事人不服，闹出许多纠纷，领导者的威信也丧失干净，这不是红军里常见的吗？

必须洗刷唯心精神，防止一切机会主义盲动主义错误出现，才能完成争取群众战胜敌人的任务，必须努力作实际调查，才能洗刷唯心精神。

五　社会经济调查，是为了得到正确的阶级估量，接着定出正确的斗争策略

为什么要作社会经济调查？我们就是这样回答。因此，作为我们社会经济调查的对象的是社会的各阶级，而不是各种片断的社会现象。近来红军第四军的同志们一般的都注意调查工作了，但是很多人的调查方法是错误的。调查的结果就像挂了一篇狗肉账，像乡下人上街听了许多新奇故事，又像站在高山顶上观察人民城郭。这种调查用处不大，不能达到我们的主要目的。我们的主要目的，是要明了社会各阶级的政治经济情况。我们调查所要得到的结论，是各阶级现在的以及历史的盛衰荣辱的情况。举例来说，我们调查农民成分时；不但要知道自耕农，半自耕农，佃农，这些以租佃关系区别的各种农民的数目有多少，我们尤其要知道富农，中农，贫农，这些以阶级区别阶层区别的各种农民的数目有多少。我们调查商人成分，不但要知道粮食业、衣服业、药材业等行业的人数各有多少，尤其要调查小商人、中等商人、大商人各有多少。我们不仅要调查各业的情况，尤其要调查各业内部的阶级情况。我们不仅要调查各业之间的相互关系，尤其要调查各阶级之间的相互关系。我们调查工作的主要方法是解剖各种社会阶级，我们的终极目的是要明了各种阶级的相互关系，得到正确的阶级估量，然后定出我们正确的斗争策略，确定哪些阶级是革命斗争的主力，哪些阶级是我们应当争取的同盟者，哪些阶级是要打倒的。我们的目的完全在这里。

什么是调查时要注意的社会阶级？下面那些就是：

工业无产阶级

手工业工人

雇农

贫农

城市贫民

游民

手工业者

小商人

中农

富农

地主阶级

商业资产阶级

工业资产阶级

这些阶级（有的是阶层）的状况，都是我们调查时要注意的。在我们暂时的工作区域中所没有的，只是工业无产阶级和工业资产阶级，其余都是经常碰见的。我们的斗争策略就是对这许多阶级阶层的策略。

我们从前的调查还有一个极大的缺点，就是偏于农村而不注意城市，以致许多同志对城市贫民和商业资产阶级这二者的策略始终模糊。斗争的发展使我们离开山头跑向平地了，我们的身子早已下山了，但是我们的思想依然还在山上。我们要了解农村，也要了解城市，否则将不能适应革命斗争的需要。

六　中国革命斗争的胜利要靠中国同志了解中国情况

我们的斗争目的是要从民权主义转变到社会主义。我们的任务第一步是，争取工人阶级的大多数，发动农民群众和城市贫民，打倒地主阶级，打倒帝国主义，打倒国民党政权，完成民权主义革命，由这种斗争的发展，跟着就要执行社会主义革命的任务。这些伟大的革命任务的完成不是简单容易的，它全靠无产阶级政党的斗争策略的正确和坚决。倘若无产阶级政党的斗争策略是错误的，或者是动摇犹豫的，那末，革命就非走向暂时的失败不可，须知资产阶级政党也是天天在那里讨论斗争策略的，他们的问题是怎样在工人阶级中传播改良主义影响，使工人阶级受他们的欺骗，而脱离共产党的领导，怎样争取富农去消灭贫农的暴动，怎样组织流氓去镇压革命等等。在这样日益走向尖锐的短兵相接的阶级斗争的形势之下，无产阶级要取得胜利，就完全要靠他的政党——共产党的斗争策略的正确和坚决。共产党的正确而不动摇的斗争策略，决不是少数人坐在房子里能够产生的，它是要在群众的斗争过程中才能产生的，这就是说要在实际经验中才能产生。因此，我们需要时时了解社会情况，时时进行实际调查。那些具有一成不变的保守的形式的空洞乐观的头脑的同志们，以为现在的斗争策略已经是再好没有了，党的第六次全国代表大会的"本本"保障了永久的胜利，只要遵守既定办法就无往而不胜利。这些想法是完全错误的，完全不是共产党人从斗争中创造新局面的思想路线，完全是一种保守路线。这种保守路线如不根本丢掉，将会给革命造成很大损失，也会害了这些同志自己。红军中显然有一部分同志是安于现状，不求甚解，空洞乐观，提倡所谓"无产阶级就是这样"的错误思想，饱食终日，坐在机关里面打瞌睡，从不肯伸只脚到社会群众中去调查调查。对人讲话一向是那几句老生常谈，使人厌听。我们要大声疾呼，唤醒这些同志：

速速改变保守思想！

换取共产党人的进步的斗争思想！

到斗争中去！

到群众中作实际调查去！

七　调查的技术

（1）要开调查会作讨论式的调查

只有这样才能近于正确，才能抽出结论。那种不开调查会，不作讨论式的调查，只凭一个人讲他的经验的方法，是容易犯错误的。那种只随便问一下子，不提出中心问题在会议席上经过辩论的方法，是不能抽出近于正确的结论的。

（2）调查会到些什么人？

要是能深切明了社会经济情况的人。以年龄说，老年人最好，因为他们有丰富的经验，不但懂得现状，而且明白因果。有斗争经验的青年人也要，因为他们有进步的思想，有锐利的观察。以职业说，工人也要，农民也要，商人也要，知识分子也要，有时兵士也要，流氓也要。自然，调查某个问题时，和那个问题无关的人不必在座，如调查商业时，工农学各业不必在座。

（3）开调查会人多好还是人少好？

看调查人的指挥能力。那种善于指挥的，可以多到十几个人或者二十几个人。人多有人多的好处：就是在做统计时（如征询贫农占农民总数的百分之几），在做结论时（如征询土地分配平均分好还是差别分好），能得到比较正确的回答，自然人多也有人多的坏处，指挥能力欠缺的人会无法使会场得到安静。究竟人多人少，要依调查人的情况决定。但是至少需要三人，不然会囿于见闻，不符合真实情况。

（4）要定调查纲目

纲目要事先准备，调查人按照纲目发问，会众口说。不明了的，有疑义的，提起辩论。所谓"调查纲目"，要有大纲，还要有细目，如"商业"是个大纲，"布匹"，"粮食"，"杂货"，"药材"都是细目，布匹下再分"洋布"，"土布"，"绸缎"各项细目。

（5）要亲身出马

凡担负指导工作的人，从乡政府主席到全国中央政府主席，从大队长到总司令，从支部书记到总书记，一定都要亲身从事社会经济的实际调查，不能单靠书面报告，因为二者是两回事。

（6）要深入

初次从事调查工作的人，要作一两回深入的调查工作，就是要了解一处地方（例如一个农村、一个城市），或者一个问题（例如粮食问题、货币问题）的底里。深切地了解一处地方或者一个问题了。往后调查别处地方、别个问题，便容易找到门路了。

（7）要自己做记录

调查不但要自己当主席，适当地指挥调查会的到会人，而且要自己做记录，把调查的结果记下来。假手于人是不行的。

——选自《毛泽东选集》（第一卷），人民出版社，1991年版

第五章　方志敏精神

　　方志敏是伟大的无产阶级革命家、军事家、江西党团组织的创始人之一，著名的农民运动领袖，赣东北、闽浙赣革命根据地的主要创始人和领导人，红十军的优秀指挥者和北上抗日先遣队的总司令，为了中国人民的解放事业，尤其是江西的革命事业，做出了巨大的贡献。

第一节　方志敏的革命实践

　　1899年农历七月十六日，方志敏出生在江西省弋阳县漆工镇胡塘村的一个世代务农的大户人家。原名方正鹄，后因从事革命工作，曾化名李祥松。方志敏幼时十分勤奋，有着过人的领悟力和记忆力，启蒙一年后，就读完了十几本如《三字经》之类的诗书，而且背得滚瓜烂熟。以至于只读了四年书的私塾启蒙老师教了一年后，感到无法再承担教书任务而辞职。到烈桥读私塾后，随着阅读面的不断扩大，方志敏渐渐对枯燥无味的私塾生活感到厌倦。他阅读的书目中既有古典小说中的名著，也有一些传播改良主义和介绍民主思想的文章和小册子。知识面的扩大让方志敏对程朱理学和八股文逐渐产生反感。一年后，十四岁的他结束了私塾的学习生活。

一、早期求学与除恶斗争

经过同村人的说服和父亲的勉励，1916年，方志敏考入弋阳县立高等小学学习，与邵式平同班。此时以《新青年》的创办为标志的新文化运动在全国兴起。方志敏组建了九区青年社，组织在校的学生阅读进步书刊，谈论国家大事，探讨社会问题。1918年，方志敏在当地积极参加全国掀起的反对日本帝国主义所提出的二十一条的运动。1919年，由于巴黎和会上中国外交的失败，北京爆发了五四爱国运动，并很快影响到全国各地。消息传到弋阳县城时，方志敏迅速以积极的态度在学校发起集会游行，进行街头演说，到处张贴北京寄来的《告各界同胞书》《告青年学生书》等传单，要求外争国权，内除国贼，号召大家抵制日货，将自己平时用的搪瓷脸盆、牙刷、金刚石牙粉等日货销毁，以实际行动表达了对日本帝国主义的仇恨。

1919年秋，方志敏在弋阳高等小学毕业后，以优异的成绩考取南昌省立甲种工业学校预科。南昌市是江西省城，五四运动以后，市面上有各种宣传新思想、新潮流的书刊。他进入"甲工"学习时，南昌的抵制日货运动还在继续，他马上就投入了查禁日货运动，与奸商进行英勇机智的斗争。方志敏在校就读期间，除了认真学习各科文化知识外，还潜心阅读《新青年》《劳动届》《国民》《东方杂志》等进步书刊，很快就接受了新文化、新思想。因为成绩优异，一年预科之后免费进入应用机械科学习。他原本想多学习一点现代工业知识，以便将来报效国家。但当时政府腐败，学校的管理也存在很多弊端，有些教师凭私人关系留校任教，学生意见很大，大家推举方志敏为代表，向校方提出更换"饭桶教员"的要求。但是校长赵宝鸿对学生的正当要求不予理睬。1920年冬，方志敏撰写剧本《私塾怪现象》揭露学校的腐败，该剧在学校演出时受到学生的热烈欢迎，校长恼羞成怒，给方志敏记大过处分。学校的处分并没有阻止方志敏带领同学继续与校长作斗争，他们揭发校长贪污公款，私建小洋楼的劣迹，要求学校清算经费项目。校长赵宝鸿将方志敏等四人挂牌开除，激起学生罢课，导致学校的"驱赵风潮"。学生们扔掉校长开除方志敏学籍的牌子，改挂上控诉校长罪状、开除校长的牌子，散发传单并举行示威游行，到教育厅请愿，要求各校和新闻界支援。由于江西军阀采取高压政策，教育厅命令学校提前放假，加上教育厅长是校长的后台，所以撤换校长的目的没有达到，学潮也被平息下去，方志敏的学籍也未能得到恢复。这场斗争显示了方志敏的组织才能和过人胆量，他因此成为南昌最有影响力的学生领袖之一。

二、在江西最早传播马克思主义

1920年12月，由袁玉冰、黄道发起的改造社在南昌第二中学成立，这是江西的第一个革命团体。它的章程明确规定："本社以改造社会为宗旨"，"我们最终的目的，在使这个黑暗的旧江西，变成一个光明的新江西。"1921年5月1日创办了社刊《新江西》，袁玉冰任主编。该刊物大力宣传新文化运动和马克思主义，为马克思主义在江西的传播作出了重要的贡献。《新江西》在宣传马克思主义方面，表现出独特的风格，被誉为江西思想界的一颗明星。它不仅宣传了只有马克思主义才能救中国，大力普及马克思主义常识，还组织改造社社员开展主义问题、政治问题的讨论，对反对马克思主义的各种错误观点进行批判，帮助读者提高识别能力。1921年6月19日，改造社召开会议欢迎方志敏入社。之后，方志敏经常和社员一起研读马克思主义，开展社会改造问题、主义问题、政治问题等讨论，并在《新江西》上发表了《私塾》《快乐之神》等文章，宣传马克思主义。中国共产党成立后，改造社多数社员从宣传新文化转向宣传马克思主义，成为江西最早的一批马克思主义者。

1921年秋，方志敏考入九江南伟烈学校，在这里英文水平得到很大提高，并读了英文版的《共产党宣言》，思想得到了升华。1922年7月，因家里的经济原因，方志敏退学，离开九江来到上海。在上海，他结识了江西早期的共产主义者赵醒侬，并经赵醒侬介绍加入了中国社会主义青年团。1922年8月底，方志敏向团中央提议创办南昌文化书社，在南昌开展建立江西社会主义青年团组织的工作。得到批准后，他返回南昌开始创办南昌文化书社的工作。1922年8月，袁玉冰考入北京大学哲学系，许多社员也在北京求学，因而改造社总部迁到了北京，南昌设立分社，由方志敏负责。这样，改造社的工作和南昌文化书社的工作就联系在一起，由方志敏一并挑起重任。11月，赵醒侬奉团中央派遣，从上海来到南昌，从事建立社会主义青年团的工作。他以书社为据点，与倾向革命的青年进行座谈，灌输革命思想。此时，南昌文化书社不仅是江西传播马克思主义的阵地，也是掩护革命活动的秘密场所。1924年3月，经赵醒侬等介绍，方志敏在南昌正式加入了中国共产党，成为一个马克思主义者，认定只有苏维埃才能救中国。6月，由党团组织合办的明星书社在南昌开业，这是党中央开办的上海书店在江西的发行机关，专门出售马克思、恩格斯、列宁著作以及社会科学书籍和《向导》、《中国青年》、《新青年》等杂志。南昌文化书社和明星书社为江西青年提供了大量的精神食粮，推进了新文化运动和马克思主义的传播。

三、领导江西农民运动

大革命时期，江西的农民运动风起云涌，在全国农民运动史上写下了厚重的一笔，为推动全国农民运动作出了卓越贡献。领导江西农民运动的灵魂人物就是方志敏，与彭湃、毛泽东同为杰出的农民运动领袖。方志敏通过自己的斗争实践，逐渐形成了要团结和发动工农群众，通过革命教育引导工农群众参加革命，积极培养农民运动骨干和农民党员，建立农民武装等农民运动思想。1924年11月，方志敏到南昌市北郊、赣江沙洲上的扬子洲滩子头、塔下头等村调查农民生活状况，并创建了江西省第一个农民协会——扬子洲农民协会，之前他还曾对赣南地区农民因军阀混战所受的灾难进行了两个月的调查。这些调研，使方志敏对全省农民状况有所了解，为开展全省农民运动打下了扎实基础。在方志敏等人努力下，到1925年2月底，九江、南昌、吉安、临川、鄱阳、景德镇、河口等地相继建立国民会议促成会，推动了江西各阶层民众对于反帝反封建斗争的进一步觉醒。1925年7月，方志敏受"沪案交涉江西后援会"的派遣，以特派员身份回到赣东北的弋阳、鄱阳、贵溪、余干、横峰等县开展工作，以多种形式宣传群众、组织群众，为大革命时期赣东北地区工农运动的兴起奠定了基础。此时，国民党江西省党部成立，方志敏担任农民部部长，他在家乡弋阳发起组织了弋阳青年社，成为城乡结合的战斗团体；创建了党领导下的赣东北第一个农民组织——漆工农民协会，不少会员成了当地农民运动的骨干。1926年4月20日，他到广州参加第一次全国农民代表大会，会议期间他与彭湃、毛泽东见面，交流农民运动的经验，这是中共三位农民运动领袖的首次会面。1926年10月，当北伐军开始进入江西，方志敏遵照党的指示回到南昌开展工作。11月初，中共中央成立中央农委，方志敏担任农委书记。此时国民党江西省党部由秘密转为公开，方志敏担任省党部执委兼农民部部长。为了支援北伐军东进，方志敏亲自率领一批干部到南昌、新建近郊，把几千农民组织起来，为北伐军东进侦探敌情，带路传信，运输给养，给北伐军以极大的支援。在方志敏的革命生涯中，他较早地认识到农民问题在中国革命中的重要作用，认识到武装革命斗争在中国革命中的特殊地位。

1926年至"四一二"反革命政变前，方志敏针对当时轻视农民的观念，强调指出：农民是中国的中心和革命的基础，要改变农村的现状，如果没有农民的参与，斗争就没有力量，就不会成功。1927年2月20日，江西省第一次农民代表大会在南昌百花洲沈公祠内召开，方志敏以大会执行主席身份致开幕词，指出农民有了觉悟，就要团结起来，组织起来，建立农民协会。农民只有团结和组织起来，才会有力量，才能打倒贪官污吏、土豪劣绅，不再受他们的压迫和剥削，得到农民自身的自由和幸福。2月27日，江西省农民协会正式成立，方志敏立即向省政府提出三个要求："第一，要严厉惩办贪官污吏，土豪劣绅；第二，要取消保卫团，以其枪支及经费，拨归农民协会办自卫军之用；第三，各县农民协会经费归各县政府津贴。"建立全省农民武装成为方志敏思考的重点。1927年3月28日到30日，方志敏应邀出席在武汉召开的全国农民协会筹备会议。会上，方志敏对湖南的农民革命予以充分肯定和支持，完全赞同毛泽东关于推翻地主武装的主张，并呼吁："一切革命的人们必须以铁拳加诸右派狼子身上，任何对右派姑息，都是革命的自戕。"方志敏的发言，得到了与会代表的一致赞许。毛泽东还特邀方志敏到中央农民运动讲习所向全体学员作演讲，以反击右派，端正社会视听。会上，毛泽东、邓演达及彭湃、方志敏等13人被推选为中华全国农协临时委员会委员。1927年4月5日，方志敏撰写的《反右运动与吾人》在省农协机关刊物《江西农民》第四期上发表，阐述了农民运动在中国国民革命中的重要作用，作出了"中国革命实质上是农民革命"的论断，"农民运动所以占中国国民革命中极重要地

位，因为中国尚在农业经济时代，农民生产占生产百分之九十，其人数占百分之八十以上。故中国之革命实质是农民革命"，"农民革命，为今日之急务"。他从农村现状、革命性质来阐释农民问题的重要性。与毛泽东在大革命时期撰写的《中国社会各阶级分析》《湖南农民运动考察报告》一系列论述，是一脉相承的。1927年4月上旬，方志敏亲自挑选主要来自南昌、新建、永修三县的自卫军队员，成立江西省农民自卫军大队，要求队员们学好打仗的本领，用刀枪来痛击土豪劣绅等反革命分子的捣乱。6月，反革命政变后的江西革命形势恶化，江西省国民政府主席朱培德要"礼送"方志敏等二十多名共产党员出境。6月5日，方志敏被"礼送"出境后，秘密潜到吉安后，便与上级组织失去了联系。

四、创建方志敏式革命根据地

当得知南昌起义的消息后，1927年8月底，他秘密回到弋阳漆工镇，把潜伏各地的革命者集聚起来，发动群众，寻找武器，准备开展斗争。9月底，方志敏在弋阳县主持召开"湖塘会议"，传达中央八七会议精神，并准备秋收暴动。12月10日，著名的弋横大暴动爆发。之后，面对敌人强大的正规军的进攻，方志敏与黄道、邵式平等商量后，决定改变斗争的策略和斗争的组织形式，领导农民革命团和农民军转入游击战争。1928年5月，弋阳和横峰先后召开了第一次工农兵代表大会，成立了县苏维埃政府。不久，国民党军队就发动了大规模的进攻，日夜搜山，山上群众粮食断绝，游击队退到方圆不到50里的磨盘山上，不少人对革命失去信心。就在根据地面临生死存亡的紧急关头，方志敏主持召开了弋、横两县干部联席会议即方胜峰会议，认真分析了根据地形势，批判了"埋枪逃跑"和到根据地外流动游击的错误主张，确定了坚持革命根据地的正确方针，并为巩固和扩大革命根据地作出了一系列的战略部署，赣东北的革命从此打开了新局面。以方志敏为代表的赣东北共产党人走上农村包围城市，武装夺取政权的正确革命道路，并不是上级的决定或指示，而是在相对独立的革命斗争中自觉探索的结果。方志敏式革命根据地是指土地革命战争时期，由方志敏、邵式平、黄道等人在赣东北领导创建的革命根据地。这一名称的由来出自毛泽东在1930年

1月5日所写的《星星之火，可以燎原》一文。方志敏领导的武装斗争是坚持有根据地的斗争，赣东北革命根据地实行"巩固地向前发展"的方针，根据地的扩大与政权的建设是呈波浪式地向前发展的，经历了弋横革命根据地、信江革命根据地、赣东北革命根据地、闽浙赣革命根据地等几个主要发展阶段。1930年7月21日，红十军成立。1931年11月7日，赣东北省第一次工农兵代表大会召开，正式成立赣东北省苏维埃政府，方志敏当选为省政府主席。苏区范围包括弋阳、横峰、贵溪、德兴、玉山、余干、乐平、万年和闽北特区的上饶、广丰、铅山、崇安等县。1932年12月，中央工农民主政府决定将赣东北省改为闽浙赣省。1933年1月中旬，红十军奉命改编为红十一军，到中央苏区参加第四次、第五次反"围剿"。此时中央决定新红十军和红七军团组成红十军团，成立新的中国工农红军北上抗日先遣队。在方志敏等率领抗日先遣队北上后，闽浙赣苏区随之沦陷。此后，苏区的红军和人民在党的领导下开始了长期的分散而艰苦的游击战争，建立了赣东北、皖南、闽北和浙西南等游击根据地。从方志敏式革命根据地的创立、发展和斗争的历程可以看出，以方志敏为代表的赣东北共产党人，始终把武装斗争、红军的壮大以及根据地的发展，与革命政权的建设紧密地结合在一起。在武装斗争和扩大红军的基础上，通过发动群众和开展白区的秘密工作，然后在条件比较成熟的情况下，在正规红军的帮助下举行暴动，从而发展壮大，革命政权呈波浪式地向前发展。在根据地建设过程中，方志敏在根据地党的建设、基层政权建设、经济建设、文化建设等方面都进行了理论思考和实践，都取得了重大成就。

五、狱中坚持斗争

1934年10月，方志敏率领红十军团主力北上抗日，1935年1月在国民党军队的围攻下，红十军团遭到失败。1月29日，方志敏不幸被捕。方志敏在狱中这一特殊阶段里，并未削弱斗争的力度，而是在斗争策略、狱中写作方面得到了进一步的发挥。为了组织越狱，他进行了广泛的深入的狱中统战工作，创造了狱中统战工作的成功经验。他高举抗日救国的旗帜，耐心地说服教育，把看守所的部分看守、文书、看守所所长和曾任国民党中央政府典狱长、负有秘密劝降任务的高官胡逸明都争取了过来，

取得了他们的同情和帮助。看守所所长凌凤梧将他的脚镣由十斤减为四斤，文书、看守为他传送文稿到上海。尽管由于没有外援越狱未能成功，但是狱中的统战工作是十分有效的。方志敏在人生的最后一百多天中，写下了《我从事革命斗争的略述》《可爱的中国》《狱中纪实》《清贫》等九篇文稿，七封书信，共十多万字的文稿，至今还有四本日记未能找到。这些文稿在内容上十分丰富，既揭露了敌人狱中的黑暗，也总结了自己革命斗争经验教训，还鼓励同志和朋友们坚持斗争，追求光明，阐明共产党人的人生观、世界观、价值观。

1935年8月6日，方志敏在南昌英勇就义，时年36岁。方志敏同志的一生是为民族解放、人民的幸福、共产主义事业英勇奋斗的一生，虽然只有短短36个春秋，但却绽放出生命的瑰丽篇章，彰显出令人崇敬的高尚情怀和完美人格，为后人留下了宝贵的精神财富。

第二节　方志敏精神的内涵

方志敏把自己的一生毫无保留地献给了中华民族的解放事业。面对敌人的威逼利诱，依然坚守对党和人民的忠诚。方志敏精神是中华民族精神文化领域珍贵的瑰宝，值得后人称颂和传承。

一、爱国奉献

忠于党、忠于人民是方志敏毕生信奉的最高信念。在中华民族源远流长的历史长河中，许多仁人志士以壮怀激烈的深厚民族情感以及报国情感铸就了一座座爱国主义的丰碑。爱国主义是一个国家、民族精神的核心，是一个国家、民族赖以独立、生存和发展的内在动力和凝聚力。方志敏所著的《可爱的中国》感情真挚，毫无保留地展现了他的爱国主义情怀。

方志敏高小毕业后，正是带着实业救国梦，考进了江西省立甲种工业学校。他成绩优异，却因担任学生自治会主席，带头痛击时弊而遭到军阀当局及校方开除学籍。

接着，他考进九江南伟烈教会学校，本想在这里学好英语以便吸收西方先进科学，却因家境贫困，一年后辍学。随着不断吸收革命理论，方志敏已经认定"只有社会主义可以救中国"，而成为马克思主义的信徒。他辍学后到上海便加入了中国社会主义青年团，爱国思想也有了升华。青年时期的他没有选择走封建仕途，没有选择投靠洋人，而是选择了革命救国之路。为了救国，他加入了中国共产党，并发出誓言："从此，我的一切，直到我的生命都交给党去了！"

大革命时期，方志敏救国的伟大实践，表现在他作为江西农委书记，卓有成效地领导全省农民运动，81个县有70多个建立了农民协会，在全国名列前茅。通过组建农民武装，方志敏进行了武装夺取政权的尝试，作出了"中国革命之实质是农民革命"的论断，成为我党杰出的农民运动领袖。

土地革命战争时期，方志敏创建了闽浙赣革命根据地和红十军团，在八年的奋战中，根据地由最初的弋阳、横峰两个县，扩大到赣东北、闽北、浙西、皖南四省边区近50个县的局部区域，取得"血战东南半壁红"的辉煌战绩。苏维埃区域党的建设、政权建设、军事建设、经济建设和文化教育建设等各项事业都取得创造性的成就。更为可贵的是根据地正确处理了发展革命战争和改善群众生活的关系，被毛泽东评价为"方志敏式"革命根据地，获得全国唯一的"苏维埃模范省"的光荣称号，方志敏本人也被中华苏维埃中央政府授予红旗勋章。他的救国实践，为中国革命道路的形成并走向成熟，作出了历史性的贡献。

1935年1月，方志敏因高举北上抗日旗帜率军行动，被国民党军队围捕于怀玉山区。半年的铁窗生活中，他以钢铁般的意志和坚定的信念，战胜了敌人"示众""审讯""劝降"等种种伎俩，在狱中写出《可爱的中国》等精彩华章，为党和人民留下了一笔高贵的精神财富。"只有苏维埃可以救中国"是方志敏的奋斗目标，能为此献身，足见一位共产主义者和爱国主义者的完美结合。

二、勇于创造

创造性的工作方式是方志敏精神一大亮点，是他敢为人先、勇于开拓的勇气的最好体现。他把创造看作共产党人的使命与责任，凭着胆略与智慧，创造了一番前无古人的事业。

方志敏一生最大的创造在于创建了"方志敏式"革命根据地。在中国，革命救国必须以农村根据地为依托，进而夺取全国政权。井冈山根据地是毛泽东、朱德带着红军结合当地的革命形势创造的，形成"朱德、毛泽东式"的特色。与此同时，方志敏手中没有一兵一卒，通过组织家乡的农民武装暴动，创建了赣东北根据地，并以农民武装为基础，缔造出工农红军，形成了"方志敏式"的特色。

方志敏还创建了红十军团，在根据地较早形成正规红军、地方红军、群众武装三位一体的人民武装体系。他创办了全国红军中的第一所正规军院校；赣东北兵工厂制造了全国红军中的第一门小钢炮；根据地军民还首创了地雷战、空室清野的战术。之后抗日战争时期党领导根据地开展的地雷战、坚壁清野和消息树等，与此一脉相承。在革命战争中的实践中，方志敏逐步形成了人民战争思想，奠定了军事家的地位。

在根据地建设过程中为了发展革命战争和改善群众生活，在国民党实行严密军事"围剿"和经济封锁的形势下，为了解决财源，方志敏在1931年上半年提出："靠红军筹款是不能解决财政恐慌问题的。"同年10月31日向党中央报告："过去财政的来源是靠红军去打，没收反动派财产及捕捉土豪劣绅筹款，现在转到苏维埃经济的发展及整顿税收发掘财源。"这种思路与根据地初创时期打土豪筹款子有了根本性的转变，受到中央政府毛泽东同志的高度赞赏。1934年1月，毛泽东在《我们的经济政策》中总结："从发展国民经济来增加我们的财政收入，是我们财政政策的基本方针，明显的效验已在闽浙赣边区显现出来，在中央苏区已经开始表现出来了。"毛泽东的结论，说明方志敏是我党在苏区局部执政"财政政策基本方针"的开拓者。在领导苏区经济建设的过程中，方志敏始终把发展农业放在首位，同时创办了各类公私营工矿企业，并实行对外开放，一面保护外来经商，一面对白区开展赤色贸易。在苏区内部，创办了苏维埃银行、商店和对外贸易处、消费合作社、生产合作社、贮粮合作社等，活跃内外贸易和粮食调剂等。更难得的是，在闽浙赣苏区各类公私营企业和合作社之中，方志敏大胆推行股份制、发行了股票。不仅苏区军民踊跃认购，有的股份甚至扩大到白区。通过股份制，有效地解决了发展经济所急需的投资，广大群众通过股份分红，增加了收入，提高了生活水平。

方志敏领导的闽浙赣苏区还创造性地实行儿童义务教育和全民普及教育，创建了工农剧团、报馆和遍布乡村的红色俱乐部，在省会葛源建设了全国第一个真正意义上的人民公园——列宁公园，让苏区人民享受到接受教育和改善文化的权利，体现了方志敏的执政理念和亲民思想。

一系列创造性的工作方式是方志敏精神的一大亮点，是方志敏敢为人先，开拓创新的最好体现。

三、甘于清贫

清贫是一种精神、一种信仰、一种自我克制贪婪欲望的力量。方志敏在狱中写下的《清贫》不仅反映了作者革命的一生和清贫的一生，其中的清贫观更是展示了共产党人的人生观和价值取向。

方志敏清贫观的核心是"清贫、洁白"，"舍己为公"，体现了中国优秀的传统文化。历代先贤的至理名言，不仅在方志敏身上得到传承，而且进入了更高的精神境界。纵观方志敏一生，不仅担任过省委书记、省苏维埃政府主席，还担任过中共中央委员和中华苏维埃中央政府主席团成员，曾是雄踞一方的"山大王"。但他一直保持着清廉的本色，过着朴素的生活。经手的款项达数百万元，但从没有用于自己。他深谙"政者，正也""成由勤俭败由奢"的古训，因而事事率先垂范。他患过咯血的肺病，仍坚持和同志们一起吃盐水泡菜，决不允许为自己"开小灶"。穿在身上的旧棉袄划破口子也不愿意换件新棉袄，而是自己在灯下缝补好接着穿。大革命时期，方志敏担任江西省农民协会秘书长，直接掌管全省农运的经费，但从不滥用一分一厘。在南昌开会办事，只要时间允许，就不花钱坐车而是步行。担任赣东北苏维埃政府主席时，他经手处理的钱有几百万，可他每天过着一斤多粮食，几分钱菜钱的生活。他在老百姓的心目中，留下了形象清廉的口碑。

方志敏不仅对自己要求严格，对妻子、母亲等家人也同样要求严格。当妻子缪敏被国民党地方当局关进鄱阳县监狱时，对方因为不知道其身份，放话只要400大洋就可以释放，方志敏虽然担心妻子，但还是否定了身边同志"花钱消灾"的主意，在他心中为革命筹集的资金绝不用于自己。方志敏父母为供儿子读书，曾欠下700大洋的巨债，方志敏参加革命后，家里的房子被国民党烧过十几次，生活一直很清苦。方志敏为自己不能回报父母养育之恩而愧疚，始终坚守"革命的'花边'，一个铜板也动不得"的奉公原则。

方志敏从不搞特殊化，到各地巡视工作从来不准招待，为了节约，作报告、开会、讲话不喝茶，只喝白开水；从不接受任何礼品，也不允许红军部队、苏维埃机关接受任何礼品。他不允许自己以权谋私，也要求各级苏维埃干部要牢记党的宗旨。除了加强教育，还逐步形成防腐倡廉的体制、机制。他亲自制定的《共产党员守则二十二条》强调："贪污行为是共产党员最应严禁的事"，凡"贪赃受贿吃铜、打夹帐，只有请他滚出党外去！"在组织管理上，苏维埃政权成立了工农检查部、"轻骑队"等专职机构，同时强化组织监督、群众监督和舆论监督。强调监察部门要"吸收群众参加，启发群众控告"，一旦查证贪腐现象，苏维埃报纸就指名道姓公开曝光。省苏维埃机关报《工农报》开辟了《贪污分子展览会》专栏，专门报道贪腐行为，一名苏区采办员贪污4两食盐就被公开曝光。《红色闽北》报以《好阔气的铅山县委》为题，通报该县委一个月买12块钱黄烟招待客人的事件，起到警示作用。方志敏从每件小事抓起，防微杜渐，达到从严治党的功效，使清正廉洁在各级苏维埃干部中蔚然成风，得到群众的拥护和爱戴。

方志敏的一生勤俭节约，廉明公正，洁身自好。被捕那天，两个国民党士兵搜遍方志敏全身，除了一块手表和一支钢笔，只有两个铜板。方志敏崇尚"安贫乐道"和"清贫励志"，从清贫励志到以身殉志，方志敏把清贫精神熔铸在救国的实践中，融化在对党忠诚、为人民谋利益之中，使清贫精神达到最高境界。

四、无私奉献

为了自己的祖国和革命的胜利，方志敏不仅奉献了自己的生命，而且把自己的亲人也奉献给了革命。受他的影响，兄弟姐妹纷纷参加革命，弟弟方志慧、堂兄方远辉、方远杰都相继牺牲。只要党需要，方志敏总能排除万难，顾全大局，体现了党性原则和奉献精神。

土地革命时期，全国建立了大大大小十几块革命根据地。由于被国民党统治区所分割，革命根据地基本上处于"各自为政"的状态，容易形成本位主义乃至山头主义。1930年，中央革命根据地尚未完全形成，秘密设在上海的中共中央机关由于没有固定财源，发出了"各苏区要将筹款帮助中央作为目前战斗任务之一"的指示。此时的赣东北革命根据地尚不稳固，还没有实行通过发展国民经济来增加财政收入，加上红十军刚刚成立，平民银行也刚创办，苏区各方面建设急需资金投入。在财政困难的情况下，担任苏维埃主席兼财经委员会主席的方志敏从大局出发，派秘密交通员，给中共中央机关送去价值十万银圆的黄金。1931年又分三次送去黄金650两，方志敏宁愿把困难留给自己，也要保证党中央的工作正常运转。直到1933年初，中共中央机关迁到瑞金，方志敏才停止资金支持。三年间，共送出黄金一千多两和白银48箱。在全国范围内，赣东北苏区是给中共中央提供黄金最早、数量最多的省级苏区。

1933年1月6日、12日，中央军委连续发出电报，命令红十军改编为红十一军，立即开赴中央苏区，投入第四次反"围剿"斗争。红十军是闽浙赣苏区唯一的主力部队，也是方志敏呕心沥血，在两条半枪闹革命的基础上缔造出来的英雄部队，一旦调走，面对敌人的"围剿"，自己将面临巨大的压力。方志敏依然从革命大局出发，无私奉献。为了统一大家的认识，他深入部队进行说服教育，强调："我们一切都该听中央指挥，尤其是军事，更要集中与统一。"红十军改编为红十一军后，立即南渡信江，在贵溪清镇与前来迎接的中央红军一部会师。

1934年11月18日，中央军区电令方志敏担任军政委员会主席，并率领红十军团肩负北上抗日先遣队的重任，向宁沪杭方向进军。此时方志敏原本打算将闽浙赣苏区的中心从赣东北转移到闽北的武夷山区，在接到电令的前一天还将想法发电报请示中央同意。当时，中央红军离开瑞金，战略大转移已经一个多月，湘鄂赣、鄂豫皖等全国红军无一例外都向国民党统治力量相对薄弱的西南方向转战，红十军团成为留在江南地区的唯一主力红军。在国民党统治中心孤军奋战，自然凶多吉少。为了全局的利益，方志敏毅然率部出征，离别了奋战八年的赣东北。方志敏率领的北上抗日先遣队仅八千余名将士，在两个多月的行动中，遭到国民党20万大军的围追堵截，最终失败在怀玉山区，方志敏自己也不幸被捕，继而在南昌牺牲。为了中华民族的解放事业，他始终抛弃个人的荣辱，对中央贡献财力和军事力量，处处体现出大局意识和无私奉献的精神品质。

第三节　方志敏精神的时代价值

方志敏同志是伟大的无产阶级革命家、军事家，杰出的农民运动领袖，土地革命时期赣东北和闽浙赣革命根据地的创建人和领导人。在他为民族解放、人民幸福和共产主义事业英勇奋斗一生的历程中，培育和形成了以"爱国奉献、勇于创造、甘于清贫、无私奉献"为核心内涵的方志敏精神。方志敏精神既继承了中华民族的优良传统，又体现了党的宗旨和在马克思主义指导下的人生价值观，生动地诠释了中国共产党人的先进性，鲜明体现了中国共产党人的政治本色，是中国共产党宝贵的政治资源和精神财富。

一、方志敏精神是中国共产党廉政建设的生动教材

中国共产党成立九十多年来波澜壮阔的历史岁月中，伟大的中国革命精神是举世瞩目的中国革命、建设和改革成功的一个决定性因素，方志敏精神是中国革命精神链条中的一环，对于当今加强执政党廉政建设具有重要的现实价值。

中国共产党从革命党到执政党，从局部执政到全面执政，用了二十八年的时间，是经过浴血奋战取得的伟大胜利。成为执政党后，部分党员干部淡忘了党的宗旨和艰苦朴素、勤俭节约的优良传统，被金钱、物欲、占有欲所支配，有的甚至以权谋私，堕落成腐败分子。弘扬方志敏精神，就是要弘扬清贫的正气与美德，正如方志敏在《清贫》中所写："而矜持不苟，舍己为公，却是每个共产党员具备的美德。"能不

能保持艰苦朴素、勤俭节约的优良作风，是新的历史条件下执政党必须解决的重大课题。俭可养德，俭可促廉，俭可防腐。在党的七届二中全会上毛泽东告诫全党："务必使同志们继续保持谦虚、谨慎、不骄、不躁的作风，务必使同志们继续保持艰苦奋斗的作风。"①方志敏精神所蕴含的清贫品质，本质上是一种艰苦朴素、勤俭节约的理念和崇高的思想境界。我国是一个处在社会主义初级阶段的发展中国家，与发达国家相比，我们还有很大差距，党员干部要像方志敏那样，为了革命事业自觉做到艰苦朴素，保持清贫本色，经受住历史的考验，带领人民群众实现中华民族的伟大复兴。

执政党只有做到清正廉洁，才能真正赢得人民的信任和支持，才能巩固执政地位，保持先进性。立党为公，廉洁从政是党的性质和宗旨所决定的。党内的腐败现象会威胁到党的肌体健康，威胁到执政地位的巩固。现阶段党员干部要像方志敏那样树立正确的世界观、人生观和价值观，以一身正气、清正廉洁的品格保持共产党员的先进性。面对死亡，方志敏仍然以惊人的毅力不懈奋斗，用三个多月的时间写下了《我从事革命斗争的略述》《可爱的中国》《清贫》等十余篇珍贵文稿，为党和人民留下了一份极其宝贵的精神遗产。我们党的组织只有坚持用方志敏的清贫精神来搞好廉政建设，从严治党，从严治政，用制度和纪律来加强对党员干部的管理、监督，防止铺张浪费、以权谋私、贪图享乐。只有这样才能经受住执政的考验，保持党同人民群众的血肉联系，遏制腐败现象，巩固执政地位。

执政党的廉政建设关系到党和政府的形象，关系到人心向背和中国特色社会主义建设事业的成败。实践证明，只有弘扬方志敏精神，建立健全并严格执行党风廉政建设制度，从严治党，党员干部只有像方志敏那样坚定理想信念，自觉加强党性锻炼和思想修养，我们的党才能立于不败之地。

二、方志敏精神是新时期党员教育的优质资源

爱国主义是中华民族精神的核心，信仰是人的精神支柱和前进的动力。崇高的理

---

① 毛泽东.毛泽东选集（第4卷）［M］.北京：人民出版社，1991:1438-1439

想和坚定的信念是共产党人的立身之本。革命战争年代，方志敏坚持崇高的理想和坚定的信念，胸怀真挚的爱国之情，英勇革命，战斗不止，即使身陷囹圄仍矢志不渝，始终忠诚于党和人民的事业。方志敏从加入中国共产党那一刻起，就深刻认识到共产主义取代资本主义是绝对真理，在长达十四年的革命生涯中，始终坚定共产主义信仰，即使面对敌人的屠刀，也能大义凛然："敌人只能砍下我们的头颅，绝不能动摇我们的信仰！"当前，虽然和平、发展和合作成为时代的主题，但我们要清醒地意识到我国思想政治领域的矛盾和斗争仍然十分复杂，党员中存在着共产主义的理想信念淡化、国家观念淡化和违法乱纪的现象，因此要弘扬方志敏精神中蕴含的坚定信念、热爱祖国的内涵以凝聚全党、全国人民的意志，以高度的自觉和自信，为建设中国特色社会主义的共同理想奋斗。当今时代赋予爱国主义与时俱进的历史内涵，它要求广大党员干部必须坚定信念，热爱祖国，立党为公，执政为民，充分激发人民群众的积极性和创造性，凝聚巨大的民族向心力和凝聚力。

勇于开拓是一个革命政党充满创造力、凝聚力和战斗力的重要体现。以方志敏为代表的赣东北地区共产党人，以锐意创新的勇气开创了赣东北和闽浙赣革命根据地革命斗争的良好局面。进入和平年代，随着中国共产党所处地位发生了变化，部分党员安于现状、不思进取。作为执政党，中国共产党要真正肩负起领导全国人民建设中国特色社会主义的历史使命，需要弘扬方志敏精神，消除部分党员队伍中存在的甘于平庸的不良现象，不断保持革命的责任心和使命感，不断激发开拓创新精神，不断加强和推进党的建设；把党的建设和党领导人民建设中国特色社会主义的伟大实践结合起来，不断进行党建理论创新，不断为党的肌体注入新的活力，从而不断增强党的创造力、凝聚力和战斗力，开创中国特色社会主义现代化建设的新局面。

无私奉献是共产党人的党性要求和优秀品格，以方志敏为代表的赣东北地区共产党人，时刻表现出无私奉献的革命胸怀。当前有部分党员凡事追求小利，不顾大局，缺少奉献精神。为了从根本上纠正歪风邪气，必须大力弘扬方志敏精神，增强广大党员的全局观念，树立大局意识，正确处理全局与局部的关系，自觉做到局部服从全局，增强社会责任感，抵制个人主义、享乐主义、拜金主义等歪风恶俗。党员应该弘扬方志敏精神，牢固树立公仆意识，切实维护人民群众的根本利益以永葆中国共产党的先进性。

清正廉洁是中国共产党人世界观、人生观和价值观的集中体现，是保持党同人民群众血肉联系的重要法宝。在市场经济负面影响和外来享乐主义的侵蚀下，有相当一部分党员干部淡忘了艰苦朴素、清正廉洁的优良作风，一些人沉迷于物质享受和铺张浪费、大搞"形象工程"和"政绩工程"、不愿意从事艰苦的工作、不择手段中饱私囊等等，这些不良风气的蔓延势必严重败坏党在人民群众中的威望和形象，严重破坏党群、干群关系和腐蚀党员队伍，还会挫伤广大人民群众的积极性和创造性，最终影响党的事业的不断发展。方志敏同志在他的革命生涯中始终保持和践行清正廉洁的革命风范，成为中国共产党党风廉政建设的楷模。在新的历史时期，只有切实抓好党风廉政建设，加强党员干部的党性修养，制定和完善党风廉政建设的各种制度，才能发挥党员干部的先锋模范带头作用。

三、方志敏精神是培育和践行社会主义核心价值观的助力器

党的十八大报告强调指出："倡导富强、民主、文明、和谐，倡导自由、平等、公正、法治，倡导爱国、敬业、诚信、友善，积极培育和践行社会主义核心价值观。"这一论述明确了社会主义核心价值观的基本理念和具体内容，指出了社会主义核心价值体系建设的现实着力点，是对社会主义核心价值体系建设的新部署、新要求。社会主义核心价值观是社会主义核心价值体系最深层的精神内核，是现阶段全国人民对社会主义核心价值观具体内容的最大公约数的表述，具有强大的感召力、凝聚力和引导力。在当前多元文化背景下，弘扬方志敏精神，用中国化的马克思主义铸造人的灵魂，对于建设社会主义核心价值体系，引导人们坚定走中国特色社会主义道路有着重要的推动作用。

方志敏的革命生涯为我们树立了一面具有高尚人格的旗帜。在长期的革命实践中，方志敏为了国家和人民的利益，牺牲了自己的一切，以实际行动树立了共产党员的光辉形象，确立了革命战争年代的价值导向，他的高尚品质充分展示了共产党人的

本色，成为人民心中永远的丰碑。社会主义核心价值观是新的历史条件下人们价值导向的准确提炼，也是人们理想信念的集中表现。方志敏正是明确了自己的理想信念，坚定了自己的价值追求，才能在恶劣和危险的革命环境下，毫不畏惧，为党和人民奉献自己的生命，实现伟大的人生价值。方志敏所处的时代是光明与黑暗激烈斗争的时代，中国革命需要大批优秀的儿女为祖国的彻底解放，为共产主义的伟大理想而流血牺牲。方志敏挑起历史的重任，寻求中国人民的光明之路，方志敏精神的历史基础是中华民族优秀的传统文化，又融合了共产主义思想和时代内容。社会主义核心价值观是社会主义意识形态和先进文化的集中体现，培育和践行社会主义核心价值观是构建中华民族共同精神家园的主体工程，是社会主义文化和精神文明建设的主体工程。社会主义核心价值观源自于中华民族的优良传统，是新的历史条件下中华民族传统美德与时代精神的有机统一。

习近平总书记说："中华优秀传统文化是中华民族的精神命脉，是涵养社会主义核心价值观的重要源泉，也是我们在世界文化激荡中站稳脚跟的坚实根基。"中华民族在长期实践中培育和形成了独特的思想理念和道德规范，有崇仁爱、重民本、守诚信、讲辩证、尚和合、求大同等思想，有孝悌忠信、礼义廉耻、仁者爱人、与人为善、敬业乐群、扶危济贫、见义勇为、自强不息等传统美德，至今依然深深影响着我们的生活。鲁迅先生早就说过，我们自古以来，就有埋头苦干的人，有拼命硬干的人，有为民请命的人，有舍身求法的人。他称之为"中国的脊梁"。在几千年的历史流变中，中华民族尽管经历了无数艰难困苦、曲折磨难，但都挺过来了，走过来了，其中一个很重要的原因，就是世世代代的中华儿女培育和发展了独具特色、博大精深的中华文化，为中华民族克服困难、生生不息提供了强大的精神支撑。方志敏以崇高的精神品质在世界观、人生观、价值观方面树立了一个"风向标"。新时期，每一个人尤其是领导干部都应该学会自勉，勇敢接受考验和敢于担当，自觉地进行符合社会主义核心价值观要求的道德实践，在道德实践中弘扬中华民族的优良传统道德，学习体现时代精神的先进人物。

参考文献

［1］ 江西省方志敏研究会.方志敏研究文丛（一）［M］.上海：上海文化出版社，2011.

［2］ 江西省方志敏研究会.方志敏研究文丛（二）［M］.上海：上海文化出版社，2011.

[阅读链接]

可爱的中国

方志敏

这间囚室，四壁都用白纸裱糊过，虽过时已久，裱纸变了黯黄色，有几处漏雨的地方，并起了大块的黑色斑点；但有日光照射进来，或是强光的电灯亮了，这室内仍显得洁白耀目。对天空开了两道玻璃窗，光线空气都不算坏。对准窗子，在室中靠石壁放着一张黑漆色长方书桌，桌上摆了几本厚书和墨盒茶盅。桌边放着一把锯短了脚的矮竹椅；接着竹椅背后，就是一张铁床；床上铺着灰色军毯，一床粗布棉被，折叠了三层，整齐的摆在床的里沿。在这室的里面一角，有一只未漆的未盖的白木箱摆着，木箱里另有一只马桶躲藏在里面，日夜张开着口，承受这室内囚人每日排泄下来的秽物。在白木箱前面的靠壁处，放着一只蓝磁的痰盂，它象与马桶比赛似的，也是日夜张开着口，承受室内囚人吐出来的痰涕与丢下去的橘皮蔗渣和纸屑。骤然跑进这间房来，若不是看到那只刺目的很不雅观的白方木箱，以及坐在桌边那个钉着铁镣一望而知为囚人的祥松，或者你会认为这不是一间囚室，而是一间书室了。

的确，就是关在这室内的祥松，也认为比他十年前在省城读书时所住的学舍的房间要好一些。

这是看守所优待号的一间房。这看守所分为两部，一部是优待号，一部是普通号。优待号是优待那些在政治上有地位或是有资产的人们。他们因各种原因，犯了各种的罪，也要受到法律上的处罚；而他们平日过的生活以及他们的身体，都是不能耐住那普通号一样的待遇；把他们也关到普通号里去，不要一天两天，说不定都要生病或生病而死，那是万要不得之事。故特辟优待号让他们住着，无非是期望着他们趁早悔改的意思。所以与其说优待号是监狱，或者不如说是休养所较为恰切些，不过是不能自由出入罢了。比较那潮湿污秽的普通号来，那是大大的不同。在普通号吃苦生病的囚人，突然看到优待号的清洁宽敞，心里总不免要发生一个是天堂，一个是天狱之感。

因为祥松是一个重要的政治犯，官厅为着要迅速改变他原来的主义信仰，才将他从普通号搬到优待号来。

祥松前在普通号，有三个同伴同住，谈谈讲讲，也颇觉容易过日。现在是孤零一人，镇日坐在这囚室内，未免深感寂寞了。他不会抽烟，也不会喝酒，想借烟来散闷，酒来解愁，也是做不到的。而能使他忘怀一切的，只是读书。他从同号的难友处借了不少的书来，他原是爱读书的人，一有足够的书给他读读看看，就是他脚上钉着的十斤重的铁镣也不觉得它怎样沉重压脚了。尤其在现在，书好像是医生手里止痛的吗啡针，他一看起书来，看到津津有味处，把他精神上的愁闷与肉体上的苦痛，都麻痹地忘却了。

到底他的脑力有限，接连看了几个钟头的书，头就会一阵一阵的胀痛起来，他将一双肘节放在桌上，用两掌抱住胀痛的头，还是照原看下去，一面咬紧牙关自语："尽你痛！痛！再痛！脑溢血，晕死去罢！"直到脑痛十分厉害，不能再耐的时候，他才丢下书本，在桌边站立起来。或是向铁床上一倒，四肢摊开伸直，闭上眼睛养养神；或是在室内从里面走到外面，又从外面走到里面的踱着步；再或者站在窗口望着窗外那么一小块沉闷的雨天出神；也顺利望望围墙外那株一半枯枝，一半绿叶的柳树。他一看到那一簇浓绿的柳叶，他就猜想出遍大地的树木，大概都在和暖的春风吹嘘中，长出艳绿的嫩叶来了——他从这里似乎得到一点儿春意。

他每天都是这般不变样地生活着。

今天在换班的看守兵推开门来望望他——换班交代最重要的一个囚人——的时候，却看到祥松没有看书，也没有踱步，他坐在桌边，用左手撑住头，右手执着笔在纸上边写边想。祥松今天似乎有点什么感触，要把它写出来。他在写些什么呢？啊！他在写着一封给朋友们的信。

亲爱的朋友们：

我终于被俘入狱了。

关于我被俘入狱的情形，你们在报纸上可以看到，知道大概，我不必说了。我在被俘以后，经过绳子的绑缚，经过钉上粗重的脚镣，经过无数次的拍照，经过装甲车的押解，经过几次群众会上活的示众，以至关入笼子里，这些都象放电影一般，一幕一幕的过去！我不愿再去回忆那些过去了的事情，回忆，只能增加我不堪的羞愧和苦恼！我也不愿将我在狱中的生活告诉你们。朋友，无论谁入了狱，都得感到愁苦和屈辱，我当然更甚，所以不能告诉你们一点什么好的新闻。我今天想告诉你们的却是另外一个比较紧要的问题，即是关于爱护中国，拯救中国的问题，你们或者高兴听一听我讲这个问题罢。

我自入狱后，有许多人来看我：他们为什么来看我，大概是怀着到动物园里去看一只新奇的动物一样的好奇心罢？他们背后怎样评论我，我不能知道，而且也不必一定要知道。就他们当面对我讲的话，他们都承认我是一个革命者；不过他们认为我只顾到工农阶级的利益，忽视了民族的利益，好像我并不是热心爱中国爱民族的人。朋友，这是真实的话吗？工农阶级的利益，会是与民族的利益冲突吗？不，绝不是的，真正为工农阶级谋解放的人，才正是为民族谋解放的人，说我不爱中国不爱民族，那简直是对我一个天大的冤枉了。

我很小的时候，在乡村私塾中读书，无知无识，不知道什么是帝国主义，也不知道帝国主义如何侵略中国，自然，不知道爱国为何事。以后进了高等小学读书，知识渐开，渐渐懂得爱护中国的道理。一九一八年爱国运动波及到我们高小时，我们学生也开起大会来了。

在会场中，我们几百个小学生，都怀着一肚子的愤恨，一方面痛恨日本帝国主义无餍的侵略，另一方面更痛恨曹、章等卖国贼的狗肺狼心！就是那些年青的教师们（年老的教师们，对于爱国运动，表示不甚关心的样子），也和学生一样，十分激愤。宣布开会之后，一个青年教师跑上讲堂，将日本帝国主义提出的灭亡中国的二十一条，一条一条地边念边讲。他的声音由低而高，渐渐地吼叫起来，脸色涨红，渐而发青，颈子胀大得象要爆炸的样子，满头的汗珠子，满嘴唇的白沫，拳头在讲桌上捶得碰碰响。听讲的我们，在这位教师如此激昂慷慨的鼓动之下，那一个不是鼓起嘴巴，睁大着眼睛——每对透亮的小眼睛，都是红红的象要冒出火来；有几个学生竟流泪哭起来了。朋友，确实的，在这个时候，如果真有一个日本强盗或是曹、章等卖国贼的那一个站在我们的面前，那怕不会被我们一下打成肉饼！会中，通过抵制日货，先要将各人身边的日货销毁去，再进行检查商店的日货，并出发对民众讲演，唤起他们来爱国。会散之后，各寝室内扯抽屉声，开箱笼声，响得很热闹，大家都在急忙忙地清查日货呢。

"这是日货，打了去！"一个玻璃瓶的日本牙粉扔出来了，扔在阶石上，立即打碎了，淡红色的牙粉，飞洒满地。

"这也是日货，踩了去！"一只日货的洋磁脸盆，被一个学生倒仆在地上，猛地几脚踩凹下去，磁片一片片地剥落下来，一脚踢出，磁盆就象含冤无诉地滚到墙角里去了。

"你们大家看看，这床席子大概不是日本货吧？"一个学生双手捧着一床东洋席子，表现很不能舍去的样子。

大家走上去一看，看见席头上印了"日本制造"四个字，立刻同声叫起来：

"你的眼睛瞎了，不认得字？你舍不得这床席子，想做亡国奴！？"不由分说，大家伸出手来一撕，那床东洋席，就被撕成碎条了。

我本是一个苦学生，从乡间跑到城市里来读书，所带的铺盖用品都是土里土气的，好不容易弄到几个钱来，买了日本牙刷，金刚石牙粉，东洋脸盆，并也有一床东洋席子。我明知销毁这些东西，以后就难得钱再买，但我为爱国心所激动，也就毫无顾惜地销毁了。我并向同学们宣言，以后生病，就是会病死了，也决不买日本的仁丹和清快丸。

从此以后，在我幼稚的脑筋中，作了不少的可笑的幻梦：我想在高小毕业后，即去投考陆军学校，以后一级一级的升上去，带几千兵或几万兵，打到日本去，踏平三岛！我又想，在高小毕业后，就去从事实业，苦做苦积，那怕不会积到几百万几千万的家私，一齐拿出来，练海陆军，去打东洋。读西洋史，一心想做拿破仑；读中国史，一心又想做岳武穆。这些混杂不清的思想，现在讲出来，是会惹人笑痛肚皮！但在当时我却认为这些思想是了不起的真理，愈想愈觉得津津有味，有时竟想到几夜失眠。

一个青年学生的爱国，真有如一个青年姑娘初恋时那样的真纯入迷。

朋友，你们知道吗？我在高小毕业后，既未去投考陆军学校，也未从事什么实业，我却到N城来读书了。N城到底是省城，比县城大不相同。在N城，我看到了许多洋人，遇到了许多难堪的事情，我讲一两件给你们听，可以吗？

只要你到街上去走一转，你就可以碰着几个洋人。当然我们并不是排外主义者，洋人之中，有不少有学问有道德的人，他们同情于中国民族的解放运动，反对帝国主义对中国的压迫和侵略，他们是我们的朋友。只是那些到中国来赚钱，来享福，来散播精神的鸦片——传教的洋人，却是有十分的可恶的。他们自认为文明人，认我们为野蛮人，他们是优种，我们却是劣种；他们昂头阔步，带着一种藐视中国人、不屑与中国人为伍的神气，总引起我心里的愤愤不平。我常想："中国人真是一个劣等民族吗？真该受他们的藐视吗？我不服的，决不服的。"

有一天，我在街上低头走着，忽听得"站开！站开！"的喝道声。我抬头一望，就看到四个绿衣邮差，提着四个长方扁灯笼，灯笼上写着："邮政管理局长"几个红扁字，四人成双行走，向前喝道；接着是四个徒手的绿衣邮差；接着是一顶绿衣大轿，四个绿衣轿夫抬着；轿的两旁，各有两个绿衣邮差扶住轿杠护着走；轿后又是四个绿衣邮差跟着。我再低头向轿内一望，轿内危坐着一个碧眼黄发高鼻子的洋人，口里衔着一枝大雪茄，脸上露出十足的傲慢自得的表情。"啊！好威风呀！"我不禁脱口说出这一句。邮政并不是什么深奥巧妙的事情，难道一定要洋人才办得好吗？中国的邮政，为什么要给外人管理去呢？

随后，我到K埠读书，情形更不同了。在K埠有了所谓租界上，我们简直不能乱动一下，否则就要遭打或捉。在中国的地方，建起外人的租界，服从外人的统治，这种现象不会有点使我难受吗？

有时，我站在江边望望，就看见很多外国兵舰和轮船在长江内行驶和停泊，中国的内河，也容许外国兵舰和轮船自由行驶吗？中国有兵舰和轮船在外国内河行驶吗？如果没有的话，外国人不是明白白欺负中国吗？中国人难道就能够低下头来活受他们的欺负不成？

就在我读书的教会学校里，他们口口声声传那"平等博爱"的基督教；同是教员，又同是基督信徒，照理总应该平等待遇；但西人教员，都是二三百元一月的薪水，中国教员只有几十元一月的薪水；教国文的更可怜，简直不如去讨饭，他们只有二十余元一月的薪水。朋友，基督国里，就是如此平等法吗？难道西人就真是上帝宠爱的骄子，中国人就真是上帝抛弃的下流的瘪三？！

朋友，想想看，只要你不是一个断了气的死人，或是一个甘心亡国的懦夫，天天碰着这些恼人的问题，谁能按下你不挺身而起，为积弱的中国奋斗呢？何况我正是一个血性自负的青年！

朋友，我因无钱读书，就漂流到吸尽中国血液的唧筒——上海来了。最使我难堪的，是我在上海游法国公园的那一次。我去上海原是梦想着找个半工半读的事情做做，那知上海是人浮于事，找事难于登天，跑了几处，都毫无头绪，正在纳闷着，有几个穷朋友，邀我去游法国公园散散闷。一走到公园门口就看到一块刺目的牌子，牌子上写着"华人与狗不准进园"几个字。这几个字射入我的眼中时，全身突然一阵烧热，脸上都烧红了。这是我感觉着从来没有受过的耻辱！在中国的上海地方让他们造公园来，反而禁止华人入园，反而将华人与狗并列。这样无理的侮辱华人，岂是所谓"文明国"的人们所应做出来的吗？华人在这世界上还有立足的余地吗？还能生存下去吗？我想至此也无心游园了，拔起脚就转回自己的寓所了。

朋友，我后来听说因为许多爱国文学家著文的攻击，那块侮辱华人的牌子已经取去了。真的取去了没有？还没有取去？朋友，我们要知道，无论这块牌子取去或没有取去，那些以主子自居的混蛋的洋人，以畜生看待华人的观念，是至今没有改变的。

朋友，在上海最好是埋头躲在鸽子笼里不出去，倒还可以静一静心！如果你喜欢向外跑，喜欢在"国中之国"的租界上去转转，那你不仅可以遇着"华人与狗"一类的难堪的事情，你到处可以看到高傲的洋大人的手杖，在黄包车夫和苦力的身上飞舞；到处可以看到饮得烂醉的水兵，沿街寻人殴打；到处可以看到巡捕手上的哭丧棒，不时在那些不幸的人们身上乱揍；假若你再走到所谓"西牢"旁边听一听，你定可以听到从里面传出来的包探捕头拳打脚踢毒刑毕用之下的同胞们一声声呼痛的哀

音，这是他们利用治外法权来惩治反抗他们的志士！半殖民地民众悲惨的命运呵！中国民族悲惨的命运呵！

朋友，我在上海混不出什么名堂，仍转回K省来了。

我搭上一只J国轮船。在上船之前，送行的朋友告诉我在J国轮船，确要小心谨慎，否则船上人不讲理的。我将他们的忠告，谨记在心。我在狭小拥挤、汗臭屁臭、蒸热闷人的统舱里，买了一个铺位。朋友，你们是知道的，那时，我已患着很厉害的肺病，这统舱里的空气，是极不适宜于我的；但是，一个贫苦学生，能够买起一张统舱票，能够在统舱里占上一个铺位，已经就算是很幸事了。我躺在铺位上，头在发昏晕！等查票人过去了，正要昏迷迷的睡去，忽听到从货舱里发出可怕的打人声及喊救声。我立起身来问茶房什么事，茶房说，不要去理它，还不是打那些不买票的穷蛋。我不听茶房的话，拖着鞋向那货舱走去，想一看究竟。我走到货舱门口，就看见有三个衣服褴褛的人，在那堆叠着的白粮包上蹲伏着。一个是兵士，二十多岁，身体健壮，穿着一件旧军服。一个象工人模样，四十余岁，很瘦，似有暗病。另一个是个二十余岁的妇人，面色粗黑，头上扎一块青布包头，似是从乡下逃荒出来的样子。三人都用手抱住头，生怕头挨到鞭子，好像手上挨几下并不要紧的样子。三人的身体，都在战栗着。他们都在极力将身体紧缩着，好像想缩小成一小团子或一小点子，那鞭子就打不着那一处了。三人挤在一个舱角里，看他们的眼睛，偷偷地东张西张的神气，似乎他们在希望着就在屁股底下能够找出一个洞来，以便躲进去避一避这无情的鞭打，如果真有一个洞，就是洞内满是屎尿，我想他们也是会钻进去的。在他们对面，站着七个人，靠后一点，站着一个较矮的穿西装的人，身本肥胖的很，肚皮膨大，满脸油光，鼻孔下蓄了一小绺短须。两手叉在裤袋里，脸上浮露一种毒恶的微笑，一望就知道他是这场鞭打的指挥者。其余六个人，都是水手茶房的模样，手里拿着藤条或竹片，听取指挥者的话，在鞭打那三个未买票偷乘船的人们。

"还要打！谁叫你不买票！"那肥人说。

他话尚未说断，那六个人手里的藤条和竹片，就一齐打下。"还要打！"肥人又说。藤条竹片又是一齐打下。每次打下去，接着藤条竹片的着肉声，就是一阵"痛哟！"令人酸鼻的哀叫！这种哀叫，并不能感动那肥人和几个打手的慈心，他们反而哈哈的笑起来了。

"叫得好听，有趣，多打几下！"那肥人在笑后命令地说。

那藤条和竹片，就不分下数的打下，"痛哟！痛哟！饶命呵！"的哀叫声，就更加尖锐刺耳了！

"停住！去拿绳子来！"那肥人说。

那几个打手，好像耍熟了把戏的猴子一样，只听到这句话，就晓得要做什么。马上就有一个跑去拿了一捆中粗绳子来。

"将他绑起来，抛到江里去喂鱼！"肥人指着那个兵士说。

那些打手一齐上前，七手八脚的将那兵士从糖包上拖下来，按倒在舱面上，绑手的绑手，绑脚的绑脚，一刻儿就把那兵士绑起来了。绳子很长，除缚结外，还各有一长段拖着。

那兵士似乎入于昏迷状态了。

那工人和那妇人还是用双手抱住头，蹲在糖包上发抖战，那妇人的嘴唇都吓得变成紫黑色了。

船上的乘客，来看发生什么事体的，渐来渐多，货舱门口都站满了，大家脸上似乎都有一点不平服的表情。

那兵士渐渐的清醒过来，用不大的声音抗议似的说：

"我只是无钱买船票，我没有死罪！"

拍的一声，兵士的面上挨了一巨掌！这是打手中一个很高大的人打的。他吼道："你还讲什么？象你这样的狗东西，别说死一个，死十个百个又算什么！"

于是他们将他搬到舱沿边，先将他手上和脚上两条拖着的绳子，缚在船沿的铁栏干上，然后将他抬过栏干向江内吊下去。人并没有浸入水内，离水面还有一尺多高，只是仰吊在那里。被轮船激起的江水溅沫，急雨般打到他面上来。

那兵士手脚被吊得彻心彻骨的痛，大声哀叫。

那几个魔鬼似的人们，听到了哀叫，只是"好玩！好玩"的叫着跳着作乐。

约莫吊了五六分钟，才把他拉上船来，向舱板上一摔，解开绳子，同时你一句我一句的说着："味道尝够了吗？""坐白船没有那么便宜的！""下次你还买不买票？""下次你还要不要来尝这辣味儿？""你想错了，不买票来偷搭外国船！"那兵士直硬硬地躺在那里，闭上眼睛，一句话也不答，只是左右手交换的去摸抚那被绳子嵌成一条深槽的伤痕，两只脚也在那吊伤处交互揩擦。

"把他也绑起来吊一下！"肥人又指着那工人说。

那工人赶从糖包上爬下来，跪在舱板上，哀恳地说："求求你们不要绑我，不要吊我，我自己爬到江里去投水好了。象我这样连一张船票都买不起的苦命，还要它做什么！"他说完就望船沿爬去。

"不行不行，照样的吊！"肥人说。

那些打手，立即将那工人拖住，照样把他绑起，照样将绳子缚在铁栏干上，照样把他抬过铁栏干吊下去，照样地被吊在那里受着江水激沫的溅洒，照样他在难忍的痛苦下哀叫，也是吊了五六分钟，又照样把他吊上来，摔在舱板上替他解缚。但那工人并不去摸抚他手上和脚上的伤痕，只是眼泪如泉涌地流出来，尽在抽噎的哭，那半老人看来是很伤心的了！

"那妇人怎样耍她一下呢？"打手中一个矮瘦的流氓样子的人向肥人问。

"……"肥人微笑着不作声。

"不吊她，摸一摸她，也是有趣的呀！"

肥人点一点头。

那人就赶上前去，扯那妇人的裤腰。那妇人双脚打文字式的绞起，一双手用力遮住那小肚子下的地方，脸上红得发青了，用尖声喊叫："嬲不得呀！嬲不得呀！"

那人用死力将手伸进她的腿胯里，摸了几摸，然后把手拿出来，笑着说："没有毛的，光板子！光板子！"

"哈，哈，哈哈……"打手们哄然大笑起来了。

"打！"我气愤不过，喊了一声。

"谁喊打？"肥人圆睁着那凶眼望着我们威吓地喝。

"打!"几十个人的声音，从站着观看的乘客中吼了出来。

那肥人有点惊慌了，赶快移动脚步，挺起大肚子走开，一面急忙地说：

"饶了他们三个人的船钱，到前面码头赶下船去！"

那几个打手齐声答应"是"，也即跟着肥人走去了。

"真是灭绝天理良心的人，那样的虐待穷人！""狗养的好凶恶！""那个肥大头可杀！""那几个当狗的打手更坏！""咳，没有捶那班狗养的一顿！"在观看的乘客中，发生过一阵嘈杂的愤激的议论之后，都渐次散去，各回自己的舱位去了。

我也走回统舱里，向我的铺位上倒下去，我的头象发热病似的胀痛，我几乎要放声痛哭出来。

朋友，这是我永不能忘记的一幕悲剧！那肥人指挥着的鞭打，不仅是鞭打那三个同胞，而是鞭打我中国民族，痛在他们身上，耻在我们脸上！啊！啊！朋友，中国人难道真比一个畜生都不如了吗？你们听到这个故事，不也很难过吗？

朋友，以后我还遇着不少的象这一类或者比这一类更难堪的事情，要说，几天也说不完，我也不忍多说了。总之，半殖民地的中国，处处都是吃亏受苦，有口无处诉。但是，朋友，我却因每一次受到的刺激，就更加坚定为中国民族解放奋斗的决心。我是常常这样想着，假使能使中国民族得到解放，那我又何惜于我这一条蚁命！

朋友！中国是生育我们的母亲。你们觉得这位母亲可爱吗？我想你们是和我一样的见解，都觉得这位母亲是蛮可爱蛮可爱的。以言气候，中国处于温带，不十分热，也不十分冷，好像我们母亲的体温，不高不低，最适宜于孩儿们的偎依。以言国土，中国土地广大，纵横万数千里，好像我们的母亲是一个身体魁大、胸宽背阔的妇人，不象日本姑娘那样苗条瘦小。中国许多有名的崇山大岭，长江巨河，以及大小湖泊，岂不象征着我们母亲丰满坚实的肥肤上之健美的肉纹和肉窝？中国土地的生产力是无限的；地底蕴藏着未开发的宝藏也是无限的；废置而未曾利用起来的天然力，更是无限的，这又岂不象征着我们的母亲，保有着无穷的乳汁，无穷的力量，以养育她四万万的孩儿？我想世界上再没有比她养得更多的孩子的母亲吧。至于说到中国天然风景的美丽，我可以说，不但是雄巍的峨嵋，妩媚的西湖，幽雅的雁荡，与夫"秀丽甲天下"的桂林山水，可以傲睨一世，令人称羡；其实中国是无地不美，到处皆景，自城市以至乡村，一山一水，一丘一壑，只要稍加修饰和培植，都可以成流连难舍的胜景；这好像我们的母亲，她是一个天姿玉质的美人，她的身体的每一部份，都有令人爱慕之美。中国海岸线之长而且弯曲，照现代艺术家说来，这象征我们母亲富有曲线美吧。咳！母亲！美丽的母亲，可爱的母亲，只因你受着人家的压榨和剥削，弄成贫穷已极；不但不能买一件新的好看的衣服，把你自己装饰起来；甚至不能买块香皂将你全身洗擦洗擦，以致现出怪难看的一种憔悴褴褛和污秽不洁的形容来！啊！我们的母亲太可怜了，一个天生的丽人，现在却变成叫化的婆子！站在欧洲、美洲各位华贵的太太面前，固然是深愧不如，就是站在那日本小姑娘面前，也自惭形秽得很呢！

听着！朋友！母亲躲到一边去哭泣了，哭得伤心得很呀！她似乎在骂着："难道我四万万的孩子，都是白生了吗？难道他们真象着了魔的狮子，一天到晚的睡着不醒吗？难道他们不知道自己的伟大的团结力量，去与残害母亲、剥削母亲的敌人斗争吗？难道他们不想将母亲从敌人手里救出来，把母亲也装饰起来，成为世界上一个最出色、最美丽、最令人尊敬的母亲吗？"朋友，听到没有母亲哀痛的哭吗？是的，是的，母亲骂得对，十分对！我们不能怪母亲好哭，只怪得我们之中出了败类，自己压制自己，眼睁睁的望着我们这位挺慈祥美丽的母亲，受着许多无谓的屈辱，和残暴的蹂躏！这真是我们做孩子们的不是了，简直连一位母亲都爱护不住了！

朋友，看呀！看呀！那名叫"帝国主义"的恶魔的面貌是多么难看呀！在中国许多神怪小说上，也寻不出一个妖精鬼怪的面貌，会有这些恶魔那样的狞恶可怕！满脸满身都是毛，好像他们并不是人，而是人类中会吃人的猩猩！他们的血口，张开起来，好似无底的深洞，几千几万几千万的人类，都会被它吞下去！他们的牙齿，尤其是那伸出口外的獠牙，十分锐利，发出可怕的白光！他们的手，不，不是手呀，而是僵硬硬的铁爪！那么难看的恶魔，那么狰狞可怕的恶魔！一、二、三、四、五，朋友，五个可怕的恶魔，正在包围着我们的母亲呀！朋友，看呀，看到了没有？呸！那些恶魔将母亲搂住呢！用他们的血口，去亲她的嘴，她的脸，用他们的铁爪，去抓破她的乳头，她的可爱的肥肤！呀，看呀！那个戴着粉白的假面具的恶魔，在做什么？

他弯身伏在母亲的胸前，用一支锐利的金管子，刺进，呀！刺进母亲的心口，他的血口，套到这金管子上，拼命的吸母亲的血液！母亲多么痛呵，痛得嘴唇都成白色了。噫，其他的恶魔也照样做吗？看！他们都拿出各种金的、铁的或橡皮的管子，套住在母亲身上被他们铁爪抓破流血的地方，都拼命吸起血液来了！母亲，你有多少血液，不要一下子就被他们吸干了吗？

嗄！那矮矮的恶魔，拿出一把屠刀来了！做什么？呸！恶魔！你敢割我们母亲的肉？你想杀死她？咳哟！不好了！一刀！拍的一刀！好大胆的恶魔，居然向我们母亲的左肩上砍下去！母亲的左臂，连着耳朵到颈，直到胸膛，都被砍下来了！砍下了身体的那么一大块——五分之一的那么一大块！母亲的血在涌流出来，她不能哭出声来，她的嘴唇只是在那里一张一张的动，她的眼泪和血在竞着涌流！朋友们！兄弟们！救救母亲呀！母亲快要死去了！

啊！那矮的恶魔怎么那样凶恶，竟将母亲那么一大块身体，就一口生吞下去，还在那里眈眈地望着，象一只饿虎向着驯羊一样的望着！恶魔！你还想砍，还想割，还想把我们的母亲整个吞下去？！兄弟们，无论如何不能与它干休！它砍下而且生吞下去母亲的那么一大块身体！母亲现在还象一个人吗，缺了五分之一的身体？美丽的母亲，变成一个血迹模糊肢体残缺的人了。兄弟们，无论如何，不能与它干休，大家冲上去，捉住那只恶魔，用铁拳痛痛的捶它，捶得它张开口来，吐出那块被生吞下去的母亲身体，才算，决不能让它在恶魔的肚子里消化了去，成了它的滋养料！我们一定要回来一个完整的母亲，绝对不能让她的肢体残缺呀！

呸！那是什么人？他们也是中国人，也是母亲的孩子？那么为什么去帮助恶魔来杀害自己的母亲呢？你们看！他们在恶魔持刀向母亲身上砍的时候，很快的就把砍下来的那块身体，双手捧到恶魔血口中去！他们用手拍拍恶魔的喉咙，使它快吞下去；现在又用手去摸摸恶魔的肚皮，增进它的胃之消化力，好让快点消化下去。他们都是所谓高贵的华人，怎样会那么恭顺的秉承恶魔的意旨行事？委曲求欢，丑态百出！可耻，可耻！傀儡，卖国贼！狗彘不食的东西！狗彘不食的东西！你们帮助恶魔来杀害自己的母亲，来杀害自己的兄弟，到底会得到什么好处？！我想你们这些无耻的人们呵！你们当傀儡、当汉奸、当走狗的代价，至多只能伏在恶魔的肛门边或小便上，去吸取它把母亲的肉，母亲的血消化完了排泄出来的一点粪渣和尿滴！那是多么可鄙弃的人生呵！

朋友，看！其余的恶魔，也都拔出刀来，馋涎欲滴地望着母亲的身体，难道也象矮的恶魔一样来分割母亲吗？啊！，不得了，他们如果都来操刀而割，母亲还能活命吗？她还不会立即死去吗？那时，我们不要变成了无母亲的孩子吗？咳！亡了母亲的孩子，不是到处更受人欺负和侮辱吗？朋友们，兄弟们，赶快起来，救救母亲呀！无论如何，不能让母亲死亡的呵！

朋友，你们以为我在说梦呓吗？不是的，不是的，我在呼喊着大家去救母亲呵！再迟些时，她就要死去了。

朋友，从崩溃毁灭中，救出中国来，从帝国主义恶魔生吞活剥下，救出我们垂死的母亲来，这是刻不容缓的了。但是，到底怎样去救呢？是不是由我们同胞中，选出几个最会做文章的人，写上一篇十分娓娓动听的文告或书信，去劝告那些恶魔停止侵略呢？还是挑选几个最会演说、最长于外交辞令的人，去向他们游说，说动他们的良心，自动的放下屠刀不再宰割中国呢？抑或挑选一些顶善哭泣的人，组成哭泣团，到他们面前去，长跪不起，哭个七日七夜，哭动他们的慈心，从中国撒手回去呢？再或者……我想不讲了，这些都不会丝毫有效的。哀求帝国主义不侵略和灭亡中国，那岂不等于哀求老虎不吃肉？那是再可笑也没有了。我想，欲求中国民族的独立解放，决不是哀告、跪求哭泣所能济事，而是唤起全国民众起来斗争，都手执武器，去与帝国主义进行神圣的民族革命战争，将他们打出中国去，这才是中国唯一的出路，也是我们救母亲的唯一方法，朋友，你们说对不对呢？

因为中国对外战争的几次失利，真象倒霉的人一样，弄得自己不想信自己起来了。有些人简直没有一点民族自信心，认为中国是沉沦于万丈之深渊，永不能自拔，在帝国主义面前，中国渺小到象一个初出世的婴孩！我在三个月前，就会到一位先生，他的身体瘦弱，皮肤白皙，头上的发梳得很光亮，态度文雅。他大概是在军队中任个秘书之职，似乎是一个伤心国事的人。他特地来与我作了下列的谈话：

他："咳！中国真是危急极了！"

我："是的，危急已极，再如此下去，难免要亡国了。"

"唔，亡国，是的，中国迟早是要亡掉的。中国不会有办法，我想是无办法的。"他摇头的说，表示十分丧气的样子。

"先生为什么说出这样的话来？那里就会无办法。"我诘问他。

"中国无力量呀！你想帝国主义多么厉害呵！几百几千架飞机，炸弹和人一样高；还有毒瓦斯，一放起来，无论多少人，都要死光。你想中国拿什么东西去抵抗它？"他说时，现出恐惧的样子。

"帝国主义固然厉害，但全中国民众团结起来的斗争力量也是不可侮的啦！并且，还有……"我尚未说完，他就抢着说：

"不行不行，民众的力量，抵不住帝国主义的飞机大炮，中国不行，无办法，无办法的啦。"

"那照先生所说，我们只有坐在这里等着做亡国奴了！你不觉得那是可耻的懦夫思想吗？"我实在忍不住，有点气愤了。他睁大眼睛，呆望着我，很难为情的不作答声。

这位先生，很可怜的代表一部分鄙怯人们的思想，他们只看到帝国主义的飞机大炮，忘却自己民族伟大的斗争力量。照他的思想，中国似乎是命注定的要走印度、朝鲜的道路了，那还了得？！

中国真是无力自救吗？我绝不是那样想的，我认为中国是有自救的力量的。最近十九年来，中国民族，不是表示过它的斗争力量之不可侮吗？弥漫全国的"五卅"运动，是着实的教训了帝国主义，中国人也是人，不是猪和狗，不是可以随便屠杀的。省港罢工，在当时革命政权扶助之下，使香港变成了臭港，就是最老牌的帝国主义，也要屈服下来。以后北伐军到了湖北和江西，汉口和九江的租界，不是由我们自动收回了吗？在那时帝国主义在中国的威权，不是一落千丈吗？朋友，我现在又要来讲个故事了。就在北伐军到江西的时候，我在江西做工作，因有事去汉口，在九江又搭上一只J国轮船，而且十分凑巧，这只轮船，就是我那次由上海回来所搭乘的轮船。使

我十分奇怪的，就是轮船上下管事人对乘客们的态度，显然是两样的了——从前是横蛮无理，现在是和气多了。我走到货舱去看一下，货舱依然是装满了糖包，但糖包上没有蹲着什么人。再走到统舱去看看，只见两边走栏的甲板上，躺着好几十个人。有些象是做工的，多数是象从乡间来的，有一位茶房正在开饭给他们吃呢。我为了好奇心，走到那茶房面前向他打了一个招呼，与他谈话：

我："请问，这些人都是买了票吗？"

茶房："他们那里买票，都是些穷人。"

我："不买票也可以坐船吗？"

茶房："马马虎虎的过去，不买票的人多呢！你看统舱里那些士兵，那个买了票的？"他用手向统舱里一指，我随着他指的方向望去，果就看见有十几个革命军兵士，围在一个茶房的木箱四旁，箱盖上摆着花生米，皮蛋，酱豆干等下酒菜，几个洋磁碗盛着酒，大家正在高兴地喝酒谈话呢。

我："他们真都没有买票吗？"

茶房："那里还会假的，北伐军一到汉口，他们就坐船不买票了。"

"从前的时候，不买票也行坐船吗？"我故意地问。

茶房："那还了得，从前不买票，不但打得要命，还要抛到江里去！"

"抛到江里去？那岂不是要浸死人吃人命？"我又故意地问。

茶房笑说："不是真抛到江里去浸死，而是将他吊一吊，吓一吓。不过这一吊也是一碗辣椒汤，不好尝的。"

我："那么现在你们的船老板，为什么不那样做呢？"

茶房："现在不敢那样做了，革命势力大了。"

我："我不懂那是怎样说的，请说清楚！"

茶房："那还不清楚吗？打了或吊了中国人，激动了公愤，工人罢下工来，他的轮船就会停住走不动了。那损失不比几个人不买票的损失更大吗？"

我："依你所说，那外国人也有点怕中国人了？"

茶房："不能说怕，也不能说不怕，唔，照近来情形看，似乎有点怕中国人了。

哈哈!"茶房笑起来了。

我与他再点点头道别,我暗自欢喜地走进来。我心里想,今天可惜不遇着那肥大头,如遇着,至少也要奚落他几句。

我走到官舱的饭厅上去看看,四壁上除挂了一些字画外,却挂了一块木板布告。布告上的字很大,远处都可以看清楚。

第 号 国民革命军总司令布告

为布告事。照得近来有车人及民众搭乘外国轮船不买票,实属非是!

特出布告,仰该军民人等,以后搭乘轮船,均须照章买票,不得有违!

切切此布。

啊啊,外国轮船,也有挂中国布告之一天,在中国民众与兵、工奋斗之下,藤条、竹片和绳子,也都失去从前的威力了。

朋友,不幸得很,从此以后,中国又走上了厄运,环境又一天天的恶劣起来了。经过"五三"的济南惨案,直到"九一八",日本帝国主义公然出兵占领了中国东北四省,就是我在上面所说的那矮的恶魔,一刀砍下并生吞下我们母亲五分之一的身体。这是由于中国民族革命运动,受了挫折,对于中国进攻采取了"不抵抗主义",没有积极唤起国人自救所致!但是,朋友,接着这一不幸的事件而起的,却来了全国汹涌的抗日救国运动,东北四省前仆后继的义勇军的抗战,以及"一二八"有名的上海战争。这些是给了骄横一世的日本军阀一个严重的教训,并在全世界人类而前宣告,中国的人民和兵士,不是生番,不是野人,而是有爱国心的,而是能够战斗的,能够为保卫中国而牺牲的。谁要想将有四千年历史与四万万人口的中国民族吞噬下去,我们是会与他们拼命战斗到最后的一人!

朋友,虽然在我们之中,有汉奸,有傀儡,有卖国贼,他们认仇作父,为虎作伥;但他们那班可耻的人,终竟是少数,他们已经受到国人的抨击和唾弃,而渐趋于可鄙的结局。大多数的中国人,有良心有民族热情的中国人,仍然是热心爱护自己的国家的。现在不是有成千成万的人在那里决死战斗吗?他们决不让中国被帝国主义所灭亡,决不让自己和子孙们做亡国奴。朋友,我相信中国民族必能从战斗中获救,这

岂是我们的自欺自誉吗？

不错，目前的中国，固然是江山破碎，国弊民穷，但谁能断言，中国没有一个光明的前途呢？不，决不会的，我们相信，中国一定有个可赞美的光明前途。中国民族在很早以前，就造起了一座万里长城和开凿了几千里的运河，这就证明中国民族伟大无比的创造力？中国在战斗之中一旦斩去了帝国主义的锁链，肃清自己阵线内的汉奸卖国贼，得到了自由与解放，这种创造力，将会无限的发挥出来。到那时，中国的面貌将会被我们改造一新。所有贫穷和灾荒，混乱和仇杀，饥饿和寒冷，疾病和瘟疫，迷信和愚昧，以及那慢性的杀灭中国民族的鸦片毒物，这些等等都是帝国主义带给我们可憎的赠品，将来也要随着帝国主义的赶走而离去中国了。朋友，我相信，到那时，到处都是活跃跃的创造，到处都是日新月异的进步，欢歌将代替了悲叹，笑脸将代替了哭脸，富裕将代替了贫穷，健康将代替了疾苦，智慧将代替了愚昧，友爱将代替了仇杀，生之快乐将代替了死之悲哀，明媚的花园，将代替了凄凉的荒地！这时，我们民族就可以无愧色的立在人类的面前，而生育我们的母亲，也会最美丽地装饰起来，与世界上各位母亲平等的携手了。

这么光荣的一天，决不在辽远的将来，而在很近的将来，我们可以这样相信的，朋友！

朋友，我的话说得太噜苏厌听了吧！好，我只说下面几句了。我老实的告诉你们，我爱护中国之热诚，还是如小学生时代一样的真诚无伪；我要打倒帝国主义为中国民族解放之心还是火一般的炽烈。不过，现在我是一个待决之囚呀！我没有机会为中国民族尽力了，我今日写这封信，是我为民族热情所感，用文字来作一次为垂危的中国的呼喊，虽然我的呼喊，声音十分微弱，有如一只将死之鸟的哀鸣。

啊！我虽然不能实际的为中国奋斗，为中国民族奋斗，但我的心总是日夜祷祝着中国民族在帝国主义羁绊之下解放出来之早日成功！假如我还能生存，那我生存一天就要为中国呼喊一天；假如我不能生存——死了，我流血的地方，或者我瘗骨的地方，或许会长出一朵可爱的花来，这朵花你们就看作是我的精诚的寄托吧！在微风的吹拂中，如果那朵花是上下点头，那就可视为我对于为中国民族解放奋斗的爱国志士们在致以热诚的敬礼；如果那朵花是左右摇摆，那就可视为我在提劲儿唱着革命之歌，鼓励战士们前进啦！

亲爱的朋友们，不要悲观，不要畏馁，要奋斗！要持久的艰苦的奋斗！把各人所有的智慧才能，都提供于民族的拯救吧！无论如何，我们决不能让伟大的可爱的中国，灭亡于帝国主义的肮脏的手里！

你们挚诚的祥松

五月二日写于囚室

囚人祥松将上信写好了，又从头到尾仔细修改了一次，自以为没有什么大毛病了，将它折好，套入一个大信封里。

信封上写着："寄送不知其名的朋友们均启"。这封信，他知道是无法寄递的，他扯开书桌的抽屉，将信放在里面。然后拖起那双戴了铁镣的脚，钉铛钉铛走到他的铁床边就倒下去睡了。

他往日的睡，总是做着许多恶梦，今晚他或者能安睡一夜吧！我们盼望他能够安睡，不做一点梦，或者只做个甜蜜的梦。

——选自方志敏著《可爱的中国》，人民文学出版社，1982年版

清 贫

方志敏

我从事革命斗争，已经十余年了。在这长期的奋斗中，我一向是过着朴素的生活，从没有奢侈过。经手的款项，总在数百万元；但为革命而筹集的金钱，是一点一滴的用之于革命事业。这在国方的伟人们看来，颇似奇迹，或认为夸张；而矜持不苟，舍己为公，却是每个共产党员具备的美德。所以，如果有人问我身边有没有一些积蓄，那我可以告诉你一桩趣事：

就在我被俘的那一天一个最不幸的日子，有两个国方兵士，在树林中发现了我，而且猜到我是什么人的时候，他们满肚子热望在我身上搜出一千或八百大洋，或者搜出一些金镯金戒指一类的东西，发个意外之财。那知道从我上身摸到下身，从袄领捏到袜底，除了一只时表和一支自来水笔之外，一个铜板都没有搜出。他们于是激怒起来了，猜疑我是把钱藏在那里，不肯拿出来。他们之中有一个，左手拿着一个木柄榴弹，右手拉出榴弹中的引线，双脚拉开一步，作出要抛掷的姿势，用凶恶的眼光盯住我，威吓地吼道：

"赶快将钱拿出来，不然就是一炸弹，把你炸死去！"

"哼！你不要作出那难看的样子来吧！我确实一个铜板都没有存；想从我这里发洋财，是想错了。"我微笑淡淡地说。

"你骗谁！象你当大官的人会没有钱！"拿榴弹的兵士坚不相信。

"决不会没有钱的，一定是藏在那里，我是老出门的，骗不得我。"

另一个兵士一面说，一面弓着背重来一次将我的衣角裤裆过细地捏，总企望着有新的发现。

"你们要相信我的话，不要瞎忙吧！我不比你们国民党当官，个个都有钱，我今天确实是一个铜板也没有，我们革命不是为着发财啦！"我再向他们解释。

等他们确知在我身上搜不出什么的时候，也就停手不搜了；又在我藏躲地方的周围，低头注目搜寻了一番，也毫无所得，他们是多么的失望呵！那个持弹欲放的兵士，也将拉着的引线，仍旧塞进榴弹的木柄里， 转过来来抢夺我的表和水笔。后彼此说定表和笔卖出钱来平分，才算无话。他们用怀疑而又惊异的目光， 对我自上而下的望了几遍，就同声命令地说："走吧！"

是不是还要问问我家里有没有一些财产？请等一下，让我想一想，啊，记起来了，有的有的，但不算多。去年暑天我穿的几套旧的汗褂裤， 与几双缝上底的线袜，已交给我的妻放在深山坞里保藏着——怕国军进攻时，被人抢了去，准备今年暑天拿出来再穿；那些就算是我唯一的财产了。但我说出那几件\'传世宝\'来，岂不要叫那些富翁们齿冷三天？！

清贫，洁白朴素的生活，正是我们革命者能够战胜许多困难的地方！

一九三五年五月二十六日写于囚室
——选自方志敏著《可爱的中国》，人民文学出版社，1982年版

第六章 江西红色文化的当代价值

人类的文化、文明具有累积传承的特征，马克思认为："人民自己创造自己的历史，但是他们并不是随心所欲地创造，并不是在选定的条件下创造，而是在直接碰到的，既定的，从过去承继下来的条件下创造。一切已死的先辈们的传统，象梦魇一样纠缠着活人的头脑。"①红色文化作为植根于中华民族沃土的先进文化，不仅继承了马克思主义这一科学理论成果，还秉承了中华民族传统文化的精髓，是中国共产党人政治理想、爱国情怀、价值观念和道德诉求的集中体现。江西红色文化以其资源的丰富性、内容的原创性、分布的广泛性和历史见证价值成为江西重要的文化品牌。今天中国特色社会主义已经进入了新时代，这是我国发展新的历史方位。"中华民族伟大复兴，绝不是轻轻松松敲锣打鼓就能实现的。全党必须付出更为艰巨、更为艰苦的努力。"②江西红色文化所承载的"坚定的理想信念、勇于开拓的创新思维、伟大的民族精神和敢闯敢拼的时代精神"，依然是我们国家富强、民族进步所需的核心元素，依然是当代人民所崇尚的价值追求，反映了江西红色文化所具有的传承价值。弘扬江

---

① 马克思恩格斯选集（第1卷）［M］.北京：人民出版社，1995:603

② 习近平.决胜全面建成小康社会，夺取新时代中国特色社会主义伟大胜利［M］.北京：人民出版社，2017:15

西红色文化的当代价值，无论是对于构建社会主义核心价值体系，还是对于进一步巩固中国共产党的执政地位都具有现实意义。

第一节　江西红色文化的政治价值

"政治文化"这一概念是由美国著名政治学家加布里埃尔.A.阿尔蒙德首先提出，指处在特定历史时期，由特定历史环境和历史条件所塑造的有着系统的组织结构、健全的规章制度、特定政治目标的政治共同体所形成的政治理念和共同认可遵循的社会价值观念。政治文化是在特定的历史时期所形成的一整套系统性、逻辑性的政治态度、政治信仰、政治理念以及政治情感，它们赋予特定历史阶段的政治历程以严肃的秩序和伟大的意义，这一整套的系统性和逻辑性使得在特定的政治系统中居于主导地位的政治行动有了存在的基本前提和规则假设。江西红色文化是中国共产党革命实践的历史积淀，伴随着中国共产党的成长其价值内涵不断丰富，是引领新民主主义革命走向胜利和社会主义现代化建设取得成功的重要法宝，是具有中国特色社会主义先进文化的源头，其所承载的思想内涵和精神指向具有重大的政治价值。

一、奠定中国共产党执政文化的基础

在政党政治文化中，社会主流的文化形态是执政党治党治国的政治理念、法治精神的高度凝练和充分体现。执政文化不仅是执政党治党治国的灵魂和基础，而且是决定执政党和国家兴旺发达的关键因素。江西红色文化以其生成的开端性特点成为中国共产党执政的一种特殊的社会资源，是中国共产党精神追求和价值理念的集中体现，是中国共产党执政的重要基础和历史资源。

马克思指出："思想的历史除了证明精神生产随着社会物质生产的改造而不断被丰富，还证明了任何一个时代的统治思想都是占据统治地位的统治阶级的思想的体

现。"①执政党在执政过程中，认可传播的思想理念，贯彻落实的方针政策，强化塑造的价值导向，无不体现着统治阶级的意志。中国共产党可以通过红色文化教育的方式对思想上的上层建筑进行干预，以调控社会精神产品的生产，引导人民群众的舆论方向，净化社会精神领域，使精神产品的生产服务于物质产品的生产，为现实的具有中国特色社会主义的经济基础和政治制度服务。习近平总书记在党的十九大报告中强调："我们党要始终成为时代先锋、民族脊梁，始终成为马克思主义政党，自身必须始终过硬。"执政文化是执政党执政理念和执政制度的系统构建和精准契合。在政党政治国家中，执政文化是一个国家的文化竞争力在政治层面的最高体现。执政文化建设是社会文化建设的一个关键环节，面对全球化背景下各国政治文化的渗透，中国共产党要巩固执政地位，只有正确把握自身所处的历史方位，立足本国国情，创造性地构建具有中国特色社会主义的执政文化，使自身的执政理念、执政方略不断符合历史发展的客观规律，不断扩大国民对执政文化的广泛认同，才能从根本上提高党的执政能力，巩固党的执政地位。

江西红色文化是中国共产党治党治国的宝贵的历史资源和文化根基。执政文化资源是执政资源的核心内容，是贯穿于执政系统和执政过程始终的理念、制度、规范、态度等心理倾向和价值形态，它包括了社会主流意识形态、中华民族精神、思想道德素养和科学文化素质等丰富内涵，其核心是社会主流意识形态。红色文化的构建过程其实就是中国共产党的发展壮大过程。红色资源是红色文化的客观载体，江西红色文化资源是中国共产党最主要的执政文化资源，是作为江西红色文化主体的中国共产党参与政治活动的显性部分，具有内容丰富多样性和分布的广泛性的特点，同时具有历史的继承性。当今世界，在文化与政治、经济及其政党相互交融的大背景下，文化在各国的综合国力和政党之间的政治斗争的作用日益凸显。红色文化资源在提高中国共产党的执政能力，维护中国共产党的执政权威，巩固中国共产党的执政地位方面发挥着越来越重要的作用。红色文化资源所蕴含的政治、经济、文化、军事思想，集中反

---

① 马克思恩格斯选集（第1卷）［M］.北京：人民出版社，1995:292

映了中国共产党的政治理念、执政思想、价值取向，集中反映了中国共产党所主导的社会主流意识形态、民族价值观、思想道德修养和科学文化素质，旗帜鲜明地表达了中国共产党代表最广大人民群众根本利益的取向，是中国共产党执政合法性的重要载体，有利于维护中国共产党的执政权威，有利于巩固中国共产党的执政地位，有利于提升中国共产党的执政形象。

二、增强全体人民的国家认同感

当今世界各国都不同程度地面临国家认同问题的挑战。全球化的深入发展，人员、资金、信息技术的频繁跨国流动，使主权国家的边界变得相对模糊；超主权力量的出现，弱化了民族国家的传统功能；"大众消费主义的'文化帝国主义'稀释了民族文化的差异，将它们简化为包装物和民间传说。""文化的相似性开始超过民族文化的相异性。"①伴随着苏联解体、东欧剧变，以及全球化深入发展导致的世界转型，传统意义的国家归属感受到强烈冲击。各主权国家开始积极维护和提升国家认同，国内外专家学者也开始相关的理论研究。英国埃塞克斯大学安德烈·斯伯尔曼认为国家认同包含四个维度：公民国家身份、民族国家身份、民族自豪感、国家归属感。国家认同是指个体或群体对于国家的理性认知、情感皈依的自我心理活动过程，是国家凝聚力的源泉所在，更是维系一个国家存在和发展的重要纽带。

现今不论是发达国家还是发展中国家，都不同程度地面临各种分离力量的挑战。如何有效应对全球化以及内部分离力量的挑战，增强民众归属自己国家的身份感，即增进国家认同，是摆在各国面前的重要课题。由于经济和社会地位的差距不断拉大，不同社会阶层的边界越来越明显，只有重拾共同的历史记忆才能消弭社会阶层之间的裂痕。钱穆曾说："故欲知其国民对国家有深厚之爱情，必先使其国民对国家以往历史有深厚之认识。"②因此，强调共同历史记忆基础对于中国人的国家认同具有巨大

---

① ［英］安东尼·史密斯.民族主义：理论，意识形态，历史［M］.上海：上海世纪出版集团，2006:138

② 钱穆.国史大纲［M］.北京：商务印书馆，1996:2-3

功能和意义。在历史记忆和历史意识的相互塑造中，才会形成历史认同，而在历史认同的基础上，人们自然会有国家认同。"保留历史记忆必须通过一种历史意识，区分这是我们的历史或者这是他们的历史，才能产生历史认同；有了历史认同才能产生民族认同和国家认同"①，历史记忆缺失容易导致历史悲剧。世界上任何一个国家的自立都离不开包含独特民族精神和民族文化的历史记忆。历史记忆和空间想象的建构，往往需要借助特定的叙事手段。文学作品、影视作品就是具体的叙事方式。在此，需要特别指出，在国家认同的建构中，历史记忆的书写、空间想象感的激发是相当严肃的事情。历史记忆绝不能采用"戏说的""大话的"方式进行，地理空间的阐述应该是科学的、严谨的、规范的。在国家记忆的建构中，我们必须通过特定的方式激发起人们内心世界的崇高感，无论是辉煌的崇高，还是悲壮的崇高，都是国家认同建构所必需的。"辉煌记忆"和"悲惨记忆"这两种类型的记忆都是不可或缺的，民族自豪感和民族屈辱感都是国家认同感的基本维度。进行爱国主义教育，既要让人们了解中华民族五千年的辉煌，也要让人们深刻理解和体会近代以来中华民族遭受的屈辱。习近平总书记指出："人民对美好生活的向往，就是我们的奋斗目标。"对幸福生活的追求是推动人类文明进步最持久的力量。辉煌的记忆可以激发人们的自豪感，使人们对民族、对国家的未来充满信心，激发起复兴民族伟大和荣光的崇高使命感。悲壮的记忆可以激起人们知耻而后勇的决心，为民族和国家献身的勇气。

中华民族在悠久的历史中形成了国家认同的文化传统，它凝聚与维护着我国这个统一的多民族国家，成为中华民族的历史文化基因。大量考古新发现与考古学研究的新进展越来越清晰地揭示出中国历史上不同时期、不同族群对统一多民族国家的认同。以红色文化为纽带增强国家认同，是实现中华民族的国家认同的重要途径。激发民族历史记忆的红色文化，是了解过去、面对现实、把握未来的理性活动，是追忆历史并进一步增强国家意识和民族意识的重要资源。

---

① 王仲孚.历史认同与民族认同［J］.中国文化研究，1999，（3）:10-16

三、提升文化自信的根本支撑

"中国特色社会主义文化，源自于中华民族五千多年文明历史所孕育的中华优秀传统文化，熔铸于党领导人民在革命建设、改革中创造的革命文化和社会主义先进文化，植根于中国特色社会主义伟大实践。"[①]文化是一个民族的精神家园，也是一个政党的精神旗帜，决定了我们是谁、从哪里来、到哪里去，坚守文化决定着一个民族的前途和未来。"文化自信，是更基础、更广泛、更深厚的自信。在5000多年文明发展中孕育的中华优秀传统文化，在党和人民伟大斗争中孕育的革命文化和社会主义先进文化，积淀着中华民族最深层的精神追求，代表着中华民族独特的精神标识。"习近平总书记的这一重要论述，深刻地阐明了中华优秀传统文化、革命文化与社会主义先进文化，三者共同构成了我们民族独特的精神标识。其中，以江西红色文化为主要内容的革命文化是中国共产党和中国人民在长期的革命斗争实践中形成的，是凝聚着共产党人和革命群众独特思想和精神风貌的文化，它蕴含着丰富的革命精神和厚重的历史文化内涵，既植根于中华优秀传统文化，又成为社会主义先进文化发展的直接来源。

现代国家不仅是法律-政治共同体，还是一个文化-历史共同体。文化是促使社会成员形成国家认同的重要因素，文化是民族的"根"和"魂"。"文化自信"不是一句口号或一个理论名词，我们提倡的"文化自信"有其深厚根基，是可以真正践行的。因为，我们有优秀传统文化的底蕴，也有在中国革命、建设、改革的伟大实践过程中孕育的红色文化和社会主义先进文化。这种在优秀传统文化基础上的继承和发展，夯实了我们文化建设的根基，奠定了我们文化自信的强大底气。它能"增强做中国人的骨气和底气"，是我们最深厚的文化软实力，是我们文化发展的母体，积淀着中华民族最深沉的精神追求。中华民族发展历史上所具有的"自强不息"的奋斗精神、"精忠报国"的爱国情怀、"天下兴亡，匹夫有责"的担当意识、"舍生取义"

---

① 习近平.决胜全面建成小康社会，夺取新时代中国特色社会主义伟大胜利［M］.北京：人民出版社，2017:30

的牺牲精神、"革故鼎新"的创新思想、"扶危济困"的公德意识、"国而忘家，公而忘私"的价值理念等，一直是中华民族奋发进取的精神动力。此外，"天人合一""天下为公"的社会理想，"以人为本""民为邦本"的治国理念，"载舟覆舟""居安思危"的忧患意识，"止戈为武""协和万邦"的和平思想，"与人为善""己所不欲，勿施于人"的处世之道，"儒法并用""德刑相辅"的治理思想，"和为贵""和而不同"的东方智慧，一直是中华民族治国理政的思想渊源。回顾我们党的历史，中国共产党在革命斗争年代所形成的"井冈山精神""长征精神""延安精神""西柏坡精神"，以及遍及全国各个角落的各具地方特色的红色文化、先进集体与英雄人物等，正是中华优秀传统文化与中国共产党革命斗争实践相结合的时代产物。在纪念红军长征胜利80周年大会上，习近平总书记指出，"伟大长征精神，就是把全国人民和中华民族的根本利益看得高于一切，坚定革命的理想和信念，坚信正义事业必然胜利的精神；就是为了救国救民，不怕任何艰难险阻，不惜付出一切牺牲的精神；就是坚持独立自主、实事求是，一切从实际出发的精神；就是顾全大局、严守纪律、紧密团结的精神；就是紧紧依靠人民群众，同人民群众生死相依、患难与共、艰苦奋斗的精神。"他强调，"伟大长征精神，是中国共产党人及其领导的人民军队革命风范的生动反映，是中华民族自强不息的民族品格的集中展示，是以爱国主义为核心的民族精神的最高体现。"江西红色文化中的八一精神、井冈山精神与长征精神一脉相承，都是对中华优秀传统文化的传承与升华，它们一起汇聚成中国共产党与中国人民的优良精神传统。

文化自信是一个民族、一个国家以及一个政权对自身所秉承和拥有的文化价值的充分肯定和积极践行，并对其文化的生命力保持坚定的信心和发展的希望。文化自信是中华民族文化自信，其基础是中华民族优秀传统文化，包括各民族的优秀传统文化，更包括中国共产党在新民主主义革命实践中形成的江西红色文化，它植根于中国国情，与时俱进，是当代中国的先进文化，是国家软实力的重要方面。习近平总书记在中国文联十大、中国作协九大开幕式上的讲话中指出："坚定文化自信是事关国运兴衰、事关文化安全、带有民族精神独立性的大问题。"在党的十九大报告中，习近平总书记更是强调： "推动中华优秀传统文化创造性转化、创造性发展，继承革命文化，发展社会主义先进文化，不忘本来、吸收外来、面向未来，更好构筑中国精神、中国价值、中国力量，为人民提供精神指引。"江西红色文化彰显着中国共产党人的政治本色、优良品质，诠释着人生理想的经典诠释。遍布江西的革命红色文化遗址、遗物、纪念馆、英雄人物事迹展览馆等，都是进行中国共产党党史教育和爱国主义教育的重要载体和基地。新的历史条件下，江西红色文化依旧是激励中国人民矢志不渝、开拓进取的强大精神支柱，也是我们建立文化自信的一个重要的精神资源。

第二节　江西红色文化的教育价值

江西红色文化是中国共产党在早期的革命斗争中留下的极其宝贵的精神财富，并成为我党优良传统和革命精神的重要源头。其中所包含的坚定的理想信念，实事求是、敢闯新路，依靠群众、无私奉献，艰苦奋斗、敢于胜利等内涵，体现了中国共产党人对中华优良传统的继承、提炼和升华，是中华民族精神的集中体现。

一、江西红色文化是思想政治教育的精神支柱与重要内容

思想政治教育就是要深入持久地开展爱国主义、集体主义、社会主义和中华民族精神教育，使受教育者树立正确的世界观、人生观、价值观。江西红色文化所具有的丰富内涵为思想政治教育提供了内容和源泉。运用江西红色文化资源进行思想政治教育，既可以认识国情，体会现在的生活来之不易而倍加珍惜，又能帮助大家树立民族自尊心、自信心和自豪感，树立正确的世界观、人生观和价值观。运用江西红色文化进行思想政治教育的过程，就是心灵接受洗礼的过程。

理想信念是共产党人的政治灵魂，是共产党人经受住任何考验的精神支柱。"历史车轮滚滚向前，时代潮流浩浩荡荡。历史只会眷顾坚定者、奋进者、搏击者，而

不会等待犹豫者、懈怠者、畏难者。"①坚定的共产主义理想和信念是江西红色文化的灵魂。它不仅是一个人的精神支柱，也是一个政党、一个民族的精神支柱，更是新时期思想政治教育的精神支柱。中国共产党从成立之日起，就把马克思主义写在自己的旗帜上，把实现共产主义确立为远大理想。实现共产主义远大理想，成为一代又一代中国共产党人的奋斗目标和精神追求。当年毛泽东、朱德等老一辈无产阶级革命家在开创中国革命道路的艰苦斗争中之所以坚定执着，不怕困苦，不怕牺牲，就是因为他们有坚定的共产主义信念，在他们的带领下，广大党员、干部和红军战士前赴后继，不畏艰难，许多人为此付出了宝贵的生命。在龙源口战斗中，三十一团班长共产党员马义富面对敌人猛烈的机枪扫射，为了掩护战友，用自己的胸膛堵住了敌人的机枪口。我们党正是拥有许许多多这样具有坚定共产主义信念的共产党员，才能始终立于不败之地。革命前辈"革命理想高于天"的情怀是教育广大党员干部、青年学生和人民群众的最好素材，也是新时期思想政治教育的基调和主线。在党发展的各个时期，理想信念激励着共产党人艰苦斗争，在革命和建设事业中不断取得胜利，党员队伍也由最初的50多人壮大到突破9000多万人，成为世界上最大的政党。正如习近平总书记所说：理想信念是共产党人精神上的"钙"，理想信念坚定，骨头就硬；没有理想信念，或理想信念不坚定，精神上就会"缺钙"，就会得"软骨病"。理想决定方向，信念产生力量。运用红色文化中蕴含的马克思主义信仰，以社会主义、共产主义的理想信念进行思想政治教育，能使受教育者树立坚定的社会主义、共产主义的理想信念，指引受教育者沿着中国特色社会主义道路前进，有力地保证思想政治教育的方向。

艰苦奋斗是党的优良传统，也是江西红色文化的主要内容，成为现在加强思想政治教育的立足点。井冈山斗争时期，党从中国的国情出发，独立自主，探索出一条农村包围城市，武装夺取政权的井冈山道路，领导中国革命走向胜利。艰苦奋斗作为一种时代精神，既是一种崇尚节约、艰苦朴素、反对铺张浪费的生活作风，也是一种不

---

①　习近平.决胜全面建成小康社会，夺取新时代中国特色社会主义伟大胜利［M］.北京：人民出版社，2017:69—70

畏艰难、与时俱进、锐意进取的思想品格。乐于清贫，苦己为民，是理智的生活，智慧的人生，是幸福快乐之源。中国共产党是靠艰苦奋斗起家的，也是靠艰苦奋斗发展壮大、成就伟业、创造辉煌的。某种程度上说，我们党的历史就是一部艰苦奋斗的历史。在领导革命、建设、改革的长期实践中，我们党一直艰苦奋斗、自强不息，历经磨难、斗志弥坚，千锤百炼、更加坚强。战争年代的井冈山精神、长征精神、延安精神和西柏坡精神，建设时期的大庆精神、红旗渠精神、"两弹一星"精神，改革开放时期的抗洪精神、抗击"非典"精神以及载人航天精神等，都是艰苦奋斗精神在不同时期的具体体现。艰苦奋斗不仅仅指物质层面上节制不合理的消费，提倡克勤克俭，反对奢侈浪费，更重要的是指精神层面的不畏艰难、与时俱进、锐意进取的创业精神。我们提倡艰苦奋斗，并不是要广大党员重新回到过去那种贫穷困苦的生活和工作方式中去，而是要保持那么一种革命精神、那么一种勤俭作风。在物质条件极其恶劣的情况下，党领导人民发扬艰苦奋斗精神，不畏艰险，浴血奋战，使革命力量由小到大，由弱到强，最终战胜敌人，取得了新民主主义革命在全国的胜利。井冈山时期，从军官到士兵，吃着红米饭，喝着南瓜汤，穿着破衣衫，粉碎了敌人无数次的"围剿"进攻，使星星之火越烧越旺。艰苦奋斗对于一个民族、一个国家、一个政党至关重要，对于一个领导干部特别是青年领导干部也同样至关重要。国以艰苦奋斗而强，党以艰苦奋斗而兴，人以艰苦奋斗而立。一个人要生存和发展，都离不开艰苦奋斗。作为个人"修身"之道，有如诸葛亮所说："静以修身，俭以养德。"

当前，在市场经济条件下，随着我国经济成分、经济利益、社会生活方式、社会组织形式的多元化和就业形势的复杂化以及分配制度改革的不断深入，存在着价值观念多元、集体观念淡化的现象，这就需要我们利用执政党的政治优势，充分发挥思想政治工作的特殊作用，在切实做好群众工作的实践中，教育和引导广大人民尤其是青年学生弘扬江西红色文化，树立坚定的信念，发扬艰苦奋斗的作风，这样才能始终保持正确的政治方向。

二、江西红色文化是提升思想道德情操的催化剂

古人说："百行以德为首"。一个民族、一个国家的道德修养程度以及道德自觉性与其所接受的文化知识的种类和性质有着密不可分的内在联系。先进文化的发展进步是道德进步的直接动力，马克思主义认为，思想道德不是超历史、超现实的不切实际的抽象的存在，思想道德从本质上而言是一种历史现象，是一种社会意识形态。江西红色文化是具有中国特色社会主义先进文化的重要组成部分，是社会主义道德文化形态的鲜明表征，是系统的道德规范和行为准则。爱因斯坦曾说道德是"一切人类价值的基础"和"人世间罕见的无形力量"。江西红色文化是马克思主义基本原理同中国具体实际相结合的精神结晶，是对中华优秀传统文化和世界优秀文化的继承、发展与创新。它彰显马克思主义的先进性、真理性，是中国共产党的信仰、制度、作风、道德、革命精神、革命传统等的综合体现，具有鲜明的民族性、科学性、大众性，蕴含着中国特色社会主义的道德观，产生于中国共产党带领广大人民群众认识世界、改造世界的革命实践过程和理性思辨过程之中，建立在人类文化知识科学发展的基础之上，最终在马克思主义的科学信仰中升华为道德理念。

习近平总书记强调，一个国家、一个民族的强盛，总是以文化兴盛为支撑的，中华民族伟大复兴需要以中华文化发展繁荣为条件；要不断丰富人民精神世界、增强人民精神力量，不断增强文化整体实力和竞争力，朝着建设社会主义文化强国的目标不断前进。培养健康的生活情趣、保持高尚的精神追求与否，是检验一个人世界观、人生观、价值观是否正确的重要标尺。全心全意为人民谋福祉、集体主义、爱国主义是具有中国特色社会主义的核心价值观。文化的生命力和战斗力在很大程度上取决于对客观实践提出问题的关注和回应，建设具有中国特色社会主义现代化的过程中所遇到的各种实际问题，就是红色文化传承的着眼点和出发点。在多元文化和多元价值观不断激荡和交融的背景下，国民尤其是青年群体在道德发展、自我定位、价值取向等方面表现出进退维谷的两难境地。由于拜金主义、享乐主义、自由主义等西方思潮的影响和广大青少年断章取义的错误理解，使得他们中的一些人在追求自我价值实现的

过程中，出现迷失信仰、急功急利、社会责任感淡化的现象。深入挖掘红色文化中的英雄领袖在重大历史事件中的重要作用，也通过普通群众的先进事迹揭示人民是历史的创造者的真谛，使历史实践更加鲜活和丰满。英国教育家约翰·洛克曾说过："没有什么东西能像榜样这样温和而又深刻地打动人心。"红色文化的思想教育就是通过榜样的力量吸引人、感化人、塑造人，不仅帮助青年一代了解历史、熟悉历史，还能让他们见贤思齐，思想上受到震撼，情感受到感染，以形成正确的世界观、人生观和价值观。列宁曾经指出："没有人类对情感的自我认知就不可能存在人们对真理的执着追求。"情感已经名副其实地成为人们外在行为的调控机制。积极健康的情感离不开先进文化的熏陶和陶冶，红色文化是具有中国特色社会主义先进文化的有机组成部分，具有体验性和教化性相统一的特质，能够使人们的情感得到陶冶，精神得到升华。红色文化资源所蕴含的丰厚的革命精神和厚重的历史文化内涵就是要最大限度地激发广大青少年的爱国热情，始终铭记和我们血脉相连的革命先烈，使之在远大志向的确立过程中传承中华儿女生生不息的传统美德、价值理念和爱国情怀。

三、江西红色文化是文化传承的重要载体

江西红色文化是中国共产党革命历史的一部分，它传承了历史悠久的中国优秀传统文化，是民族历史的综合与凝聚，具有深厚的历史传承和印证的价值；它能够使中国历史与传统文化的主张与诉求得以传承，确保了中华文明中的精华得以巩固和流传。

当前，红色文化建设中的一些现象值得警惕。一是虚无化。受历史虚无主义影响，一些人以"重新评价"为名，诋毁、嘲弄中国革命历史，否定我国社会主义发展方向及其伟大成就，认为红色文化已经过时甚至否定红色文化。二是娱乐化。在商业利益的驱使下，一些人把红色文化作为商业促销的噱头，以娱乐化心态戏说红色文化，以消费主义对待红色文化，消解权威、颠覆传统、解构英雄，造成红色文化传播的庸俗化，损害了红色文化的崇高感和神圣性。三是形式化。一些地方政府官员对红色文化的内在价值和作用认识不足，把建设红色文化当成"政绩工程""形象工

程"，只重形式、不重内涵，实际上是抽空了红色文化的精神内核。纠正红色文化建设中的这些偏颇，需要深刻认识红色文化的价值意蕴，真正发挥红色文化在建设社会主义文化强国中的作用。建设社会主义文化强国，既要弘扬我国优秀传统文化，又要弘扬红色文化。红色文化作为中国共产党领导下的中国革命、建设与改革伟大实践的文化呈现，形成于新民主主义革命时期，发展于社会主义建设时期，壮大于改革开放时期，具有深厚的历史底蕴和丰富的精神内涵，需要深入研究、大力建设。同时以红色文化推进社会主义核心价值体系建设。红色文化形成的历史条件和体现的理论内涵，决定了它与社会主义核心价值体系具有内在一致性，是社会主义核心价值观教育的生动范本，具有凝聚时代人心、激发大众情感、彰显时代精神的价值与功能。红色文化是中国人民在时代发展的潮流中形成的中华民族特有的民族文化，在社会主义核心价值体系建设中发挥着特殊的作用，它蕴含着爱国主义、集体主义与社会主义、共产主义，以及无私奉献、艰苦奋斗、自强不息、群众观念、为人民服务等核心理想信念，这些理想信念是中华民族的精神支柱和行动向导，有利于人们树立正确的世界观、人生观和价值观。

文化是人类生生不息的精神家园，是一个国家和民族发展进步的根脉。红色文化是中华民族优秀传统文化和中国共产党几代领导人的智慧相结合的文化结晶，是中华民族特有的先进文化，是国家文化软实力的根基。在实现中华民族伟大复兴的历史新时期，传承和发展红色文化，有利于增强人们对中华文化的认同感和归属感，增强"文化自觉、文化自信和文化自强"，夯实国家文化软实力的根基。在文化多元化的今天，红色文化仍然是引领时代前进的主流文化，是激励人们坚定共产主义理想和信念的动力与源泉，对于丰富人们的精神世界、传播正能量、弘扬主旋律、引领社会风尚，起着基础性和决定性的作用。因此，以红色文化为依托，加强对国民的思想道德教育和社会主义核心价值体系建设，可以更好地发挥红色文化在引领时代主流和社会新风尚等方面的导向作用。

第三节 江西红色文化的经济价值

文化是内容涵盖了从经济基础到上层建筑的所有成果，是人类所创造的物质财富与精神财富的总和，是国家软实力的综合体现，对经济和政治都有着巨大的反作用。近代先驱梁启超先生在《什么是文化》中曾说："文化者……人类心能所开创、历代积累起来，有助于正德、利用、厚生之物质的和精神的一切共同的业绩，都叫做文化。"红色文化不仅是中国传统文化不可分割的重要组成部分，也是我党领导全国各族人民在实现中华民族解放的历史进程和社会主义建设的伟大实践中产生的特有文化现象，是民族文化、革命文化和世界文化的交融、提炼和升华。红色文化精神层面与物质层面的内容，构成了红色文化资源，其中蕴含着解放生产力、发展生产力的科学思想，实事求是、按客观规律办事的科学态度和发扬民主、同舟共济的政治追求，以及不怕牺牲、不怕困难、艰苦奋斗、积极进取的精神等，这些都能为发展社会主义市场经济提供强大的精神动力和智力支持。因此，大力弘扬和发展红色文化，可以反过来推动和促进经济的发展。

一、确保中国特色社会主义经济发展的方向

红色文化经济学是马克思主义经济学的历史范畴，是马克思主义经济学理论和实践不断深入发展的新阶段、新成果，红色文化经济学就是运用马克思主义正确的发展观，坚持马克思主义经济学的基本立场、基本观点、基本方法和基本理论内核，深入分析红色文化经济学在新的历史实践基础上的发展问题，将马克思主义经济学的普遍真理与中国特色社会主义市场经济的发展紧密结合起来，对我国经济发展过程中遇到的新问题、新特点、新形式、新变化进行马克思主义视角的理性解读。

"马克思恩格斯的理论是不断变化发展着的开放性理论，而不是要求人们必须背得滚瓜烂熟并机械的加以运用的教条主义思维方式。"[①]2014年5月，习近平总书记在

① 马克思恩格斯选集（第4卷）［M］.北京：人民出版社，1995:681

河南考察工作时首次提出"新常态"一词，顾名思义，与"旧常态"相对应。改革开放以来，我国经济增长速度年均达9.8%，"十一五"期间达到11.2%，高增长的态势更是使得国际国内对我国经济的高增速习以为常。从"十二五"开始，GDP增速显著下行，由2011年为9.2%到2012年和2013年均为7.7%的增长率。习近平总书记强调，推动经济持续健康发展，要求的是尊重经济规律、有质量、有效益、可持续的速度，要求的是在不断转变经济发展方式、不断优化经济结构中实现增长。认识新常态下，以往的经济高速增长不再，速度变化并不是最重要的，而更重要的是速度背后结构的变化、增长动力的变化。新常态的提出，适应了当时的我国经济领域的形势，要适应新的经济增速，不必要追求超高的经济增速。认识新常态，适应新常态，引领新常态，是当前和今后一个时期我国经济发展的大逻辑。红色文化经济学的发展问题，在马克思主义经典作家的理论著作中找不到现成的答案，但其本身所包含的集体主义的人文理念和全心全意为人民服务的奉献精神，同意识形态化的社会主义市场经济的公有制为主体，多种所有制经济共同发展的本质内涵相吻合，极大地影响了整个社会内在的价值取向和外在的经济行为模式，从而在思想上保证了具有中国特色社会主义市场经济发展的基本方向，使我国的市场经济更好地与我国社会主义的基本经济制度、政治制度有机结合，沿着正确的轨道有序运行。

二、为中国特色社会主义经济的发展提供强大的精神动力

在社会主义条件下发展市场经济，是我党把马克思主义基本原理同中国具体实际相结合的创造。我国改革开放取得的伟大成就，已经充分显示了这一创造的巨大威力。美国《时代》周刊高级编辑、美国著名投资银行高盛公司资深顾问乔舒亚·库珀2004年5月在英国伦敦外交政策中心发表了一篇论文，提出当代经济发展的"北京共识"概念。旋即在欧洲、中国和其他国家引起强烈反响，中国的经济奇迹及其背后的"中国模式"一时成为世界的焦点。中国共产党领导中国，把科学社会主义原则与当代中国国情和时代特征相结合，走出一条以改革开放和社会主义现代化建设为实践基础的新型发展道路。利用经济全球化带来的机遇尽量降低对我国经济的冲击，把影响

降到最低，实现经济全面健康可持续的发展。"中国模式"一词开始越来越多地跃入人们的眼帘，这种以公有制为主体，多种所有制共存的经济模式为基础，实行双调控模式（即国家调节为主导，市场调节为基础的双重调节模式），意味着中国开创了一条中国式的制度创新道路。"中国模式"按照市场经济条件下的按劳分配为主体，多种分配方式并存的，在全球化的背景下不断努力探索出来的一种成功的发展模式，取得了举世瞩目的成就。

人无精神不立，国无精神不强。一个国家、民族只有彰显自己的民族精神才能凝聚起全民族的力量，一个地区只有彰显自己的地域精神，凸显自己的地域特点才能凝聚力量进行建设。红色文化是具有中国特色社会主义市场经济发展的力量之源，是新的历史条件下红色文化经济发展的重要媒介，特别是随着生产力水平的不断提高，社会化大生产的进程得到了前所未有的推进，精神的力量在一国经济发展中的引擎作用日益彰显。经济基础决定上层建筑，上层建筑对经济基础具有反作用。居于文化核心层面的精神文化对经济的发展具有巨大的推动和促进作用。江西红色文化的经济价值不仅是指其自身内生的经济价值形态，更重要的是在市场经济条件下红色文化所衍生出来的价值形态，立足当地经济发展的优势和资源特点，构建起具有地域特色的发展模式，推进地域经济健康有序可持续地发展。

三、打造红色文化产业成为新的经济增长点

红色文化成为吸引人才和招商引资的重要平台。人才是推动经济发展的最重要因素，因此，高度重视人才对于推动文化产业发展有着巨大作用。中国的新民主主义革命波澜壮阔，新民主主义革命参与者的后代中有不少人成为海内外知名的企业家、实业家，他们中有不少人对先辈生活和战斗过的红色故土念念不忘、魂牵梦萦。因此，充分利用红色文化资源，能吸引和调动各种人才和投资者回报祖国和故土的积极性，使得人才、资金与产业发展之间良性互动，为外来投资企业发展和重点招商项目的顺利实施创造良好的投资条件。也有利于认真实践科学发展观，实现红色文化地区，尤其是落后革命老区经济跨越式发展的宏伟目标。

红色文化产业已成为新的经济增长亮点。近年来，随着市场经济发展，很多新闻、影视、网络宣传过度追求经济效益而忽略社会效益，造成"庸俗、低俗、媚俗"的"三俗"之风盛行，戏说历史事件、炒作负面新闻、曝光不雅照片、明星吸食毒品、代言虚假广告等有悖中华民族传统美德的不良现象降低了人的思想境界和道德追求，造成社会公德的萎缩和社会风气的鄙俗。如果任由这种低俗不良之风泛滥，就会阻滞文化发展和经济进步。因此，面对社会的不正之风，更需要用红色文化来启迪人们智慧，以红色精神来武装人们的头脑，自觉抵制不良风气影响。所以很多有识之士，用红色文化重新打造和振兴文化市场，大量红色文化题材的书籍、电影、电视、动漫受到市场青睐，不仅产生了极大的社会效益，也取得了良好的经济效益。红色旅游既是一项文化工程，同时也是我国社会主义核心价值观体系得以构建的一项政治文化子工程，对于社会主义核心价值观念的深入人心有着不可替代的突出作用。同时它也是一项经济工程，如果遵循产业经济发展的客观规律，准确把握市场经济发展的脉象，捕捉到社会前进发展的总体趋势，不断创新体制机制，奠定广泛的群众基础，将会产生巨大的经济价值和社会影响力。

20世纪30年代是全球经济"大恐慌"和"大萧条"时代，但美国经济却能保持"一枝独秀"，因为美国能把握住世界文化产业的动态和趋势，占据了世界文化发展的先机，涌现出"百老汇""好莱坞"等世界著名文化品牌，实现了从出口拉动经济发展向自我循环经济发展模式的转变，也成为文化产业大国，国家综合实力得到飞速提升。红色文化作为我们特有的文化现象，本身就具有中国特色品牌价值，随着全球一体化经济和对外开放的不断深入，红色文化以其独特的魅力也深深吸引和征服了众多国外人士。因此，把握好文化产业具有资本循环周期短、投资回报率高的特点，不断以红色文化引领我们文化产业的发展，使之形成世界品牌，能够产生较强的资本积聚和效益放大效应。

"健全现代文化产业体系和市场体系，创新生产经营机制，完善文化经济政策，培育新型文化业态。"①通过完善各级政府对红色文化遗产的保护和监管，要把农业技术、生态保护、市场准入、市场规模等诸多因素综合考虑结合起来，将文学艺术、影视传媒、音像制品、旅游休闲、网络体验、文化教育等内容构建起独具特色的红色文化产业链，获得持久生命力，才能将红色文化蕴含的经济价值充分体现出来，不能单纯为了经济而忽略红色文化本来具有的精神文化价值和政治教育功能。唯其如此，才能使得红色文化更好地发扬和传承下去，保持其作为品牌的独特、尊贵、悠久、精致和严谨的特质，打造有特色的红色文化品牌，提高红色文化软实力。

第四节　江西红色文化的开发利用

近年来，江西在红色文化时代内涵的挖掘、红色文化旧址的保护和开发、利用红色文化资源进行思想政治教育以及为经济服务等方面取得了一些可喜的成绩。然而，红色文化资源还没有作为一个系统工程来加以研究利用，一些部门还未看到红色文化在经济社会发展中的作用，未能看到红色文化与社会主义现代化建设、地方经济发展之间的辩证关系，制约了红色文化开发与利用的进程。在当今科技迅猛发展的时代背景下，江西红色文化资源的开发以静态、陈列为主，形式较为单一，与现代科技结合不够，影响其发挥更大的作用。结合红色文化自身特点和地方经济发展的状况，有必要探索一条能够充分利用红色文化资源的发展道路。

一、充分利用江西红色文化资源激活"红色基因"

红色基因是中国共产党人的精神内核，也是中华民族的精神纽带，鼓舞着一代又一代人为实现伟大复兴的中国梦而坚强自立、勇往直前。习近平总书记把我们党的历史比作"教科书""营养剂"："历史是最好的教科书。对我们共产党人来说，中国革命历史是最好的营养剂。多重温这些伟大历史，心中就会增加很多正能量。"他多

---

① 习近平.决胜全面建成小康社会，夺取新时代中国特色社会主义伟大胜利［M］. 北京：人民出版社，2017:33

次强调指出，要把红色资源利用好、把红色传统发扬好、把红色基因传承好。深入发掘红色文化资源既要做好有形遗产的保护利用，更要注重精神内涵的提炼升华，传承红色文化基因。

首先，加快发掘整理的步伐。必须清楚地认识到红色资源是不可再生的文化资源，一些具有重大革命历史价值的遗址正濒临消亡的危险，亟须采取有效措施，实施抢救性保护。厘清红色文化的历史脉络，对红色文化资源进行历史研究和实地调查，寻访亲历者和见证者，加强红色文化遗产的数字化保护，充分利用文字、音像制品、图画、电子文本等形式，保存这些历史留给我们的生动教材，建好红色家谱；发掘红色文化的多重价值，在科学梳理、归纳和总结的基础上，对红色文化本身所承载的政治、经济、历史、文化、艺术、科研、教育等多重价值进行深度挖掘，再赋予其时代特征，从而转化为新的资源优势；依法保护利用红色资源，普及红色资源保护的现实意义及相关知识，树立全社会保护红色资源的共识，形成保护红色资源的合力。

其次，加大研究阐释的力度。红色文化资源集中承载着革命老区精神，蕴含着我们党为民宗旨、党性观念和优良作风的正能量。所以，应充分发挥各类专家、学者、协会、学会、研究会作用，通过组织红色文化学术研讨会、出版红色文化研究成果专著专刊、举办红色文化讲坛等形式，着力于理论研究与实际应用相结合，推出一批高水平的理论研究成果，释放红色文化资源的辐射效应，为全社会提供必要的精神资源，用红色文化来启迪人们智慧，以红色精神来武装人们的头脑。

再者，扩大教育阵地覆盖面。红色教育基地是传播红色文化的重要阵地，应加紧修建完善各类反映我们党革命斗争历史的纪念馆、纪念地、烈士陵园等爱国主义教育基地，逐步实现全天候免费开放，扩大教育覆盖面，改进陈列方式，创新展示手段，丰富展出内容，安排定时的有关历史的影视、歌舞专场，还原当代革命工作者工作、战斗、生活、劳动的场景，融入情景再现和互动体验项目，增加红色基地的欣赏性、参与性、体验性，丰富基地内涵，提升教育功能。

二、充分发挥整体效应点亮"红色品牌"

不断以具有中国特色品牌价值的红色文化引领我们文化产业的发展，使之形成世界品牌，不仅能够推动经济的发展，还可以提升国家的软实力，对建设有中国特色的文化强国有着积极意义。

首先，坚持文化自觉，挖掘红色文化价值。应该从战略的高度来认识红色文化发展对经济社会发展的重大推动作用，将红色文化作为优势文化形态优先发展，将红色文化产业作为主导产业率先发展，重点发展红色文化经济。强化对发展红色文化责任的主动担当，"唤醒"红色文化。树立文化"无穷大"的理念，要像挖掘地下矿藏一样开发红色文化资源，物质矿越挖越少，文化矿越挖越厚，只有文化厚实强大了，发展的潜力才会强、后劲才会足。树立文化"永续性"的理念，要让红色文化更"红"、更具生命力，只有物质文化保护好了，才能按照传统方法延续生命，使文化遗产的历史价值、艺术价值、教育价值、科学价值和商业价值更加突出。树立文化"产品化"的理念，要坚持社会效益与经济效益并重，既保护文化、传承文明，又增加内涵和附加值。

其次，坚持文化自信，点石成金。江西红色文化遗址多处于风景优美、生态宜人的地方，自然风貌、民俗风情和地域特色都十分浓厚，因此，应整合红色文化与历史文化、民俗文化和生态文化等各类文化资源，创意引领，品牌打造，融合发展，变红色文化资源为旅游文化产业，以文化为魂、旅游为体、商业为力，焕发红色魅力，叫响"红色品牌"。通过生态景观加红色景点的方式，设计打造精品旅游线路，以红推绿、以绿带红，红绿结合、红绿相映，将散落的红色文化发源地、特色民俗体验地、自然风光旅游点等串点成线，形成文化、旅游、观光、休闲产业带，寓思想教育于文化娱乐和观光旅游中，让游客在游历青山碧水的同时铭记红色传奇，在享受生态氧吧的过程中感悟红色精神。

再者，坚持文化自强，合理规划。红色文化作为一种精神存在，只有通过人们的实践，转化为推动历史前进的物质力量，并且给国家和人民带来实实在在的利益，才能成为让更多的人主动接受、让更多的国家民族愿意分享的文化。因此，要在有效保护的前提下合理开发和利用，防止对红色文化资源的误解、歪曲或滥用，在科学研究的基础上，编制红色文化资源保护开发规划，制定既符合本地实际，又有重点突破的文化经济政策。要培育市场，引导消费。扶持和发展各类红色文化开发和服务企业，培育和发展一批自主经营、自主创新的红色文化市场主体。创新服务模式，鼓励和引导群众进行红色文化消费，扩大市场需求。要活化机制，多元融资。建立与经济社会发展相适应的红色文化保护与开发投入机制，大力吸引金融行业、民间资本、社会力量进入经营性红色文化产业发展领域。

三、充分利用多种渠道弘扬"红色精神"

坚守和弘扬中国革命精神，是中华民族屹立于世界民族之林的重要价值取向。要达到春风化雨、润物无声的效果，关键在于让红色文化的核心价值与新时代的价值观念相对接。

首先，树立精品意识进行创作。在注重历史与现实的结合的基础上，打造红色文艺精品剧目、影视作品，把红色精神融入文艺作品创作生产全过程，推出更多更好的集思想性、艺术性和观赏性相统一的红色文艺精品，给人们以情感上的滋养、道德上的教化和价值上的引领。精心打造反腐倡廉、依法治国等题材的现代优秀剧目，围绕"四个全面"战略布局的题材创作文艺作品，教育广大干部群众时刻保持自强不息、埋头苦干、开拓进取的革命风格，让革命传统和红色血脉代代相传。

其次，运用多种媒介强势宣传。应多层次、多领域、多形式、多渠道宣传推介，把氛围造浓，把声势做大。积极邀请中外主流媒体开展以红色文化为主题的宣传活动，展示革命老区红色形象，不断扩大红色文化的影响力和知名度。运用各类媒体开辟红色文化专栏，加大窗口展示和公益广告投放，传播革命老区红色历史。组织以红色文化为主题的书画摄影展览、英雄报告会，开设公益性文化讲堂传播红色文化，编写面向大众的红色文化读物和宣传品，宣传红色英模典型事迹。

再者，与时俱进创新传播方式。应让红色文化搭上时代的快车，借鉴流行元素，融入时代风格，使之与人们的审美需求相结合，更加贴近人的心灵，增强红色文化的吸引力和凝聚力。借助科技手段，在艺术设计、实物制作、展品布设、灯光配备等环节给观众以更强烈的视觉印象和更多的信息。借助网络阵地，创建融思想性、教育性、知识性、服务性于一体的红色网站，建设具有互动性与开放性的大型图、文、声、像红色文化遗产数字网络平台，实现全球资源共享。借助新媒体平台，组织年轻一代以红色文化题材为原型创作网络文学、动漫故事，撰写博客、微信，形成具有浓厚红色氛围的网络文化。

参考文献

［1］刘琨.红色文化研究［D］.沈阳：辽宁大学，2015.

［2］周宿峰.红色文化基本问题研究［D］.长春：吉林大学，2014.

［3］聂国林.红色资源思想政治教育价值有效实现研究［D］.南昌：南昌大学，2013.

［4］张元婕.红色文化的育人价值与实现路径研究［D］.武汉：武汉理工大学，2013.

［5］柳红星.江西红色文化与新时期思想政治教育研究［D］.南昌：南昌大学，2006.

［6］张长虹.充分发挥红色文化的育人价值［J］.红旗文稿，2015，（14）.

［7］刘琨.红色文化的经济价值和品牌效益研究［J］.人民论坛，2012，（5）.

［8］习近平.习近平谈治国理政［M］.北京：外文出版社，2014.

［9］习近平.决胜全面建成小康社会，夺取新时代中国特色社会主义伟大胜利［M］.北京：人民出版社，2017.

［10］习近平.习近平谈治国理政（第二卷）［M］.北京：外文出版社，2017.

[阅读链接]

在庆祝中国共产党成立95周年大会上的讲话

（2016年7月1日）

习近平

同志们，朋友们：

今天，我们在这里隆重集会，庆祝中国共产党成立95周年，回顾中国共产党团结带领中国人民不懈奋斗的光辉历程，展望党和人民事业发展的光明前景，表彰全国优秀共产党员、优秀党务工作者、先进基层党组织，动员全党全国各族人民更加充满信心朝着实现全面建成小康社会奋斗目标、实现中华民族伟大复兴的中国梦胜利前进。

同志们、朋友们！

在几千年的历史发展中，中华民族创造了悠久灿烂的中华文明，为人类作出了卓越贡献，成为世界上伟大的民族。但是，近代以后，由于西方列强的入侵，由于封建统治的腐败，中国逐渐成为半殖民地半封建社会，山河破碎，生灵涂炭，中华民族遭受了前所未有的苦难。

面对苦难，中国人民没有屈服，而是挺起脊梁、奋起抗争，以百折不挠的精神，进行了一场场气壮山河的斗争，谱写了一曲曲可歌可泣的史诗。

1921年，五四运动之后，在中华民族内忧外患、社会危机空前深重的背景下，在马克思列宁主义同中国工人运动相结合的进程中，中国共产党诞生了。

中国产生了共产党，这是开天辟地的大事变。这一开天辟地的大事变，深刻改变了近代以后中华民族发展的方向和进程，深刻改变了中国人民和中华民族的前途和命运，深刻改变了世界发展的趋势和格局。

在95年波澜壮阔的历史进程中，中国共产党紧紧依靠人民，跨过一道又一道沟坎，取得一个又一个胜利，为中华民族作出了伟大历史贡献。

这个伟大历史贡献，就是我们党团结带领中国人民进行28年浴血奋战，打败日本帝国主义，推翻国民党反动统治，完成新民主主义革命，建立了中华人民共和国。这一伟大历史贡献的意义在于，彻底结束了旧中国半殖民地半封建社会的历史，彻底结束了旧中国一盘散沙的局面，彻底废除了列强强加给中国的不平等条约和帝国主义在中国的一切特权，实现了中国从几千年封建专制政治向人民民主的伟大飞跃。

这个伟大历史贡献，就是我们党团结带领中国人民完成社会主义革命，确立社会主义基本制度，消灭一切剥削制度，推进了社会主义建设。这一伟大历史贡献的意义在于，完成了中华民族有史以来最为广泛而深刻的社会变革，为当代中国一切发展进步奠定了根本政治前提和制度基础，为中国发展富强、中国人民生活富裕奠定了坚实基础，实现了中华民族由不断衰落到根本扭转命运、持续走向繁荣富强的伟大飞跃。

这个伟大历史贡献，就是我们党团结带领中国人民进行改革开放新的伟大革命，极大激发广大人民群众的创造性，极大解放和发展社会生产力，极大增强社会发展活力，人民生活显著改善，综合国力显著增强，国际地位显著提高。这一伟大历史贡献的意义在于，开辟了中国特色社会主义道路，形成了中国特色社会主义理论体系，确立了中国特色社会主义制度，使中国赶上了时代，实现了中国人民从站起来到富起来、强起来的伟大飞跃。

中国共产党领导中国人民取得的伟大胜利，使具有5000多年文明历史的中华民族全面迈向现代化，让中华文明在现代化进程中焕发出新的蓬勃生机；使具有500年历史的社会主义主张在世界上人口最多的国家成功开辟出具有高度现实性和可行性的正确道路，让科学社会主义在21世纪焕发出新的蓬勃生机；使具有60多年历史的新中国建设取得举世瞩目的成就，中国这个世界上最大的发展中国家在短短30多年里摆脱贫困并跃升为世界第二大经济体，彻底摆脱被开除球籍的危险，创造了人类社会发展史上惊天动地的发展奇迹，使中华民族焕发出新的蓬勃生机。

历史告诉我们，没有先进理论的指导，没有用先进理论武装起来的先进政党的领导，没有先进政党顺应历史潮流、勇担历史重任、敢于作出巨大牺牲，中国人民就无法打败压在自己头上的各种反动派，中华民族就无法改变被压迫、被奴役的命运，我们的国家就无法团结统一、在社会主义道路上走向繁荣富强。

　　历史告诉我们，95年来，中国走过的历程，中国人民和中华民族走过的历程，是中国共产党和中国人民用鲜血、汗水、泪水写就的，充满着苦难和辉煌、曲折和胜利、付出和收获，这是中华民族发展史上不能忘却、不容否定的壮丽篇章，也是中国人民和中华民族继往开来、奋勇前进的现实基础。

　　历史还告诉我们，历史和人民选择中国共产党领导中华民族伟大复兴的事业是正确的，必须长期坚持、永不动摇；中国共产党领导中国人民开辟的中国特色社会主义道路是正确的，必须长期坚持、永不动摇；中国共产党和中国人民扎根中国大地、吸纳人类文明优秀成果、独立自主实现国家发展的战略是正确的，必须长期坚持、永不动摇。

　　同志们、朋友们！

　　95年来，我们取得的一切成就，是一代又一代中国共产党人同中国人民接续奋斗的结果。以毛泽东同志、邓小平同志、江泽民同志为核心的党的三代中央领导集体，以胡锦涛同志为总书记的党中央，团结带领全党全国各族人民，战胜了一个个难以想象的困难和挑战，使中华民族迎来了实现伟大复兴的光明前景。

　　在这个庄严而光荣的时刻，我们深切怀念为中国革命、建设、改革，为中国共产党建立、巩固、发展作出重大贡献的毛泽东、周恩来、刘少奇、朱德、邓小平、陈云同志等老一辈革命家，深切怀念为建立、捍卫、建设新中国而英勇牺牲的革命先烈，深切怀念近代以来为中华民族独立和人民解放而顽强奋斗的所有仁人志士。他们为祖国和民族建立的丰功伟绩永垂史册！他们的崇高精神永远铭记在亿万人民心中！

　　人民是历史的创造者，是真正的英雄。在这里，我代表党中央，向全国广大工人、农民、知识分子，向各民主党派、各人民团体、各界爱国人士，向人民解放军指战员、武警部队官兵、公安民警，致以崇高的敬意！向香港特别行政区同胞、澳门特别行政区同胞和台湾同胞以及广大侨胞，致以诚挚的问候！向一切同中国人民友好相处，关心和支持中国革命、建设、改革事业的各国人民和朋友，致以衷心的谢意！

　　95年来，一代又一代优秀中国共产党人，为祖国和人民无私奉献，生动展示了共产党人的为民情怀、高尚情操。这次受到表彰的全国优秀共产党员、优秀党务工作者和先进基层党组织，就是各行各业的杰出代表。我代表党中央，向这次受到表彰的同志们，致以崇高的敬意！

同志们、朋友们！

"明镜所以照形，古事所以知今。"今天，我们回顾历史，不是为了从成功中寻求慰藉，更不是为了躺在功劳簿上、为回避今天面临的困难和问题寻找借口，而是为了总结历史经验、把握历史规律，增强开拓前进的勇气和力量。

党的十八大指出，坚持和发展中国特色社会主义是一项长期而艰巨的历史任务，必须准备进行具有许多新的历史特点的伟大斗争。这就告诫全党，要时刻准备应对重大挑战、抵御重大风险、克服重大阻力、解决重大矛盾，坚持和发展中国特色社会主义，坚持和巩固党的领导地位和执政地位，使我们的党、我们的国家、我们的人民永远立于不败之地。

历史总是要前进的，历史从不等待一切犹豫者、观望者、懈怠者、软弱者。只有与历史同步伐、与时代共命运的人，才能赢得光明的未来。

我们党已经走过了95年的历程，但我们要永远保持建党时中国共产党人的奋斗精神，永远保持对人民的赤子之心。一切向前走，都不能忘记走过的路；走得再远、走到再光辉的未来，也不能忘记走过的过去，不能忘记为什么出发。面向未来，面对挑战，全党同志一定要不忘初心、继续前进。

——坚持不忘初心、继续前进，就要坚持马克思主义的指导地位，坚持把马克思主义基本原理同当代中国实际和时代特点紧密结合起来，推进理论创新、实践创新，不断把马克思主义中国化推向前进。

指导思想是一个政党的精神旗帜。95年来，中国共产党之所以能够完成近代以来各种政治力量不可能完成的艰巨任务，就在于始终把马克思主义这一科学理论作为自己的行动指南，并坚持在实践中不断丰富和发展马克思主义。这使我们党得以摆脱以往一切政治力量追求自身特殊利益的局限，以唯物辩证的科学精神、无私无畏的博大胸怀领导和推动中国革命、建设、改革，不断坚持真理、修正错误。无论是处于顺境还是逆境，我们党从未动摇对马克思主义的信仰。

马克思主义及其在中国的发展，为党和人民事业发展提供了既一脉相承又与时俱进的科学理论指导，为增进全党全国各族人民团结统一提供了坚实思想基础。

马克思主义是我们立党立国的根本指导思想。背离或放弃马克思主义，我们党就会失去灵魂、迷失方向。在坚持马克思主义指导地位这一根本问题上，我们必须坚定不移，任何时候任何情况下都不能有丝毫动摇。

同时，面对新的时代特点和实践要求，马克思主义也面临着进一步中国化、时代化、大众化的问题。马克思主义并没有结束真理，而是开辟了通向真理的道路。恩格斯早就说过："马克思的整个世界观不是教义，而是方法。它提供的不是现成的教条，而是进一步研究的出发点和供这种研究使用的方法。"

时代是思想之母，实践是理论之源。实践发展永无止境，我们认识真理、进行理论创新就永无止境。今天，时代变化和我国发展的广度和深度远远超出了马克思主义经典作家当时的想象。同时，我国社会主义只有几十年实践、还处在初级阶段，事业越发展新情况新问题就越多，也就越需要我们在实践上大胆探索、在理论上不断突破。

理论上不彻底，就难以服人。我们要以更加宽阔的眼界审视马克思主义在当代发展的现实基础和实践需要，坚持问题导向，坚持以我们正在做的事情为中心，聆听时代声音，更加深入地推动马克思主义同当代中国发展的具体实际相结合，不断开辟21世纪马克思主义发展新境界，让当代中国马克思主义放射出更加灿烂的真理光芒。

——坚持不忘初心、继续前进，就要牢记我们党从成立起就把为共产主义、社会主义而奋斗确定为自己的纲领，坚定共产主义远大理想和中国特色社会主义共同理想，不断把为崇高理想奋斗的伟大实践推向前进。

革命理想高于天。中国共产党之所以叫共产党，就是因为从成立之日起我们党就把共产主义确立为远大理想。我们党之所以能够经受一次次挫折而又一次次奋起，归根到底是因为我们党有远大理想和崇高追求。

"志不立，天下无可成之事。"理想信念动摇是最危险的动摇，理想信念滑坡是最危险的滑坡。一个政党的衰落，往往从理想信念的丧失或缺失开始。我们党是否坚强有力，既要看全党在理想信念上是否坚定不移，更要看每一位党员在理想信念上是否坚定不移。95年来，共产主义远大理想激励了一代又一代共产党人英勇奋斗，成千上万的烈士为了这个理想献出了宝贵生命。"砍头不要紧，只要主义真"，"敌人只能砍下我们的头颅，决不能动摇我们的信仰"，这些视死如归、大义凛然的誓言生动表达了共产党人对远大理想的坚贞。理想之光不灭，信念之光不灭。我们一定要铭记烈士们的遗愿，永志不忘他们为之流血牺牲的伟大理想。

理想因其远大而为理想，信念因其执着而为信念。我们要把理想信念教育作为思想建设的战略任务，保持全党在理想追求上的政治定力，自觉做共产主义远大理想和中国特色社会主义共同理想的坚定信仰者、忠实实践者，在全面建成小康社会、实现中华民族伟大复兴中国梦的历史进程中充分发挥先锋模范作用。

理论上清醒，政治上才能坚定。坚定的理想信念，必须建立在对马克思主义的深刻理解之上，建立在对历史规律的深刻把握之上。全党要深入学习马克思列宁主义、毛泽东思想、邓小平理论、"三个代表"重要思想、科学发展观，深入学习党的十八大以来党中央治国理政新理念新思想新战略，不断提高马克思主义思想觉悟和理论水平，保持对远大理想和奋斗目标的清醒认知和执着追求。我们要教育引导广大党员、干部把学习成果转化为提升党性修养、思想境界、道德水平的精神营养，做到真学真懂真信真用，在胜利和顺境时不骄傲不急躁，在困难和逆境时不消沉不动摇，牢牢占据推动人类社会进步、实现人类美好理想的道义制高点。

——坚持不忘初心、继续前进，就要坚持中国特色社会主义道路自信、理论自信、制度自信、文化自信，坚持党的基本路线不动摇，不断把中国特色社会主义伟大事业推向前进。

方向决定道路，道路决定命运。中国特色社会主义不是从天上掉下来的，是党和人民历尽千辛万苦、付出巨大代价取得的根本成就。中国特色社会主义，既是我们必须不断推进的伟大事业，又是我们开辟未来的根本保证。

全党要坚定道路自信、理论自信、制度自信、文化自信。当今世界，要说哪个政党、哪个国家、哪个民族能够自信的话，那中国共产党、中华人民共和国、中华民族

是最有理由自信的。有了"自信人生二百年，会当水击三千里"的勇气，我们就能毫无畏惧面对一切困难和挑战，就能坚定不移开辟新天地、创造新奇迹。

我们要坚信，中国特色社会主义道路是实现社会主义现代化的必由之路，是创造人民美好生活的必由之路。我们要坚信，中国特色社会主义理论体系是指导党和人民沿着中国特色社会主义道路实现中华民族伟大复兴的正确理论，是立于时代前沿、与时俱进的科学理论。我们要坚信，中国特色社会主义制度是当代中国发展进步的根本制度保障，是具有鲜明中国特色、明显制度优势、强大自我完善能力的先进制度。

文化自信，是更基础、更广泛、更深厚的自信。在5000多年文明发展中孕育的中华优秀传统文化，在党和人民伟大斗争中孕育的革命文化和社会主义先进文化，积淀着中华民族最深层的精神追求，代表着中华民族独特的精神标识。我们要弘扬社会主义核心价值观，弘扬以爱国主义为核心的民族精神和以改革创新为核心的时代精神，不断增强全党全国各族人民的精神力量。

全党同志必须牢记，我们要建设的是中国特色社会主义，而不是其他什么主义。历史没有终结，也不可能被终结。中国特色社会主义是不是好，要看事实，要看中国人民的判断，而不是看那些戴着有色眼镜的人的主观臆断。中国共产党人和中国人民完全有信心为人类对更好社会制度的探索提供中国方案。

邓小平同志曾经语重心长地说："基本路线要管一百年，动摇不得。只有坚持这条路线，人民才会相信你，拥护你。谁要改变三中全会以来的路线、方针、政策，老百姓不答应，谁就会被打倒。"党的基本路线是国家的生命线、人民的幸福线，我们要坚持把以经济建设为中心作为兴国之要、把四项基本原则作为立国之本、把改革开放作为强国之路，不能有丝毫动摇。

——坚持不忘初心、继续前进，就要统筹推进"五位一体"总体布局，协调推进"四个全面"战略布局，全力推进全面建成小康社会进程，不断把实现"两个一百年"奋斗目标推向前进。

现阶段，建设中国特色社会主义的主要任务，就是到2020年中国共产党成立100年时实现第一个百年奋斗目标、全面建成小康社会，为进而到本世纪中叶中华人民共和国成立100年时实现第二个百年奋斗目标、建成富强民主文明和谐的社会主义现代化国家打下坚实基础。

全面建成小康社会，是我们党向人民、向历史作出的庄严承诺，是13亿多中国人民的共同期盼。为实现这一目标，党的十八大以来，我们党形成并积极推进经济建设、政治建设、文化建设、社会建设、生态文明建设五位一体的总体布局，形成并积极推进全面建成小康社会、全面深化改革、全面依法治国、全面从严治党的战略布局。"五位一体"和"四个全面"相互促进、统筹联动，要协调贯彻好，在推动经济发展的基础上，建设社会主义市场经济、民主政治、先进文化、生态文明、和谐社会，协同推进人民富裕、国家强盛、中国美丽。

发展是党执政兴国的第一要务，是解决中国所有问题的关键。我国仍处于并将长期处于社会主义初级阶段的基本国情没有变，人民日益增长的物质文化需要同落后的社会生产之间的矛盾这一社会主要矛盾没有变，我国是世界上最大发展中国家的国际地位没有变。这是我们谋划发展的基本依据。

面对中国经济发展进入新常态、世界经济发展进入转型期、世界科技发展酝酿新突破的发展格局，我们要坚持以经济建设为中心，坚持以新发展理念引领经济发展新常态，加快转变经济发展方式、调整经济发展结构、提高发展质量和效益，着力推进供给侧结构性改革，推动经济更有效率、更有质量、更加公平、更可持续地发展，加快形成崇尚创新、注重协调、倡导绿色、厚植开放、推进共享的机制和环境，不断壮大我国经济实力和综合国力。

——坚持不忘初心、继续前进，就要坚定不移高举改革开放旗帜，勇于全面深化改革，进一步解放思想、解放和发展社会生产力、解放和增强社会活力，不断把改革开放推向前进。

改革开放是当代中国最鲜明的特色，是我们党在新的历史时期最鲜明的旗帜。改革开放是决定当代中国命运的关键抉择，是党和人民事业大踏步赶上时代的重要法宝。

改革必须坚持正确方向，既不走封闭僵化的老路、也不走改旗易帜的邪路。我们要把完善和发展中国特色社会主义制度、推进国家治理体系和治理能力现代化作为全面深化改革的总目标，勇于推进理论创新、实践创新、制度创新以及其他各方面创新，让制度更加成熟定型，让发展更有质量，让治理更有水平，让人民更有获得感。

我们要坚持以经济体制改革为重点，坚持社会主义市场经济改革方向，全面深化经济体制、政治体制、文化体制、社会体制、生态文明体制和党的建设制度改革。

改革往往都是从易到难。我们的改革要更加注重系统性、整体性、协同性，敢于涉深水区、啃硬骨头。我们要以勇于自我革命的气魄、坚忍不拔的毅力推进改革，敢于向积存多年的顽瘴痼疾开刀，敢于触及深层次利益关系和矛盾，坚决冲破思想观念束缚，坚决破除利益固化藩篱，坚决清除妨碍社会生产力发展的体制机制障碍。

改革和法治如鸟之两翼、车之两轮。我们要坚持走中国特色社会主义法治道路，加快构建中国特色社会主义法治体系，建设社会主义法治国家。全面依法治国，核心是坚持党的领导、人民当家作主、依法治国有机统一，关键在于坚持党领导立法、保证执法、支持司法、带头守法。要在全社会牢固树立宪法法律权威，弘扬宪法精神，任何组织和个人都必须在宪法法律范围内活动，都不得有超越宪法法律的特权。

——坚持不忘初心、继续前进，就要坚信党的根基在人民、党的力量在人民，坚持一切为了人民、一切依靠人民，充分发挥广大人民群众积极性、主动性、创造性，不断把为人民造福事业推向前进。

人民立场是中国共产党的根本政治立场，是马克思主义政党区别于其他政党的显著标志。党与人民风雨同舟、生死与共，始终保持血肉联系，是党战胜一切困难和风险的根本保证，正所谓"得众则得国，失众则失国"。

全党同志要把人民放在心中最高位置，坚持全心全意为人民服务的根本宗旨，实现好、维护好、发展好最广大人民根本利益，把人民拥护不拥护、赞成不赞成、高兴不高兴、答应不答应作为衡量一切工作得失的根本标准，使我们党始终拥有不竭的力量源泉。

带领人民创造幸福生活，是我们党始终不渝的奋斗目标。我们要顺应人民群众对美好生活的向往，坚持以人民为中心的发展思想，以保障和改善民生为重点，发展各项社会事业，加大收入分配调节力度，打赢脱贫攻坚战，保证人民平等参与、平等发展权利，使改革发展成果更多更公平惠及全体人民，朝着实现全体人民共同富裕的目标稳步迈进。

尊重人民主体地位，保证人民当家作主，是我们党的一贯主张。我们要毫不动摇走中国特色社会主义政治发展道路，长期坚持、全面贯彻、不断发展人民代表大会制度、中国共产党领导的多党合作和政治协商制度、民族区域自治制度、基层群众自治制度，发展社会主义协商民主，巩固和发展最广泛的爱国统一战线，扩大人民群众有序政治参与，保证人民广泛参加国家治理和社会治理，形成生动活泼、安定团结的政治局面。

"功以才成，业由才广。"党和人民事业要不断发展，就要把各方面人才更好使用起来，聚天下英才而用之。我们要以识才的慧眼、爱才的诚意、用才的胆识、容才的雅量、聚才的良方，广开进贤之路，把党内和党外、国内和国外等各方面优秀人才吸引过来、凝聚起来，努力形成人人渴望成才、人人努力成才、人人皆可成才、人人尽展其才的良好局面。

——坚持不忘初心、继续前进，就要始终不渝走和平发展道路，始终不渝奉行互利共赢的开放战略，加强同各国的友好往来，同各国人民一道，不断把人类和平与发展的崇高事业推向前进。

为人类不断作出新的更大的贡献，是中国共产党和中国人民早就作出的庄严承诺。中国共产党和中国人民从苦难中走过来，深知和平的珍贵、发展的价值，把促进世界和平与发展视为自己的神圣职责。

今天的人类比以往任何时候都更有条件共同朝着和平与发展的目标迈进。中国主张各国人民同心协力，变压力为动力，化危机为生机，以合作取代对抗，以共赢取代独占。什么样的国际秩序和全球治理体系对世界好、对世界各国人民好，要由各国人民商量，不能由一家说了算，不能由少数人说了算。中国将积极参与全球治理体系建设，努力为完善全球治理贡献中国智慧，同世界各国人民一道，推动国际秩序和全球治理体系朝着更加公正合理方向发展。

中国外交政策的宗旨是维护世界和平、促进共同发展。中国始终是世界和平的建设者、全球发展的贡献者、国际秩序的维护者，愿扩大同各国的利益交汇点，推动构建以合作共赢为核心的新型国际关系，推动形成人类命运共同体和利益共同体。

中国坚持独立自主的和平外交政策，在和平共处五项原则的基础上同所有国家发展友好合作。中国坚定不移实行对外开放的基本国策，坚持打开国门搞建设，在"一带一路"等重大国际合作项目中创造更全面、更深入、更多元的对外开放格局。

中国人民深知，中国发展得益于国际社会，愿意以自己的发展为国际发展作出贡献。中国对外开放，不是要一家唱独角戏，而是要欢迎各方共同参与；不是要谋求势力范围，而是要支持各国共同发展；不是要营造自己的后花园，而是要建设各国共享的百花园。

中国倡导人类命运共同体意识，反对冷战思维和零和博弈。中国坚持国家不分大小、强弱、贫富一律平等，尊重各国人民自主选择发展道路的权利，维护国际公平正义，反对把自己的意志强加于人，反对干涉别国内政，反对以强凌弱。中国不觊觎他国权益，不嫉妒他国发展，但决不放弃我们的正当权益。中国人民不信邪也不怕邪，不惹事也不怕事，任何外国不要指望我们会拿自己的核心利益做交易，不要指望我们会吞下损害我国主权、安全、发展利益的苦果。

中国共产党将在独立自主、完全平等、相互尊重、互不干涉内部事务原则的基础上，同各国各地区政党和政治组织发展交流合作，促进国家关系发展。

——坚持不忘初心、继续前进，就要保持党的先进性和纯洁性，着力提高执政能力和领导水平，着力增强抵御风险和拒腐防变能力，不断把党的建设新的伟大工程推向前进。

办好中国的事情，关键在党。中国特色社会主义最本质的特征是中国共产党领导，中国特色社会主义制度的最大优势是中国共产党领导。坚持和完善党的领导，是党和国家的根本所在、命脉所在，是全国各族人民的利益所在、幸福所在。

我们党作为一个有8800多万名党员、440多万个党组织的党，作为一个在有着13亿多人口的大国长期执政的党，党的建设关系重大、牵动全局。党和人民事业发展到什么阶段，党的建设就要推进到什么阶段。这是加强党的建设必须把握的基本规律。

先进性和纯洁性是马克思主义政党的本质属性，我们加强党的建设，就是要同一切弱化先进性、损害纯洁性的问题作斗争，祛病疗伤，激浊扬清。全党要以自我革命的政治勇气，着力解决党自身存在的突出问题，不断增强党自我净化、自我完善、自我革新、自我提高能力，经受"四大考验"、克服"四种危险"，确保党始终成为中国特色社会主义事业的坚强领导核心。

治国必先治党，治党务必从严。如果管党不力、治党不严，人民群众反映强烈的党内突出问题得不到解决，那我们党迟早会失去执政资格，不可避免被历史淘汰。管党治党，必须严字当头，把严的要求贯彻全过程，做到真管真严、敢管敢严、长管长严。

严肃党内政治生活是全面从严治党的基础。党要管党，首先要从党内政治生活管起；从严治党，首先要从党内政治生活严起。我们要加强和规范党内政治生活，严肃党的政治纪律和政治规矩，增强党内政治生活的政治性、时代性、原则性、战斗性，全面净化党内政治生态。全党同志要增强政治意识、大局意识、核心意识、看齐意识，切实做到对党忠诚、为党分忧、为党担责、为党尽责。

党的作风是党的形象，是观察党群干群关系、人心向背的晴雨表。党的作风正，人民的心气顺，党和人民就能同甘共苦。实践证明，只要真管真严、敢管敢严，党风建设就没有什么解决不了的问题。作风建设永远在路上。"己不正，焉能正人。"我们要从中央政治局常委会、中央政治局、中央委员会抓起，从高级干部抓起，持之以恒加强作风建设，坚持和发扬党的优良传统和作风，坚持抓常、抓细、抓长，使党的作风全面好起来，确保党始终同人民同呼吸、共命运、心连心。

我们党作为执政党，面临的最大威胁就是腐败。党的十八大以来，我们党坚持"老虎"、"苍蝇"一起打，使不敢腐的震慑作用得到发挥，不能腐、不想腐的效应初步显现，反腐败斗争压倒性态势正在形成。反腐倡廉、拒腐防变必须警钟长鸣。各级领导干部要牢固树立正确权力观，保持高尚精神追求，敬畏人民、敬畏组织、敬畏法纪，做到公正用权、依法用权、为民用权、廉洁用权，永葆共产党人拒腐蚀、永不

沾的政治本色。我们要以顽强的意志品质，坚持零容忍的态度不变，做到有案必查、有腐必惩，让腐败分子在党内没有任何藏身之地！

伟大的斗争，宏伟的事业，需要高素质干部。我们要坚持德才兼备、以德为先，坚持五湖四海、任人唯贤，坚持事业为上、公道正派，坚决防止和纠正选人用人上的不正之风，把党和人民需要的好干部精心培养起来、及时发现出来、合理使用起来。

以德修身、以德立威、以德服众，是干部成长成才的重要因素。每一名党员干部都要坚守"三严三实"，拧紧世界观、人生观、价值观这个"总开关"，做到心中有党、心中有民、心中有责、心中有戒，把为党和人民事业无私奉献作为人生的最高追求。各级领导干部要加快知识更新、加强实践锻炼，使专业素养和工作能力跟上时代节拍，避免少知而迷、无知而乱，努力成为做好工作的行家里手。

同志们、朋友们！

建设同我国国际地位相称、同国家安全和发展利益相适应的巩固国防和强大军队，是我国社会主义现代化建设的战略任务。我们要统筹经济建设和国防建设，全面加强军队革命化、现代化、正规化建设。要坚持党对军队的绝对领导，牢牢把握党在新形势下的强军目标，全面实施政治建军、改革强军、依法治军，拓展和深化军事斗争准备，着力培养有灵魂、有本事、有血性、有品德的新一代革命军人，努力建设一支听党指挥、能打胜仗、作风优良的人民军队。中国奉行积极防御的军事战略方针，不会动辄以武力相威胁，也不会动不动到别人家门口炫耀武力。到处炫耀武力不是有力量的表现，也吓唬不了谁。要深入贯彻军民融合发展战略，加快建设现代化武装警察力量，加强国防动员和后备力量建设，巩固和发展军政军民团结。

推进祖国和平统一进程、完成祖国统一大业，是实现中华民族伟大复兴的必然要求。"一国两制"在实践中已经取得举世公认的成功，具有强大生命力。无论遇到什么样的困难和挑战，我们对"一国两制"的信心和决心都绝不会动摇。我们将全面贯彻"一国两制"、"港人治港"、"澳人治澳"、高度自治的方针，严格按照宪法和基本法办事，支持行政长官和特别行政区政府依法施政、履行职责，支持香港、澳门发展经济、改善民生、推进民主、促进和谐。

两岸关系和平发展是维护两岸和平、促进共同发展、造福两岸同胞的正确道路，也是通向和平统一的光明大道。坚持"九二共识"、反对"台独"是两岸关系和平发展的政治基础。我们坚决反对"台独"分裂势力。对任何人、任何时候、以任何形式进行的分裂国家活动，13亿多中国人民、整个中华民族都决不会答应！两岸同胞是命运与共的骨肉兄弟，是血浓于水的一家人。民族强盛，是同胞共同之福；民族弱乱，是同胞共同之祸。两岸双方应该胸怀民族整体利益，携手为实现中华民族伟大复兴的中国梦共同打拼。

同志们、朋友们！

青年是祖国的未来、民族的希望，也是我们党的未来和希望。中国共产党的创始人之一李大钊同志说过，青年要"为世界进文明，为人类造幸福，以青春之我，创建青春之家庭，青春之国家，青春之民族，青春之人类，青春之地球，青春之宇宙，资以乐其无涯之生"。95年来，我们党取得的所有成就都凝聚着青年的热情和奉献。全党要关注青年、关心青年、关爱青年，倾听青年心声，做青年朋友的知心人、青年工作的热心人、青年群众的引路人。

全国广大青年要深刻了解近代以来中国人民和中华民族不懈奋斗的光荣历史和伟大历程，坚定不移跟着中国共产党走，勇做走在时代前列的奋进者、开拓者、奉献者，让青春在为祖国、为人民、为民族的奉献中焕发出绚丽光彩！

同志们、朋友们！

95年前，中国人民对争取民族独立和人民解放、实现国家富强和人民幸福的渴望是多么强烈，但前途又是多么渺茫。今天，我们比历史上任何时期都更接近中华民族伟大复兴的目标，比历史上任何时期都更有信心、有能力实现这个目标。我们完全可以说，中华民族伟大复兴的中国梦一定要实现，也一定能够实现。

1949年3月23日上午，党中央从西柏坡动身前往北京时，毛泽东同志说："今天是进京赶考的日子。"60多年的实践证明，我们党在这场历史性考试中取得了优异成绩。同时，这场考试还没有结束，还在继续。今天，我们党团结带领人民所做的一切工作，就是这场考试的继续。

"路漫漫其修远兮，吾将上下而求索。"全党同志一定要不忘初心、继续前进，永远保持谦虚、谨慎、不骄、不躁的作风，永远保持艰苦奋斗的作风，勇于变革、勇于创新，永不僵化、永不停滞，继续在这场历史性考试中经受考验，努力向历史、向人民交出新的更加优异的答卷！

——选自习近平著《在庆祝中国共产党成立95周年大会上的讲话》人民出版社，2016年版.

后 记

　　江西红色文化内涵丰富，蕴含着丰富的革命精神和厚重的革命历史文化，是中国共产党奋斗历程的真实写照。在当今多元文化背景下，人们的生活条件、思想观念、处世方式已经发生了很大的变化，然而红色文化仍然是实现中华民族伟大复兴的精神力量，依然具有重要的时代价值，是各级各类学校开展世界观、人生观和价值观教育的重要教育资源，对青年一代的成长成才具有不可替代的价值和作用。

　　为了充分挖掘江西红色文化的教育价值和彰显地域文化特色，将丰富的江西红色文化文化资源有效地转化为教育资源，凸显其育人功能和思想政治教育价值。从2011年开始，本人面向我校思想政治教育专业开设了校本课程《江西红色文化》作为专业必修课程，课程内容既全面展示江西红色文化资源和土地革命战争时期的历史画卷，又从理论上论证江西红色文化的时代价值和教育意义，之后在历史专业、文物与博物馆专业作为选修课相继开设。课程的开设得到了学生的热烈响应与肯定，不仅让他们感受到江西红色文化的魅力与时代价值，还激发了他们挖掘自己家乡红色文化资源的热情，意识到自己所肩负的传承与弘扬红色文化的历史重任，进一步增强了他们的社会责任感和历史使命感。

　　在教学过程中遇到的突出问题就是难以寻找到合适的专业教材，尽管市面上有一